高等职业教育"十三五"规划教材

大学生入学教育

王伶俐　主编

北京理工大学出版社
BEIJING INSTITUTE OF TECHNOLOGY PRESS

内容简介

怀揣着青春的梦进入大学之后，应该如何迅速地进入新的人生角色，如何坚实地走向人生的辉煌，这是每个大学新生和广大家长不能不思考的问题。《大学生入学教育》从最实用的角度出发，坚持以人为本，始终体现"以市场为导向、以学生为中心、以能力为本位、以特色促发展"的办学理念，融入"勤学、多能、诚信、健体"的校训。本书具有三个特点：一是全面，从学习到生活、从课内到课外、从入学到毕业，涉及大学生活的各个方面；二是针对性、应用性强，主要针对高职学生普遍遇到的问题进行深入浅出地阐述，提供具体的操作指导和切实可用的方法、技巧；三是具有鲜明的时代性，紧密结合现代社会、企业对高职人才的新要求，为学生全面素质的提高提供了指导。

本书既可作为各层次高校新生的入学教育教材，也可供其他学生翻阅，亦可供学生家长阅读、参考。

版权专有　侵权必究

图书在版编目（CIP）数据

大学生入学教育／王伶俐主编．—北京：北京理工大学出版社，2017.7（2019.8重印）
ISBN 978-7-5682-4369-8

Ⅰ．①大…　Ⅱ．①王…　Ⅲ．①大学生-入学教育　Ⅳ．①G645.5

中国版本图书馆 CIP 数据核字（2017）第 159318 号

出版发行 /	北京理工大学出版社有限责任公司
社　　址 /	北京市海淀区中关村南大街 5 号
邮　　编 /	100081
电　　话 /	（010）68914775（总编室）
	（010）82562903（教材售后服务热线）
	（010）68948351（其他图书服务热线）
网　　址 /	http：//www.bitpress.com.cn
经　　销 /	全国各地新华书店
印　　刷 /	涿州市新华印刷有限公司
开　　本 /	787 毫米×1092 毫米　1/16
印　　张 /	11.5
字　　数 /	266 千字
版　　次 /	2017 年 7 月第 1 版　2019 年 8 月第 4 次印刷
定　　价 /	36.00 元

责任编辑／江　立
文案编辑／江　立
责任校对／周瑞红
责任印制／李志强

图书出现印装质量问题，请拨打售后服务热线，本社负责调换

前言

　　怀揣着青春的梦进入大学之后，应该如何迅速地进入新的人生角色，如何坚实地走向人生的辉煌，这是每个大学新生和广大家长不得不思考的问题。

　　大学阶段是大学生在个体社会化过程中的一个特殊的重要时期。对于大多数刚踏入大学校园的新生来说，大学校园是一个非常新奇而又完全陌生的环境，大学环境对学生尤其是新生来说有重要的影响。从相对单纯、熟悉的环境进入到较复杂、要求更高的环境里，个体必须在各方面做出相应的改变。如果个体自身与环境变化相脱节，就容易出现适应上的问题，从而影响正常的学习和生活，影响成长和进步。

　　大学新生适应新环境的关键是了解环境有哪些变化，明确新环境对自己的新要求，逐渐在生活、思维、行为方式上做出调整和改变。

　　《大学生入学教育》的编写站在制高点的位置，通过对大学生入学后常见问题的分析和总结，为大学生提供详细、实用的入学教育指导。本书具有三个特点：一是全面，从学习到生活、从课内到课外、从入学到毕业，涉及大学生活的各个方面；二是针对性、应用性强，主要针对大学生普遍遇到的问题进行深入浅出地阐述，提供具体的操作指导和切实可用的方法、技巧；三是具有鲜明的时代性，紧密结合现代社会、企业对人才的新要求，为学生全面素质的提高提供了指导。

　　由于编者水平有限，书中难免有疏漏之处，敬请读者指正。

目 录

第一章 认识大学，发现大学 1
第一节 认识大学 1
一、大学的内涵 1
二、适应大学生活，完成角色转变 8
三、大学生应具备的知识、能力与素质 11
四、学会利用大学的资源 14

第二章 大学的学习与考试 18
第一节 大学学习的特点及要求 18
一、大学学习的特点 18
二、学习是大学生的首要任务 19
第二节 把握大学学习规律 20
一、大学学习过程的基本阶段 20
二、影响大学生学习效果的因素 21
第三节 学分制下的学习方法及技巧 22
一、学分制简介 22
二、学分制下的课程学习 23
第四节 从容应对大学考试 24
一、考试准备 24
二、大学英语学习与过级考试 24
三、计算机学习与等级考试 27
四、国家公务员考试 30
五、课程论文的撰写 31

第三章 大学生活 34
第一节 安全教育及其必要性 34
一、大学生安全教育的含义 34
二、大学生安全教育与管理的必要性 34
三、日常生活安全 36
第二节 诚信乃立身之本 57
一、大学生诚信的内涵 58
二、大学生诚信教育的重要性 59
三、大学生诚信缺失的表现 59

四、大学生应诚信立身 ································· 61
　第三节　培养理财意识 ····································· 63
　　一、大学生消费现状 ··································· 63
　　二、大学生理财存在的主要问题及原因 ················· 64
　　三、大学生如何理财 ··································· 66
　第四节　做网络的主人 ····································· 68
　　一、大学生沉迷网络的心理原因 ························· 68
　　二、合理利用网络，做网络的主人 ······················ 71

第四章　提升素质，培养能力 ··································· 72
　第一节　理想信念是航灯 ··································· 72
　　一、理想信念的含义与特征 ····························· 72
　　二、理想信念对大学生成长成才的重要意义 ············· 76
　　三、树立建设中国特色社会主义的理想信念 ············· 78
　第二节　团学活动是舞台 ··································· 81
　　一、班委会工作职责 ··································· 81
　　二、团支部工作职责 ··································· 82
　　三、班委会、团支部干部岗位职责 ······················ 83
　　四、高校学生干部应具备的素质 ························· 84
　　五、大学生入党的基本程序 ····························· 86
　第三节　能力提升是重点 ··································· 89
　　一、学习适应能力 ····································· 89
　　二、环境适应能力 ····································· 90
　　三、人际交往适应能力 ································· 92
　　四、创新能力 ··· 93
　　五、表达能力 ··· 94
　　六、实践能力 ··· 95
　　七、沟通能力 ··· 96
　　八、就业竞争力 ······································· 97
　　九、团队精神 ··· 99

第五章　保持健康良好的心理状态 ······························ 104
　第一节　大学新生常见心理困惑及调适 ······················ 104
　　一、大学新生常见的心理问题 ·························· 104
　　二、如何达成健康心理 ································ 105
　　三、学会自我调节 ···································· 106
　第二节　积极心态做情绪的主人 ····························· 107
　　一、情绪管理的意义 ·································· 107
　　二、引起不良情绪的不合理认知 ························ 108
　　三、保持良好情绪的基本方法 ·························· 108
　　四、情绪调节的方法 ·································· 109

第三节　塑造健康人格 ……………………………………………………… 110
一、健康人格特征 ……………………………………………………… 110
二、大学生常见的人格缺陷 …………………………………………… 112
三、塑造健康人格 ……………………………………………………… 115
第四节　培养健康的心理，做阳光大学生 …………………………… 117
一、大学生心理健康的标准 …………………………………………… 117
二、大学生培养健康心理的方法 ……………………………………… 119
三、提高自己的心理素质 ……………………………………………… 121

第六章　就业与深造 …………………………………………………………… 123
第一节　就业形势与环境 ………………………………………………… 123
一、大学生就业环境和就业形势现状分析 …………………………… 123
二、现行高职生的就业方针分析 ……………………………………… 125
三、高职特点带来的就业优势影响分析 ……………………………… 126
第二节　深造 ……………………………………………………………… 127
一、专升本 ……………………………………………………………… 127
二、考取研究生 ………………………………………………………… 128
三、出国留学 …………………………………………………………… 134
第三节　就业与创业 ……………………………………………………… 137
一、就业存在问题和对策 ……………………………………………… 137
二、考公务员 …………………………………………………………… 145
三、自主创业 …………………………………………………………… 147

第七章　大学与职业生涯规划 ………………………………………………… 154
第一节　生涯与职业发展 ………………………………………………… 154
一、生涯与职业生涯 …………………………………………………… 154
二、职业生涯发展型态 ………………………………………………… 155
第二节　大学生职业生涯规划 …………………………………………… 155
一、职业生涯规划 ……………………………………………………… 155
二、大学生职业生涯规划的意义 ……………………………………… 156
三、大学生职业生涯规划的方法与步骤 ……………………………… 158
第三节　规划好大学生活 ………………………………………………… 163
一、大学生能够从大学获得什么 ……………………………………… 163
二、大学学习与职业生涯发展 ………………………………………… 165
三、进行大学生涯规划的必要性 ……………………………………… 171

参考文献 ………………………………………………………………………… 172

第一章
认识大学，发现大学

第一节 认识大学

一、大学的内涵

（一）现代大学的基本内涵

1. 从词源意义上考查"大学"的涵义

现代意义的"大学"概念是西方大学机构不断发展完善的产物。"大学"的英语词汇"university"是由拉丁文"universitas"演变而来的，拉丁文"universitas"一词，原译为"行会"，后用来专指学者行会，所以在中世纪的学术语言中，"universitas"并不具备现代意义上大学作为一个正式组织机构的含义。大学的拉丁文词根是"universus"，它的字面意思是"一个特定的方向"，实际意思是"整体、全体、全部"，与"universe（宇宙）"的意思相近。当时由于知识有限，大学机构自身发展亦不完善，因此大学分科不太明显，而是将知识作为一个整体来研究，而大学也被看做万事万物——即宇宙的研究中心。在现代西方词汇中，大学的英语词汇是"university"，法语为"universite"，德语为"universitat"。这些词汇表明，现代大学是从传统大学发展演变而来的。秉承着传统大学的某些风尚，二战后随着高等教育的不断发展及大学职能的不断演变，又出现了"巨型大学"、"开放大学"、"虚拟大学"等不同的组织形式，如今，随着现代知识的不断分化和大学职能的不断扩展，使得大学的概念和内涵又有了新的发展，出现了"教学型大学"、"研究型大学"、"教学与研究型大学"、"专科大学"、"综合型大学"等不同的称谓，而这种变化产生的同时也反映了大学在其职能和内涵上的变化。

2. 不同学者对大学本质的理解

作为一种古老悠久的组织机构，大学在不同的时期具有不同的职能结构、办学理念和内涵，这主要体现在不同时期的有关著作或代表性人物的言论中。因此，透过这些著作或言论可以窥探当时大学发展的基本状况。如针对大学存在的目的和职能，英国红衣主教纽曼在其《大学的理念》一书中指出："大学是一个传授普遍知识的地方"，洪堡指出："关于高等学术机构的概念乃是一个极点概念，所有直接为民族道德文化而发生的事情都汇聚于此极点上。这个概念的依据就在于高等学术机构负有使命，去开展最深刻又最广泛意义上的科学或译'学术'之工作。"雅斯贝尔斯指出："大学是研究和传授科学的殿堂，是教育新人成长的世界，是个体之间富有生命的交往，是学术勃发的世界。每一任务借助参与其他任务而变得更有意义和更加清晰。"中国著名教育家蔡元培先生指出："大学者，研究高深学问者也"，清华大学前校长梅贻琦先生认为，办大学应有两种目的："一是研究学术，二是造就人才"。怀特海指出："大学是实施教育的机构，也是进行研究的机构，但大学之所以存在，主要原因并不仅仅在于向学生们传播知识，也不仅仅在于向教师们提供研究的机会，大学存在的理由是：它使青年和老年人融为一体，对学术进行充满想象力的探索，从而在知识和追求生命的热情之间架起桥梁。"赫钦斯认为："大学是人格完整的象征、保存文明的机构和探求学术的社会。"

由此观之，关于大学本质的理解和认识是多种多样、莫衷一是的。对于大学本质看法不同的原因有很多，一方面源于时代的差异和不同，因为大学在不同的时代具有不同的发展规模、结构水平、地位职能和作用，社会对大学的认识和要求也有所不同；另一方面，不同的教育观也决定了大学观的不同，因为，每个人的知识结构和生活背景是不一样的。其所特有的世界观、人生观、价值观都有所差异，因此对于现实存在的大学的理解也是千差万别的。由此可见，对大学内涵的理解是一种历史的沉淀和演变，在不同的历史阶段具有不同的理解。而且，即使是同一阶段也有不同的声音和观念。因此，对大学内涵的理解应该是历史的、辩证的，不能思想僵化、固定不变。

3. 大学应固有的基本要素

任何事物都具有其特定的组成要素。"大学"作为一种独特的组织机构和体系也不例外。从历史及当前大学发展的现状来看，大学主要应具有以下几个要素：

(1) 大师

教师是大学的两大主体之一，大学学术水平高低的衡量标准在绝大程度上是由教学与学术研究的承担者和完成者——大学教师所承担的。因此，大学教师水平的高低直接决定大学水平的高低。中国著名教育家梅贻琦在出任清华大学校长的就职演说中讲："一所大学之所以为大学，全在于有没有好教授。孟子说：'所谓故国者，非谓有乔木之谓也，有世臣之谓也。'我现在可以仿照说：'所谓大学者，非谓有大楼之谓也，有大师之谓也。'"因此，作为大学，必须有足够的堪称为"大师"的教师存在。这里所说的"大师"，不仅应该具有渊博的知识、活跃的思维和崇高的学术威望，更重要的在于其宽阔的胸襟、崇高的品德和"高山仰止"的人格魅力，这样的"大师"不应成为大学的陪衬和稀有类型，而应成为大学教师的普遍追求和实然状态，只有这样，大学才能真正称为"大学"，也只有这样，大学才能充分实现其理念和职能。

(2) 大学生

这里所说的"大学生"，不是指平时所说的在大学里面学习的学生，而是指有理想、有气魄、有目标、有追求，以天下苍生为鸿鹄，以促进社会发展为己任、堪当大任的、在大学接受教育的学生。大学生是大学教育的对象和成果，是大学教育水平和办学质量的体现和反映。大学生的所作所为不仅是对大学自身水平的实践和证明，大学生也是大学声誉的重要创造者和维护者。因此，作为"大学"存在的高校，应该培养出与其内涵职能地位相符合的"产品"。这既是大学的义务和责任，也是大学自我检验的最主要的途径。

（3）大学问

大学既要有一般知识的保存和传播，也要有"高深知识"的探索和研究。而大学之所以称为大学，其中有一个重要的因素即在于其研究对象的"高深"性，即大学研究的应是"大学问"，这种"大学问"不仅具有高深性、全局性、关键性、未知性、开创性、探索性，而且不是一般人所能理解和胜任的，"大学问"不仅是衡量大学学术水平的基本标准，而且是区别于一般组织机构的重要特征，是大学对全人类的贡献，同时也是人类智慧的结晶。

（4）大气魄

大学作为一种组织体系，其自身具有相对独立的文化特性和组织性格。不同的大学也具有不同的文化和性格，但无论具有怎样不同的文化和性格，作为人类思想库和智力中心以及良心所在的大学必须具有"大气魄"，即应具有高远的目光、远大的理想、深刻的见地和不为世俗所限的理念。

（5）大财富

大学与经济发展之间的关系是复杂紧密的。一方面，大学是社会经济发展到一定阶段的产物；另一方面，大学对经济发展的影响日益显著并逐渐成为影响经济乃至整个社会发展的关键因素。如今随着现代科技的不断发展以及研究仪器设备的日益精细和复杂，现代大学与经济财富的关系更加紧密。在很大程度上，经济决定着大学的发展目标和方向，因此现在的大学必须具有充足的资金作支持。只有拥有充足的资金，即拥有"大财富"，大学才能坚守自己的理念和信仰，才能沿着自己的目标和方向开拓进取、不断前进。

（二）大学的职能

大学的职能是个历史概念，其在不同的历史时期具有不同的表现和侧重点。因此，随着现代社会的不断发展，现代大学的主要职能也在不断变化。

1. 大学的教学职能

长久以来，教学不仅是大学最主要、最古老甚至是唯一的职能，而且是所有教育机构的主要职能。较早对大学的教学职能进行阐述的是英国红衣主教纽曼，其在《大学的理想》一书中指出："一方面，大学的目的是理智的而非道德的；另一方面，它以传播和推广知识而非增进知识为目的。如果大学的目的是进行科学和哲学的发现，我不明白为什么大学要有学生；如果大学的目的是进行宗教训练，我不明白它为什么会成为文学和科学的殿堂。"因此，"从本质上讲，大学是教学的场所"，"我们不能借口履行大学的使命职责而把它引向不属于它本身的目标"。当然，由于现代社会知识经济和信息化时代的到来，使得当前社会的知识观、学习观和教学观发生了深刻的变化，如在印刷技术不甚发达的时代，学习和教授的内容十分有限，因此，对学习和教授方法手段的要求不是很多。但随着印刷技术、信息技术、网络技术的不断发展，使得现代社会不仅存在大量的知识，还充斥着大量庞杂无序的信息。现代的学习不仅包含对知识的理解和记忆，还包括对知识、信息的识别与鉴定，因此，在艰难的学习文化创新探索中，我们深切地感受到，在以教师讲授为主的课堂中学生是不可能真正成为学习主体的。这就需要现代大学在坚守大学教学职能的基础上，进行教学方式的改革，适应新时期社会、知识发展的要求。

随着大学科研地位的不断提升以及大学职能的日趋多样化，现代大学的教学职能逐渐沦为从属地位，由此导致的结果便是大学教授不愿承担教学，大学教学质量不断下降。因此有学者呼吁，虽然大学具有多种职能，但人才培养是其最基本的职能。大学应该把人才培养放在主要地位，并把"全人"作为大学教育的培养目标。这既是大学存在的最根本的理由和原因，也是大学区别于其他机构的根本特征，同时，也是大学职能发挥收益最大、影响最为深远的地方。因此，大学必须将教学职能作为自己的根本职能加以强化和重视，并出台具体措施、落到实处。

2. 大学的科研职能

1810年柏林大学的建立开辟了德国高等教育的新纪元，同时也确立了以"教学自由"和"教学与科研相结合"为核心的洪堡大学思想。洪堡大学思想的确立不仅标志着科研在大学中确定了其合法地位，同时，也开始对其他大学产生影响，如1876年，美国创办了约翰·霍普金斯大学。其开办伊始，校长丹尼尔吉尔曼即宣布："研究生教育和高一级教育是大学最重要的使命"，大学的目的是："最自由地促进一切有益知识的发展……鼓励科研提高学者的水平"。W·雅斯贝尔斯指出："研究与教学并重是大学的首要原则"，"大学的第一个原则就是研究与教学的统一"。而提到教学与研究的关系时，他始终把研究摆在第一位。著名思想家罗素指出："我们考察一下大学的功能后就会同意，研究至少与教学同等重要。"

发展至今，科研在大学中的地位日益凸显，并逐渐成为大学最主要的职能之一。而大学的科研成果也成为衡量大学办学水平和质量的主要甚至是唯一标准，这更加重了各大学对科研的追求，从而使大学所应固有的教学职能不断减弱，并逐渐沦为从属地位。而且，由于部分大学本身并不具备科研条件，导致其既不能搞好科研也不能搞好教学，致使大学整体职能混乱和滑坡。因此，在现代社会，随着大学职能的不断分化，各大学也应实行相应的分化，不能面面俱到、平均用力，而是应该根据自身的条件，有重点地发展、完善自身的智能结构，形成研究型大学、教学型大学、研究与教学型大学以及专业技术型大学等多种层次并存的大学体系。当然，划分出这些大学类型并不是让大学仅仅发展一项职能，而是要以某种职能为重点和根本，有选择、有重点、高效率的发展。

3. 大学的社会服务职能

大学的社会服务职能是继大学人才培养职能和科学研究职能之后的第三大职能。该职能的兴起得益于美国1862年和1887年分别颁布的《莫里尔法》和《哈奇法》等法案。这些法案一方面促进了美国高等教育的迅速发展及大学类型的不断分化；另一方面突破了大学传统的人才培养模式和"象牙塔"式的办学理念。其中，尤以威斯康星大学最具代表性，其校长查尔斯·万和斯更明确提出"服务应当成为大学的唯一理想"、"大学应当成为服务于本州全体人民的机构"。"威斯康星思想"从此成为大学社会服务的典范和旗帜，成为世界公认的现代大学不可或缺的重要职能，同时也把全世界的大学带进了一个崭新的发展阶段。20世纪后期，大学直接服务社会的第三职能不断扩张，其特点为：第一，方式不断增加，其中主要的形式有教学服务、科技服务、咨询服务、信息服务、装备服务等；第二，范围不断扩大，全世界具有不同学术背景和国家文化传统的大学都趋向于从"象牙塔"变成为具有企业性质的机构。如今，随着现代大学对国家、社会、政治、经济影响的不断扩大及联系的日益紧密，使得大学的社会服务职能更加凸显出来，大学逐渐发展成为国家、社会最主要的职能部门。而早在20世纪初，德国历史学家蒙森就把大学与科学、军队和关税联盟等量齐观，认为它们是德国民族振兴至为重要的因素。另一位历史学家在论及德国大学时也指出："在德国，大学对市民社会的生活观和价值观影响甚大，文学与新闻、自由知识分子或艺术家、政治舆论甚至教会都莫能与之相比"、"大学……是民族精神生活的中枢机关"。由此可见大学对国家社会的重要作用和影响。

大学的社会服务职能，一方面增加了大学的影响力、控制力，加速了科学研究向现实应用转化的速度，增加了大学的财政收入和经费来源，丰富了大学的人才培养途径和社会实践场所；另一方面，也产生了一些问题和矛盾，即，大学过多的参与社会活动，不仅消耗了大学的人力、物力和财力，而且对于大学所肩负的社会责任的理解也产生了较大的分歧。大学作为现代社会的思想文化中心和育人机构，虽然应该与社会保持联系，但这种联系应该有一定的限度，大学既要扎根社会，又要超越社会、引领社会。

4. 大学的国际化职能

早在1996年，国际21世纪教育委员会向联合国教科文组织提交的报告《教育——财富蕴藏其中》就指出："高等教育机构拥有利用国际化来填补'知识空白'和丰富各国人民之间和各种文化之间对话的很大优势"。有学者指出："依高等教育在现代社会中的地位而言，它将责无旁贷地担当起应对挑战的使命。即通过国际间的文化交流、科技合作，担当起增进理解、促进和平、共同发展的使命。高等教育的国际化，既是一种结果，也是一个过程、趋势。作为一种结果，它追求的是一个先进的、开放的、全球化的体系，是一个能应对挑战、促进全人类和平相处、共同发展的理想化的大学模式；作为一个过程、趋势，它强调要将'国际的维度'整合到高等学校的教学、科研和服务等诸项活动中去。"如今，随着政治经济全球化进程的不断推进以及知识经济、信息化时代的到来，更使得大学在国际交流与合作方面发挥日益显著的作用和影响，并逐渐突破知识文化的领域限制，承载更多的使命和内涵。因此，大学的国际化职能不仅是大学自身发展的基本需要，而且是整个人类交流、沟通的基本手段、途径、载体和平台。但大学国际化职能的发展也面临着被政治化、功利化、世俗化等极为严峻的挑战和危险，因此大学必须保持清醒的头脑，在发展国际化职能的过程中保持自身的独立和自主。

5. 大学的文化引领职能

进入21世纪以后，随着全球化进程的不断深化，信息技术的进一步发展和人类文明交往的日益频繁，大学的职能又面临着新的挑战：一方面，信息网络技术的发展对现有的大学存在模式提出了挑战；另一方面，不同文明的交流与碰撞以及商品消费时代的降临威胁着传统的人类价值观念和深层信仰，这对大学的发展及其与社会的关系提出了更高的要求和挑战。因此，对于21世纪大学的职能，现在流行的一种看法是：在传统的教书育人、科学研究与社会服务职能之外，再加上一个文化引领职能。有学者提出，从社会分工的角度看，一种新的社会职能业已凸显于大学面前，那就是大学必须引领未来。大学应该且只能通过"求学问是，树人铸魂，引领未来"来实现服务社会的职能。桑新民教授早在2000年就曾指出："教育不仅创造着自身的未来，而且孕育着未来世界的创造者。"这一特点决定了在对未来的选择与创造中，教育负有特殊而重大的使命。今日教育塑造出的人才在很大程度上决定着明日世界的风貌，可见，教育的一项重要使命就在于通过对未来社会创造者的培养而架设起由现实通向未来的桥梁，这正是教育对未来社会的选择功能。

综上所述，大学发展至今好像已经变成一个无所不包、无所不容的"全能机构"，这在表明了大学的崇高地位和巨大作用的同时，也暗含着一种大学将被社会吞噬与稀释的危险，因此，大学应该具有一定的边界，什么能做、什么不能做，大学应该有一个清醒的认识，诚如马克·汉森所言："边界决定了谁是和谁不是。一个特定社会系统的成员，边界可以是物理性的，比如学校的围墙；或者是政治性的，比如一个政党的成员资格；或者是社会性的，比如某个社会阶层的生活方式。边界维持意指保护社会系统免遭外界因素的侵犯。"一个边界围墙可能是比较高的，也可能是较低的，但只有确定了"边界"，大学才能明晰自身的目标和任务，才能维持自身的相对独立和自主。因此，大学必须为自己设立"边界"，在与社会保持密切联系、履行自身职能与使命的同时，保持自身的相对独立和反思性思考。

（三）大学的基本属性

1. 大学是一种文化的存在

"文化"一词来源于拉丁文"Cultura"（意为耕作、培养、教育、发展），是指人对自然界的有目的的影响，以及对人自身的培养和训练。16世纪后期，英文和法文中的"Culture"逐渐由耕作引申为对树木庄稼的培养，并进而指对人类心灵、知识、情操、风尚的化育，具有了改造、完善人的内心世界，使人具有理想公民素质的意思。在中文中，"文化"一词的基本含义是"以文教化，指通过文治教化把人培养成有教养的人的过程"，是与"自然"或"质朴"、"野蛮"等对举的概念。由此可见，在中西文中，"文化"与教育在词源上都有着直接的联系，以至于有人认为教育即文化，文化即教育。有学者指出，人才成长是一个知识传承与文化熏陶的过程。而人才的文化底蕴除了来自知识的传授以外，更重要的则在于大学文化的教育功能，这种文化熏陶，对学生的成长是潜移默化的，更是受用终身的。而大学作为一种以教书育人、传播和创造知识为己任的古老组织体系，不仅自身的劳动对象、劳动方式、劳动成果及管理方式和社会认同具有很强的文化性，而且作为一种社会组织，其本身是社会经济发展所产生的文化累积与凝聚的产物，因此，"相对于社会其他组织机构，高等教育或大学是一种文化性的存在方式"。

2. 大学是一种知识的存在

大学以教书育人为自身最初之根本甚至是唯一目标。发展至今，大学的职能虽然在不断扩充，但教书育人仍然是大学区别于其他组织机构的根本特点和大学应竭力维持的核心任务。而教书育人所使用的素材则是知识，因此，大学是以知识材料为中心的组织，没有知识，大学就没有存在的根基和前提。

与此同时，随着现代知识增长速度的不断加快和大学职能的不断演变，大学的知识创新功能日益显著，并逐渐成为现代社会的知识之源。因此，一方面，大学以知识为载体，传播知识、培养人才；另一方面，又以研究探索知识为己任，不断创造新知识。当然，大学之中的知识较之一般知识有所区别，其涉及的主要是"高深学问"。而且，进入大学的知识都是经过时间、实践的考验和历史的沉淀与拣选的。雅斯贝尔斯认为："大学是一个时代的智力良心，大学人不必为现实的政治负责，主要因为它对发展真理负有无限的责任。尽管不涉猎外部世界的实际事务，但大学作为一个科研机构仍有必要充满现实感。然而，大学与现实的联结点不是行动而是知识。为了探索纯粹真理的理想，价值判断和实际行动都被搁置起来了。"有学者将"知识"看作高等教育系统的客体，因为知识作为客观精神客体是高等教育系统主体活动所指向的对象，是被主体对象化了的客观事物。在高等教育系统中，人们对知识之真谛的探索从来就没有停止过。高深学问的激增形成了"知识爆炸"。把高深学问从社会活动边缘的"象牙塔"中移到了社会生活的中心。随着高等教育转移到这一方向，它越来越世俗化了，知识与大学的这种相互依存关系，使知识成为大学的根本及特有的活动对象。

3. 大学是一种交流的存在

简言之，教育是年长一代对年轻一代有目的的施加影响的过程。教育得以进行的最原始、最根本的途径在于师生之间的交流。德国著名哲学家雅斯贝尔斯从"大学"的本原含义认为"universitas（大学）的最初含义——教师与学生的共同体，与它作为所有学科的统一体的含义是同等重要的。"大学的这个理念，要求开放的胸襟，要求人们随时准备将自己与某些事物相联，这些事物意在以自己特殊的学科语言来描述总体。这个理念要求应该有交流存在，不仅要有不同学科层次上的交流，而且要有不同个体层次上的交流。这样大学就应该给学者们提供条件，使得他们能够和同行的学者和学生一起开展直接的讨论和交流。英国红衣主教纽曼亦曾指出："当一大群年轻人来到一起，具有青年所特有的敏锐、心胸开阔、富于同情心、善于观察等特点，即使没有人教育他们，他们必定能互相学习。每个人的谈话，对其他人来说就是一系列的讲课。他们自己逐日学得新的概念和观点、新的思想以及判断事物与决定行动的各种不同原则。"当然大学的交流并不仅仅局限于校内师生之间的交流和沟通，而是应该具有全球视野。正如建构主义所认为的"学习既是个性化行为又是社会性活动，学习需要对话与合作。"

4. 大学是一种道德的存在

作为社会最主要的育人机构和高端人才的集散地，大学责无旁贷的具有道德教育的责任和义务，而且随着现代社会的不断进步和文明程度的不断提高，以及高等教育机构对社会影响的日渐扩大和深入，使得大学道德教育的责任更加重大和急迫。正如费希特所言："就学者的使命来说，学者就是人类的教师"、"学者是人类的教养员"，而且由于大学成员大多为成年人，大学高校师生关系和中小学师生关系相比，具有更加松散和私人化的特点，这更使得大学在传授知识的同时应重视道德教育，而且大学作为社会的动力中心和思想库，是社会发展的风向标。同时，大学成员作为社会的楷模而被社会所尊重和效仿，这更加大了大学道德教育及自身道德存在的责任感和使命感。

5. 大学是一种社会的存在

大学作为一种社会组织机构，是社会发展的产物。同时，大学自身对社会的发展也产生了巨大的作用和影响。因此，大学无论从其整体的组织发展，还是从其劳动者、劳动对象、劳动方式和劳动手段等，都与社会的发展息息相关。英国逻辑实证主义哲学家罗素也曾指出："若要使纯学术仍然成为大学的目标之一，就必须使它与社会的整体生活发生关系，而不仅仅与少数悠闲绅士的高雅欢乐发生关系。"阿什比认为"大学是继承西方文化的机构。它保存、传播和丰富了人类的文化，它像动物和植物一样地向前进化。所以任何类型的大学都是遗传与环境的产物。"其中，所谓遗传，是指高等教育应该遵循的信条，它是大学发展的"内在逻辑"。所谓环境，是指资助和支持大学的社会体系和政治体系，它是影响大学变革的外在因素。正如加赛特所言："如果学校确实是国家的一个职能机构。与其内部人为创造的教学气氛相比，它更多地依赖于它所处的民族文化氛围。这种内在和外在的平衡是造就一所好学校的一个基本条件。"

6. 大学是一种历史的存在

人类文化的成就总有其时间和空间的背景和局限，大学的发展也不例外。大学的兴起、发展和完善是伴随着历史的发展不断实现的。在不同的历史时期，大学具有不同的职能、使命、规模、结构以及对社会发展的影响和作用。同时，作为一种古老的组织机构，历史的车轮留给大学的不仅是时间的累积和年龄的增长，更重要的是经过时间的洗礼所累积、沿袭的传统、习惯以及校园内斑驳、陈旧而又富有生命感的砖瓦、草木，以及由此而形成的大学的性格和气质。所有这些都需要时间的考验和历史的沉淀才能形成，并日久一新、充满生机与活力，从而使大学拥有"生命"。

7. 大学是一种思想、批判的存在

大学作为一种批判的存在，首先必须具备独立思考的能力和素养。赫钦斯认为："大学存在的假设基础是在一个国家中应该有一种组织，其目的在于对各种最重要的智性问题进行最深入的思考，它的目的是引导整个教育体系探讨理论和实践工作者所面临的理论和实践问题，它是一个思考的社团。" Heinz-Dieter Meyer 认为："除了法院以外，大学在现代机构中可能是最具理论性和自我反思性的。"布鲁贝克认为："凡是需要人们进行理智分析、鉴别、阐述或关注的地方，那里就会有大学"。中国著名科学家竺可桢反复强调："大学是社会之光，不应随波逐流"。大学作为社会的思想库，"具有一种强烈而严肃的使命，这就是思考。大学是独立思想的中心。既然它是一个思想中心，一个独立思想的中心，那么，它也是一个批判的中心。"因此大学的职责不是随波逐流、迎合时代的发展，而是不断创造潮流、引领潮流，成为社会发展的导航仪和风向标。

二、适应大学生活，完成角色转变

大学阶段是大学生学习知识、培养能力、发展智力、丰富阅历、积累经验、准备承担成人责任的过渡期，也是大学生步入社会的准备期。对每一个大学生来说，大学阶段都是一生中最重要的时期之一。大学生既要适应前所未有的生活，扮演新的社会角色，又要做好适应新环境、迎接新挑战、解决新问题的各种准备。怎样尽快完成从中学到大学的过渡，尽快适应大学生活，为大学期间的健康成长和今后事业的起步腾飞打下良好基础，是每一个刚刚走进大学校门的大学生面临的首要问题。

（一）大学与中学的不同

1. 宽松与自主并存的学习环境

中学属于基础教育阶段，这一阶段的学习以基础知识的储备为主，在内容上主要依赖教材，在形式上多是小班上课，学习的进度相对固定，学习的环境相对确定。而大学阶段的学习则不同：第一，知识的广度和深度大大增加。专业方向确定，需要大力发挥同学们学习的主动性、创造性，在课余时间广泛涉猎相关知识，掌握科学的学习方法，培养自学能力和独立思考问题、分析问题、解决问题的能力。第二，学习的自主性大大增加。有的大学试行学分制，更多的大学实行的是学年学分制，除了公共科目、学科基础课和专业课属于必修之外，各专业都开设选修课，同学们可以根据个人兴趣和能力选修相关课程，自由支配的学习

时间增多。第三，获取知识的渠道更加多样化，尤其是图书馆和网络的作用凸显出来，熟练利用图书馆和互联网搜集资料与掌握信息，成了同学们必备的学习技能。

2. 统一与独立并存的生活环境

中学时期，学生基本上生活在父母和亲人身边，衣食住行等方面都能得到照顾，甚至连日常生活小事也有人包办。进入大学之后，同学们需要独立生活，有的同学还可能远离家乡、离开父母，需要独立处理好日常的衣食住行等问题。自理能力强的同学会很快适应这种生活、应对自如；自理能力弱的同学，则可能计划失当、顾此失彼。因此，在大学里，既要学会过集体生活，又要在集体中学会独立生活，需要尽快适应。

3. 丰富与平等并存的人际环境

中学时期，交往对象主要是学校的老师、同学，大家都处于同一地域，沟通较为容易；而大学的同学来自五湖四海，兴趣爱好、生活习惯也可能存在较大的差异，沟通的难度增加。中学生由于亲人的照顾和学习的压力，对交往的渴望不那么强烈；进入大学后，新的学习生活环境要求大学生独立、主动地建立起各种人际关系，交往的需要明显增强。

4. 多彩与严谨并存的课余环境

中学阶段，特别是高中阶段，在高考的压力下，同学们忙于应付高考，几乎把全部的精力都投入到学习中去，课余活动的机会比较少。进入大学后，党组织、团组织、学生会、班委会等正式组织，由志趣、爱好相同的学生自愿组织起来的各种学生社团，都会组织丰富多彩的课余活动，同学们参加集体活动的机会大大增加。因此，同学们可以根据自己的特点和爱好、时间和精力，积极参加集体活动，丰富课余生活，锻炼组织和交往能力，在相互交往中增进同学间的情谊。

（二）顺利完成角色转变

1. 不断提高生活上的自理能力，包括一些基本的生活能力

从一定意义上说，进入大学就意味着独立地走向社会、走向生活。面对新的生活环境，随时都会遇到新的问题、矛盾和困惑。没有接触过的人，需要去交往；没有做过的事，需要学着做；没有遇到过的问题，需要自己独立解决。同学们应该学习和掌握一些必要的生活自理能力，逐渐从依赖别人的生活方式转变为独立的生活方式。

2. 学会用平等的态度对待他人

为了尽快提高自己的综合素质，同学们必须在各个方面虚心求教、细心观察，多向周围的老师、同学学习。尤其是在与同学的交往中，要采取平等的态度。比如说，有的同学恃才傲物，不屑与其他同学交流，而有的同学觉得自己能力差而不敢与他人交流，这两种情况都会使我们失去很多机会。请相信，没有人会因为我们比他们知道的少而瞧不起我们。

3. 正确地认识和评价自己

在新的环境里要认清自己的实力或者说潜力，树立自信心。许多同学进入大学后发现自己的"位置"下降，这是环境因素的变化造成的，而不是个人能力的问题。进入大学后，大家都在同一起跑线上，看谁能更好地利用时间，更好地扬长避短，更好地锻炼发展。即使在能力方面与别人存在差距，也要允许自己有一个逐渐追赶的过程。

4. 客观地对待别人的优势

要学会在承认与别人有差距的情况下，仍能保持自信心，一个人能力再强也不可能事事都超过别人。我们要实事求是地看待别人的优势，认真虚心地学习别人的优点，而不能心胸狭隘、耿耿于怀。大学之于高中的最大差别就是要跳出"胜者为王"的狭隘观念，将攀比、嫉妒、排挤的恶习改掉。高中的时候，这种习惯也许能激发你的斗志，但在大学，它的唯一作用就是限制你的视野，束缚你的发展。如果把大学几年形容成一场"比赛"，那么只有那些懂得欣赏"对手"的选手才能笑到最后。要不断吸取别人的长处，提高自身各方面的修养水平，在平等的交往中达到互补。

5. 要确立学习、生活新目标

大多数同学在中学时目标都比较明确，即考上大学，但到了大学以后，不仅仅是面对考试，而是面向社会选择实际工作。根据自己的专业，学习相关的新课程，并按照这个目标一步一个脚印地走下去，才能实现这个目标，但是一些同学考上大学后，感觉压在自己肩上的高考压力终于卸掉了，觉得应该好好歇歇脚、松口气，什么理想、目标，都被抛到九霄云外，出现了理想间歇期，整天无所事事，觉得大学生活空虚、无聊。一学期下来才发现自己没有学好，和同学已经拉开了距离，所以，大一的新同学要尽快定下自己的目标。

案 例

曾经有人诙谐地将大学生活比喻成鲁迅先生的四本书：大一《彷徨》，大二《呐喊》，大三《伤逝》，大四《朝花夕拾》。也常常听见有人说："假如上帝能再给我一次机会，一定让大学生活重新开始。"同样是大学生，为什么毕业后有如此大的差别呢？究其原因，就是没有规划好自己的大学生活。从中学到大学，生活的时空发生了很大的变化：交往范围的扩大、自我未来的设定，这一切会给刚踏入大学的新生带来什么样的影响呢？

问题1：理想高校与现实环境的差距。

解析： 上大学前，唯一的希望就是跨入大学的校门，而一旦这个目标实现了，后继的动力难免不足。这叫"目标暂时性缺失"或"目标间歇"，是新生普遍存在的一种心理状态。可以说，高中的时候是在一种半超越现实的情况下，通过书本或各种传播媒介去了解大学的生活，这难免会造成理想与现实的差距，不可避免地造成大一新生的失落感。

问题2：中心地位的失落。

解析： 在高中，老师的青睐、同学们的羡慕，使他们成为同龄人的中心，无形中可能会产生某种过高的自我评价。进入大学后，全国各地成绩优异的佼佼者汇集一堂，新生会发现比自己优异的同学比比皆是。这一突然变化使一些人措手不及，无法接受理想自我和现实的巨大差距，一种失落感便袭上心头。

温馨提示： 及时给自己定个短期的目标，这是每个大学新生都必须经历的过程。大学起跑的号令已然鸣响，谁最先冲破迷惘，找到新的目标和动力，谁就能冲到队伍的最前面，成为同龄中的胜利者。因此，要尽早做好思想准备，有意识地探索自己的路，以便顺利地度过这一时期。要合理地安排课余时间，制订近期和长远的目标，了解自己最迫切需要的是什么，在执行计划中不断地修正和发展实现目标的计划。与此同时，对计划内的活动要有个理智分析。

问题3：无法融入大学学习生活。

解析： 高中时，主要的教学方式是"老师牵着走"，大学里，由于学习的内容、范围、性质和教学方法变化了，在学习上更多的时间是"自己走"。另外，一些课程本身难以激发起学生的学习兴趣，学生只是在唯恐期末考试不及格的担心中被迫地学习不情愿学习的课程。

温馨提示： 首先，我们应该尽快适应大学的学习气氛。这气氛是外松内紧的，很少有人监督你，很少有人会主动指导你，考试一般不公布成绩，但这并不代表没有竞争。独立面对学业时，每个人都该有自己的目标，在和自己的昨天比，也在和别人暗暗地比。在这里，还需要更新观念：分数并不是衡量人的最重要的指标，人们更看中的是综合能力的培养和全面素质的提高，在这里，竞争是潜在的、全方位的。

其次，调整学习方法。把教师为主导的教学模式变成以学生为主体的自学模式。可以说，自学能力的高低成为影响学业成绩的最重要因素。

三、大学生应具备的知识、能力与素质

（一）合理的知识结构

1）合理的知识结构是胜任现代社会职业岗位的必要条件和人才成长的基础。广博的知识视野是适应社会岗位、应变环境的文化基础。现代社会职业岗位所需要的，不仅仅是知识结构合理，而是要求适时拓展自己的知识视野，达到终身教育、终身学习的境界。只有这样，才能根据当今社会发展和职业的具体要求发展自己、完善自己，拓展所学到的知识，有所创造，适应新情况，解决新问题。因此，大学生在校期间应打下深厚、扎实、系统、严谨的知识基础及专业技能功底，才能适应工作性质的变动及职业结构调整的变化。

2）掌握一技之长等于获取了竞争专业岗位的入场券。大学生毕业后将从事专业方面的工作，专业知识是大学生知识结构的特色所在。有专业特长的毕业生要根据社会对人才评价的资格化倾向要求，不断充实和完善自己，使自己的资质也逐步融于社会化、客观化、公平化、国际化的评价标准之中。如：在校期间开始参加相关资格考试，获得国家有关部门职业资格证书。职业资格证书是就业的通行证，为以后择业、评聘技术职务、职位晋升奠定了基础。

3）掌握现代管理和人文社会知识，为适应社会岗位的全方位要求奠定基础。现代社会，需要大学生具有一定社会知识、经济管理知识和人文知识。因此，大学生应利用专业学习的空余时间多读一些社会科学管理方面的书籍，拓宽知识面，开阔视野，从而提高竞争力。如：积极参加学校的社团活动，利用寒暑假到企事业单位进行社会调查，多参加勤工俭学等活动，不断总结经验，提高社会活动能力和竞争能力。

4）适时吸纳、储备大容量的新信息、新知识，为拓展就业空间创造条件。现代科学技术发展迅猛，只掌握本专业现阶段的知识很难与社会需要相适应。因此，大学生在宝贵的在校时间里应在知识的宽度和深度上下功夫延展，关注现代科技发展的前沿信息、关注新行业

发展动态、涉猎现代科学书籍，使自己具有专业眼光，具有前瞻性和先进性的思维，紧跟国际科技发展的步伐，为自己的择业拓展广阔的空间。

（二）完善的能力结构

知识的积累并不等同于能力积累，将知识升为能力须作出巨大的努力，在完成学习任务的前提下，应争取培养社会需要的实际应用能力。

(1) 适应能力

根据客观情况变化，能随机应变地适时调节自我的行为能力。现代社会是复杂多变的，要适应这种状况，保证自己从学校到社会顺利过渡，就应该提高自己的社会适应能力。学校教育是基础教育、通才教育。走上工作岗位后，有些知识用不上、有些不够用、有些要从头学起，这就要求刚走上工作岗位的毕业生根据工作的需要去调整自己的知识结构、能力结构及行为方式，尽快培养自己的社会应变能力。

(2) 人际交往能力

妥善处理人与人之间的关系，并与他人和谐共处、共同发展。生活、工作中需要与许多人交往，这就难免发生矛盾。作为大学生，只有具备人际交往能力，善于处理各种人际关系，才能在工作中充分施展自己的才能。在人际交往中，要以我们民族善良、诚实的传统美德来善待他人，"将心比心"、"以诚相待"，学会尊重他人；要换位思考，多为他人设身处地着想，这样才能得到他人尊重；要学会能干大事、又能干小事的本领；学会处理具体问题时既坚持原则、又不失灵活。

(3) 表达能力

以语言或其他方式展示自己思想感情的能力，它是交流思想、交流感情的基础性素质，故又称为语言文字沟通能力。表达能力包括口头表达能力和书面表达能力。口头表达能力要求语言的流畅性、灵活性和艺术性，书面表达能力要求文句的逻辑性、艺术性和条理性。

(4) 开拓创新能力

用已积累的知识通过不断探索、研究，在脑中创造出新的思维，提出新的见解和作出新的选择的能力。它包括发现问题、提出问题、发现规律的能力，创造性地分析问题和解决问题的能力，发明新技术、创造新产品的能力，提出新思想的能力。

(5) 动手能力

把创造思维变成实际的物质成果或是用生动形象的实践过程呈现创造性思维的转化能力。这种动手能力对工科大学生尤为重要，即在实际工作中既能讲出科学道理，又能动手干出样子。大学生要充分利用实习和勤工俭学的机会提高自己的动手能力。

(6) 组织管理能力

包括计划能力、组织实践能力、决断能力、指导能力和平衡能力。用人单位对具有一定组织管理能力的大学生越来越重视，许多单位挑选大学生时，不仅注重学业成绩，同时对在校是否担任过学生干部、从事过社会工作很感兴趣。因此，大学生在校期间应积极参加社会活动，尽量做一些社会工作，不断增强自己的组织工作能力，以利于今后工作。

（三）全面的素质结构

当代大学生是社会的希望、国家的栋梁、祖国建设的主力军。这一群体素质的高低将直接影响着整个国民素质的水平。21世纪是知识经济的时代，是综合国力竞争的时代，更是人才素质竞争的时代。那么，新形势下的大学生应具备哪些素质呢？根据1999年6月《中共中央国务院关于深化教育改革全面推进素质教育的决定》指出:"实施素质教育就是全面贯彻党的教育方针,以提高国民素质为根本宗旨,以培养学生的创新精神和实践能力为重点,造就'有理想、有道德、有文化、有纪律'的、德智体美等全面发展的社会主义事业建设者和接班人。"

大学生素质教育应具备如下几方面内容。

1. 政治思想素质

总的来说,要培养自己具有马克思主义的世界观、正确的政治观、科学的人生价值观和社会主义道德观,努力使自己成为社会主义现代化需要的建设者和接班人。其具体要求是:

1) 拥护党的路线、方针、政策,坚持四项基本原则,具有共产主义信念、理想,在重大政治、原则问题上能够坚持正确的立场,始终站在人民的一边。

2) 树立正确的世界观、价值观、人生观。有自己的理想和奋斗目标,具有坚强的意志和坚定的信念,能够不为世俗所蒙蔽,不因艰难困苦而退缩妥协。

3) 建立现代民主意识和法制观念。民主与法制是两个相辅相成、互相联系的概念,彼此统一于社会主义国家体系中。民主是法制的出发点和归宿点,而法制是实现民主的政治保障。当代大学生应该自觉增强民主意识,自觉遵守社会主义法律法规,做一名合格的中国公民。

4) 培养良好的伦理道德和职业道德。孝敬父母、尊老爱幼、助人为乐……这些都是中华民族的传统美德,在新的历史条件下,不仅要继续发扬,更要付诸实际行动,作为即将走入社会接受考验的大学生,良好的职业道德越来越成为检验一个大学生素质的试金石,成为大学生立足社会的关键点。

2. 基本品德素质

品德即道德品质,又称品性、德性。它是一个人依据一定的社会道德原则和规范行动时所表现出来的某些稳定的心理特征和倾向。大学生的基本品德素质要求是:

1) 良好的言谈举止和文明礼貌。这是知识分子的修养和风度,是人际交往的前提,也是个人与个人、个人与社会之间得以和谐发展的基本要求。

2) 尊重他人、关心他人、富有同情心。待人处事要有风度、风格、风貌,要严于律己、宽以待人,能团结人,能维护与他人的和睦相处。

3) 遵守社会公德和学生道德。社会公德是一个社会中为全体成员所公认的、大家共同遵守的道德规范。主要内容是:爱祖国、爱人民、爱劳动、爱科学、爱公共财物。而大学生的学生道德主要内容是:有理想、有文化、有道德、有纪律。它直接关系到以后走上各种职业岗位的职业道德面貌,关系到能否赢得他人和社会尊重。

3. 文化素质

首先,要有扎实的专业知识和合理的知识结构。大学生既是高级专业人才的预备队员,又是未来科学文化知识的传人和科学专业发展的开拓者。因此,要在所学知识方面有较高的造诣,就必须精通专业知识及专业技能。

其次,要有广博的人文知识和良好的人文修养。人文教育,是以人类文明的一切成果教育年轻一代,使他们的灵魂得以净化,情感得以陶冶,品格得以完善,心智得以充实,培养健全的人格,使身心得到和谐发展。大学生应该广泛涉猎音乐、美术、历史、数学、哲学和语言文学，了解经济学、边缘学科、交叉学科和自然辩证法，从而形成一个专而深、宽口径、活性大的综合性文化素养。

第三，培养主动获取和应用知识信息的能力、审美能力、独立思考能力和创新能力。"创新是一个民族的灵魂"。当代大学生应以一种积极乐观的姿态去吸取知识、理解知识、消化知识，从而创造出新知识，使自身的潜能得以充分的发掘和展露。

4. 身心素质

大学生要培养自己良好的心理和身体素质，保持身心健康。所谓心理健康是一种内部心理和外部行为的和谐、协调，并适应社会准则和职业要求的良性状态。主要体现在活泼外向、开朗大方、热忱和蔼、幽默诙谐、平易近人的个性；真诚善良、诚实守信、坚忍不拔的坚定意志；情绪稳定、心态乐观、热爱生活、蓬勃向上的精神面貌；良好的承受挫折和痛苦的能力、心理自我调节能力、人际沟通能力、合作共事能力、环境适应能力。而良好的身体素质则主要指强健的体魄，较强的耐力、反应能力和环境适应能力。掌握体育运动、卫生保障基本知识，养成经常锻炼身体和讲究个人卫生的良好习惯，培养健康而丰富多样的个人爱好。

5. 劳动素质

马克思说："劳动创造美"。通过劳动，人们的身心得到舒展，体质得到增强，能力得到锻炼，能够创造出更多更美的、符合人类需求和享受的物质产物和精神财富。

劳动素质目标主要有：树立正确的劳动观念和劳动态度；具有从事自我服务、社会公益、工农业生产等方面劳动的基本知识和初步经验；掌握专业劳动技能，并了解社会化大生产的有关知识和技能；通过生产实习和社会实践，增强劳动纪律，培养创造能力。

6. 基本能力素质

大学生要具有一定的开拓创新能力、较强的分析问题和解决问题的能力。具有一定的社会交往能力，善于为人处世，具有较强的文字写作和口头表达能力。

另外，还有一点相当重要，当代大学生应该更多地投入到实践学习中去，在实践中提高自己的处事能力，在与同学、教师的互动学习和共同探索的过程中，提高协作能力，甚至可以挖掘出更高层次的素质——领导能力和决策能力，这将是未来高素质人才所必需的重要能力，故应当引起大学生的足够重视。

四、学会利用大学的资源

（一）学业朋友——大学最亲密的学习伙伴

朝夕相处的同学，不仅是大学生生活中的朋友，同时，还可以是大学生最为亲密的学习伙伴，不同专业的同学之间，可以互补知识；相同专业的同学之间，可以就同一问题进行更深层次的讨论。

（二）师者——你的人生导师

大学的老师，不仅是自己学习上的老师，还是生活中的朋友。要处理好同老师的关系，以下两点要注意：

一是对老师要礼貌。学生在校园内与老师相遇时，应主动向老师行礼问好。学生进入老师的办公室或宿舍时，应先敲门，经老师允许后方可进入。在老师的工作、生活场所，不能随便翻动老师的物品。学生对老师的相貌和衣着不应指指点点，要尊重老师的习惯和人格。

与老师交往时行为举止要恭敬，见到老师要鞠躬敬礼、让路，同行时要让老师先行。此外，敬师尊长的良好传统还体现在许多文明礼貌的称呼上，如把师长称为恩师、严师、良师等，把老师的话称作是教导、教诲、训诫、赐教等。

二是向老师提意见要讲分寸。学生向老师提意见，也要注意语气和方式。否则，不但不利于问题的解决，而且容易引起误解和反感。即使是很普通的朋友和同龄人，在给对方提意见的时候，也要考虑到是否会伤害到对方的自尊心，对于师长，更应该如此。如果有意见要提，一定要注意用礼貌、商量、交换意见的口气进行。不要武断地提出老师的错误，更不能因为老师的失误或不足而在言语中表现出不屑一顾。

如果在听讲时发现老师讲话有误或有不当之处，也最好不要马上发表意见，一是避免分散其他同学的注意力，影响授课质量；二是不要当众太让老师难堪，这也是处世为人中一个基本的原则。

大学生在学习生活中，离不开老师的引导和启发，如果你能很好地和老师相处、交流，你将比其他同学进步更快。

（三）图书馆——永远的知识海洋

大学图书馆是大学的重要组成部分，是大学的文献信息中心，是为教学和科研服务的学术性机构，是人类知识的宝库，是寻求知识、追求理想的良师益友，是大学生的第二课堂。

1. 图书馆是大学生的良师益友

当今社会，新的知识、信息，新的科学技术的传播和交流，很重要的一个途径是通过书刊资料来进行的。任何科学理论研究都必须从收集、掌握、熟悉图书资料开始，掌握前人已经取得的成果，掌握国内外科学研究的现状，掌握相邻学科所提供的新的有利条件等有关文献资料，以便在前人研究成果的基础上，提出新问题、做出新概括、取得新发展、获得新结论。这就必须从记载已有科技成果的图书资料中去学习、消化和掌握自己所需要的资料，以开阔眼界、扩展思路、受到启示，并以此为起点，去攀登新的科学技术高峰。学习的机会对每个人都是平等的，怎样利用好图书馆收藏的文献知识来达到学习的目的，是值得每位大学生认真思考的。

在大学里，图书馆使学生能够在课余时间继续进行综合性和持续性的学习。大学生借助图书馆的丰富藏书、参考工具书和各种报刊资料，以及其他各种有利条件，不断提高自学能力，通过自学来获得新知识，补充课堂上未学到的知识，可以拓宽自己的知识结构，丰富自己的综合知识，提高自己的文化素质。

如果说上课的老师是言传身教的老师，那么图书馆便是无言的老师，它对每一位朋友都是公平的，只要你付出，便会有收获。大学不同于初级教育，它在给学生传播基本知识的同时，还注重培养大学生的自学能力、思维能力和独立研究的能力。而大学生自学就需要依靠图书馆。一是图书馆有安静的环境；二是图书馆作为知识的海洋，它拥有丰富的藏书并使人产生求知的欲望；三是图书馆有课堂所学知识的延伸和课堂以外的各种综合性知识。大学生写论文、进行学术研究、参加论文答辩，甚至做作业，都需要在图书馆查阅文献资料。图书馆不仅为大学生提供丰富的文献资料，而且还教会了大学生文献检索的基本知识，掌握搜集、获取文献情报的基本技能，从而掌握论文的选题和写作方法等。大学生通过图书馆找到了所需要的知识，进行了再学习、再教育，从而提高了自身的文化素质。

有人将图书馆称作是"没有围墙的大学",这一方面体现了图书馆所包含的内容是极其丰富、无边无际的。另一方面也体现了图书馆作为求知者的良师益友,它对任何人都平等对待,只要你踏进图书馆的大门,它绝不会辜负你的辛勤劳动。

2. 图书馆是大学生的第二课堂

大学生在大学期间,要巩固、消化课堂上学到的知识,就得靠自学。通过在图书馆查找资料,认真学习各种辅导书,能促进大学生进一步巩固课堂上所学到的知识。每位大学生在课堂上学到的知识,是十分有限的。大学生要想在大学生活、学习期间掌握更多的知识,对课堂知识有更深的理解,就需要进一步利用图书馆丰富的文献资料,来弥补课堂上所学知识的不足。

图书馆是知识的宝库,大学生在大学学习期间,如果能珍惜宝贵的学习时间,充分利用图书馆的文献资料,把自己的自学时间放到图书馆里去,在知识的海洋中遨游,那么将会体会到无穷的乐趣,并能进一步扩大知识面。

通过自学图书馆的文献资料,不仅可以扩大自己的知识面,补充课堂知识的不足、巩固课堂知识,更重要的是增强了自己的自学能力。人类知识在不断更新,大学学到的知识是有限的,要能够在人类社会实践中更好地工作,就需要不断地学习,不断地掌握新知识、新技术,而掌握各种新知识,最主要的途径就是自学。在大学学习期间,有意识地培养自学能力,能将图书馆的文献资料为己所用,是十分重要的。

确立目标、自信自强、方法得当、努力不懈,在大学期间是可以有所作为的。牛顿19岁进入剑桥大学,他的微积分、万有引力、二项式定理等三项伟大科学成果都是在大学期间创造出来的。伽利略17岁进入比萨大学,19岁就发现了单摆定律。郭沫若的《女神》也创作于大学期间。曹禺在大学期间构思、创作的《雷雨》,使他一举成名。

所以,高校图书馆不仅是教师从事教学科研的得力助手,也是学生提高文化素养和专业水平的良师益友。大学生必须学会并善于利用图书馆,只有这样,专业才学得好、学得深,才能"有所发现、有所发明、有所创造、有所前进",成为社会企盼的有用之才。

(四)学术讲座——提高综合素质

大学生要积极参加不同专业、校内和校外的学术讲座。

大学是人才的培养基地,讲座则是大学生活中浓墨重彩的一道风景。丰富多彩的讲座对于繁荣校园文化,活跃学术气氛,鼓励理论研究和学术创新等,都具有良好的促进作用。而对于人才培养和教育而言,在"通才教育"理念占据教育哲学主导地位的时代,讲座是其中不可忽视的培养和塑造手段。指导性讲座能给大学生以切实的人生指导,引导他们养成健康的生活方式;学术性讲座是大学生开阔知识视野,发掘学术兴趣和增强学术功底的第二通道,能广泛涉猎各个学科领域,这对于优化学生的知识结构,提升综合素质具有不可替代的作用。

在讲座这个自由的空间里,我们有机会和来自各个领域、各个行业的人接触,能从他们那里听到许多在校园中接触不到的事情;在学术科研讲座上,我们有机会分享专家、学者们潜心研究的成果,聆听他们的观点和见解,了解他们学术人生的平凡与伟大;听了某位成功人士的演讲,我们可能会热血沸腾,激发出创业的勇气和信心……以上种种,都是讲座给我们带来的收获。

平日里,我们往往不自觉地被束缚在本专业的框架中,一场好的讲座,可以拓展你的知识面，放宽你的眼界，甚至可能改变你的思维方式。每一场新奇的讲座，都有可能是你人生中的一块新大陆。

大学，是一个非常特殊的空间。它给予大家许多互动的机会，也就是相互交流、平等学习的机会，讲座就是这样的场合，社会上的各界精英无论多么出色，做讲座时都是平等地面对学生，所以大学生有条件充分利用大学的有利氛围，在讲座中开阔视野，获取多方面信息的同时，也能更好地认识自己、调整目标。

（五）互联网——平面的世界

简单地说，一个由各种不同类型和规模的、独立运行和管理的计算机网络组成的世界范围的、巨大的计算机网络就是互联网，全球性计算机网络，它的英文名字叫 Internet。组成互联网的计算机网络包括小规模的局域网（LAN）、城市规模的区域网（MAN）以及大规模的广域网（WAN）等等。这些网络通过普通电话线、高速率专用线路、卫星、微波和光缆等线路把不同国家的大学、公司、科研部门以及军事和政府等组织的网络连接起来。

互联网是人类历史发展中的一个伟大的里程碑，它正在对人类社会的文明起着越来越大的作用。也许会像瓦特发明的蒸汽机导致了一场工业革命一样，互联网将会极大地促进人类社会的进步和发展。

网上资料丰富，应有尽有。学会利用网络查阅资料，是非常经济、及时、便捷的。互联网的好处：① 浏览新闻（政治、经济、娱乐、体育等各方面）；② 方便联系（实惠、便捷、快速地进行异地交流）；③ 网上消费（网络商店出售或者购买需要的东西）；④ 学习创作（图书、文字、视频方便学习）；⑤ 休闲娱乐（游戏、音乐等）。

第二章 大学的学习与考试

第一节 大学学习的特点及要求

一、大学学习的特点

（一）学习目标要求高

学习目标是人们学习活动所期望达到的预想结果，它是产生学习动力的重要源泉，是激发学习积极性和自觉性的重要前提。大学的学习要求要高于中小学。中小学教育是一种基础教育，主要任务是向学生传授科学文化的各种基础知识，为升学或就业做一般性的准备；大学则是以培养专门人才为目标，让学生在学习中学普通文化科学知识的基础上，进一步学习和掌握专业知识和专门技能，把他们培养成为各个部门和各行业所需要的高级专门人才。因此，大学的学习目标的要求明显高于中小学。

（二）学习内容博又专

中小学教育的内容是多学科性的、全面的、不定向的；大学则是一种定向的专业教学。专业教学的一个显著特点，是提高了对教学内容深度、广度的要求。大学教学不仅要向学生传授与专业有关的基础知识，还要向学生传授高精尖的理论和最新的科学成果；不仅要向学生介绍学科发展已有的知识，还要向学生介绍尚在探索和争论的问题，这说明大学的学习与科学文化各个领域发展的前沿阵地更加靠近了。这种教育是中学普通教育的延伸，是科学发展的必然要求，也是科技发展的基础。

（三）学习形式多样化

大学的学习形式明显多于中小学，中小学的学习形式较简单，一切教学活动基本上全由教师安排，主要通过课堂学习来获取知识。而大学学习的形式是复杂多样的，除了课堂学习外，还可以通过实验课、课外讲座、科研活动、电脑网络、大学社团活动、社会实践活动及实习、课程设计、毕业设计等形式学习。丰富多彩的学习形式是由学习内容的"博"和

"专"的需要而产生的，对于形成和完善大学生的知识能力结构，提高大学生的综合素质起到了很好的作用。

（四）实践环节比例大

大学学习是学生将高度抽象的专业理论知识运用于具体实践的活动，是发展学生应用技能与改造世界能力的过程。因此，实践性环节在高等院校的学习中占有十分重要的地位，在总学时中占有的比例较大，一般超过20%。工科院校的实践性教学环节所占的比例有的高达30%。大学生的实践性教学环节主要有实验课、课程设计、教学实习、生产实习和毕业设计等。实践性教学环节对于培养大学生的实验和操作技能等实践能力是必不可少的。

（五）学习方法注重自主

大学注重培养学生的独立学习的能力，对学生的学习过程不像中小学管的那样细致。这种独立性是以大学生的生理和心理特征趋于成熟为基础的，它贯穿于大学教学的每个阶段和环节。因此，学生应根据学校教学计划的安排，围绕学科和专业的特点，有针对性地确定学习目标，并根据自身条件恰当地选学、补充相关知识，完善自己的知识结构。在整个学习过程中，要较好地控制自己、合理地安排学习时间。学会自我评价学习效果，掌握科学的学习方法，总结学习经验，从而达到最佳学习效果。

（六）思维特点求创新

大学学习是学生在继承掌握前人积累的专业理论知识的基础上，从事探索活动、培养创造能力、获得科学方法和创新精神的过程。大学教师基本上是本学科的科研工作者，他们把自己的研究成果和本学科或专业的国内外最新研究动向、成果及趋势介绍给学生，使学生站在学科发展的最前沿，激发学生的创造热情和冲动。因此，创造性是大学学习的基本特点之一。大学生在学习过程中要不断激发自己的创新意识，不轻易相信现成的结论，不盲从他人；要敢于突破思维定式，力求有自己独特的见解和思考的角度。

二、学习是大学生的首要任务

人才或国家间的竞争，不仅仅体现在财富的多少或产品的丰富程度上，更多的是体现在人的综合素质上，这是包括专业素质、政治素质、人文素质和身体素质在内的多方面综合素质。青年是国家和民族的未来，而大学生又是当代青年中的佼佼者，未来他们将成为国家的主心骨，挑起国家发展和进步的重担。因此，他们必须是全面发展的、具有很高综合素养的，必须拥有健康的体魄、全面的文化科学素质和理性的头脑。

大学是大学生们学习和充实自我的黄金时期。大学毕业之后，大学生将面临着现实的就业问题。因此大学的学习是大学生的首要任务。要刻苦学习专业知识，充分利用课堂学习和课余的图书馆自学，掌握专业知识，为毕业后赖以生存和发展的"一技之长"打下扎实的基础。

第二节　把握大学学习规律

一、大学学习过程的基本阶段

（一）大学学习过程的四个阶段

1. 基础课学习阶段

一年级，主要学习公共基础课。

2. 专业基础课学习阶段

二年级，主要学习专业基础课，不同专业开设的专业基础课不同。

3. 专业课学习阶段

在学习完专业基础课之后，开始针对于不同的专业方向学习专业课。

4. 综合实践阶段

毕业实习和毕业设计，综合运用所学知识解决生产实践和教师提出的课题。

（二）大学学习的六个特点

1. 专业性

大学的教学过程实际上是为学生适应某个具体专业要求构建了一个知识结构和能力结构的基本框架。

2. 实践性

实践活动分为学习性实践、应用性实践和创新性实践三种。

3. 开放性

首先，社会参与教学过程，实行产、学、研相结合；其次，在学校内部，大学教学过程冲破学科、课堂和书本的局限，呈现高度的灵活性、多样性；其三，跨校区、跨专业学习。

4. 自主性

爱因斯坦大约在16岁时在《我未来的计划》一文中写到："如果我有幸而成功地通过了我的考试，我打算进苏黎世联邦工业大学。我将在那里读上四年，学习数学和物理。我希望能当上自然科学的上述那些学科的教授，研究其理论部分。"

5. 探索性

重点是培养创新意识、训练创新方法、提高创新能力。

6. 选择性

人的一生就是选择的一生。人生就是选择，选择就是人生。终身学习，实际上是终身选择学习。大学实行学分制，学什么？怎么学？学到什么程度？构建何种知识结构？这些都靠自己选择。

选择学习的发展轨迹：

- 自趣选择学习期（朦胧期）
- 自储选择学习期（储备期）
- 自觉选择学习期（应用期）
- 自娱选择学习期（消遣期）

二、影响大学生学习效果的因素

（一）理想目标

中学生的奋斗目标非常明确，就是过独木桥——考上大学。上大学以后，奋斗目标又是什么？要优秀、三好、十佳、获得一技之长；要入党、拔尖；要做研究、写论文、出成果。

（二）心理状态

大学新生的一般心理障碍：学习动力不足或不明确，导致空虚心理；学习环境不适应，导致焦虑心理；自我控制能力不强，导致懒散心理；遇到前所未有的学习困难，导致自卑心理；失去了往日的受宠环境，导致失落心理。

进入大学后要有效实现心理转变，以平静的心态审视一切，以饱满的精神迎接挑战，以积极的态度适应环境，以灵活的方式改变自己。

（三）学习方法

学习方法的不妥，会导致对学习内容的不适应，表现有：老师讲课进度快，内容多，课程门数多，感到不适应；讲课方式不适应，课堂信息量大，尤其是多媒体教学，速度快，笔记都来不及记；辅导方式不适应，中学老师守在教室辅导，大学老师讲完课就走了，答疑要自己去找老师；支配时间不适应，自己支配的学习时间多了，不会合理安排学习时间。

要掌握克服学习方法障碍的策略：

首先，要做学习的主人。确立自主意识，养成自学习惯，培养自学能力。

其次，要克服学习方法的惯性。根据大学的课程特点、教学内容、教学形式以及教师的个性特点，主动进行学习方法的调整，找到适合环境条件和自身特点的新的学习方法。

再次，要把转变学习方法与转变思维方法结合起来。要从侧重形式逻辑思维转变到侧重辩证逻辑思维。

（四）学习管理

科学运筹时间，就是有计划地支配时间，并使单位时间内得到最大的学习效果。

制订学习计划：

第一步，安排非自学活动所占用的时间（包括课堂学习和生活、休息、体育、娱乐等活动）。

第二步，计算可用于自学的时间。

第三步，填写一份以自学为主的每周活动表，把自学的内容安排到恰当的时间中去。

第三节　学分制下的学习方法及技巧

一、学分制简介

（一）学分制的含义

《中国大百科全书》中对学分制的定义是：高校以学分来计算学生学习分量的一种教学管理制度，一般以每一学期的授课时数、实验和实习时数以及课外指定的时数为学分的计算依据，根据各门课程的不同要求给予不同的学分。并规定各专业课程的不同的学分总数，作为学生毕业的总学分。

学分制是以学分作为学习量的计量单位，在教学过程中允许学生在指导性教学计划规定范围内，在导师指导下，自主选修课程，以取得所选课程的总学分来衡量其学习总量，取得一定的学分作为毕业和获得学位的标准，采取多样的教育规格的、较灵活的过程管理方式。

简言之，学分制是以选课为核心，教师指导为辅助，通过绩点和学分，衡量学生学习质和量的综合教学管理制度。

（二）学分制与学年制的对比

学分制和学年制是两种不同的教学制度和教学管理制度，两者在教育思想、管理方法和手段上都存在着很大的差异。

学年制强调的是过程管理，坚持以计划为本。这种过程管理模式，其教学计划非常细致，从课程设置、讲课、实验、习题课的安排、课时分配、课内外学时比例，到各个教学环节、每周学时数、总学时数等，每一个教学过程和教学环节都有严格的管理程序和详尽的规定要求。

学分制强调的是目标管理，坚持以人为本、因材施教。每个学生根据自己的基础与志趣特长，自主制定适合个人的学习计划，再根据学习计划选择所修课程，确定学习进度和学习顺序，考试合格即可获得相应课程的学分，修满并获取教学计划规定的总学分即可申请毕业。这种教学管理模式，更加注重学习计划和学习内容的多样性和选择性，注重学生学习过程的差异性和学习目标的客观性。学分制与学年制，在学制、课程选择、学习过程等方面，都有着不同点，详见表2-1。

表2-1　学年制与学分制的对比

对比项目	学　年　制	学　分　制
学生学习分量	以学年作为标准	以学分作为标准
学制	刚性学制	弹性学制
课程选择	所有学生修读同样课程	允许学生在指导性教学计划规定范围内自主选修课程
导师的作用	因修读课程一样，对学生个性化学习指导作用有限	个性化的指导学生建立合理的知识结构并指导学生的选课

续表

对比项目	学 年 制	学 分 制
学习过程	以年级为标准，侧重过程，注重过程管理	打破年级限制，强化目标、放开过程，给学生充分自主性
毕业标准	读满规定学年且考试合格	获得规定学分
特点	注重统一性，有显著的强制特点	给学生以充分自主性，调动其自主学习的积极性和主动性

（三）学分制的特点

选课制是核心：其最突出的特征是允许学生根据自身情况安排学习进程和选修课程。

弹性学制是基础：打破刚性统一的教学管理制度，承认学生差异，尊重学生个性发展。

导师制是保障：由导师对学生的学习品德和生活等方面进行个别指导，满足学生的个性化需要，帮助学生顺利完成学业。

目标管理是动力：强化目标、放开过程，给学生以充分自主性，调动其自主学习的积极性和主动性。

（四）学分制的作用

就学生而言，有利于打破传统统一的教学模式，扩大学生对课程的选择范围，挖掘学生各方面的潜力，使学生真正成为学习的主人；学分制所要求的"宽基础、活模块"的课程模式，比以往的学年制更灵活主动，更能适应社会经济发展对人才需求的变化；学分制有利于调动教师教学改革的积极性，刺激教师更新知识结构，提高自身综合素质和教学的水平。

二、学分制下的课程学习

学分制的课程设置，一般分为必修课和选修课两大类，其中选修课又分为限选课和任选课，充分尊重学生学习自主权。

必修课是指根据各专业培养目标和学分制指导性教学计划的规定，为保证专业人才培养的基本规格和质量，规定本专业学生必须修读的课程。必修课包括通识教育课、专业基础课、专业课及能力教育课（实践技能课程）。学生必须修读学分制指导性教学计划规定的全部必修课程，并取得相应的学分。

选修课是指根据各专业学分制指导性教学计划规定，为深化、拓宽专业知识，提高学生全面素质和综合职业能力而设置的相关课程。选修课包括限定选修课和任意选修课。

1) 限定选修课又称限选课，是指各专业在本专业范围内，按专业方向设置，为深化、拓宽本专业知识，培养专门化技能而设置的课程，要求体现专业特色。学生根据本专业的知识体系和自身实际，在本专业学分制指导性教学计划规定的限定选修课范围内选择修读，并取得规定的学分。限定选修课的开设，体现了专业培养目标要求与学生自身发展要求的结合。

2) 任意选修课又称任选课，是为扩大学生知识面，培养、发展学生潜能和兴趣特长，满足学生兴趣爱好，提高学生综合素质而设置的课程。学生可以根据个人的志趣及学习能力，自主选择修读，并取得规定的学分。任意选修课的开设，体现了学生自身个性化发展的要求，任意选修课在全院范围内统一开设和管理。

第四节 从容应对大学考试

一、考试准备

在大学里，往往会有这样一种现象：临近期末、年末，同学们开始谈考试、谈学分、谈绩点，气氛略显凝重紧张。自习室里有人发愤读书，寝室里有人挑灯夜读，"考试月"骤然刮起阵阵备考"龙卷风"。

这是一种被动学习的表现。大学的学习，学习的过程比结果更重要。

考试是对一定时期内掌握知识程度的检测。为了成绩很多学生仍然把大多数精力放在了备考上，这样的心理使得大学生平时不认真学习、考前临阵磨枪的现象变得司空见惯。每门课的成绩会根据课程性质有所区别，而最终的成绩一般包括出勤、作业情况、平时测验和期末成绩这些方面，因此，好成绩来自于平时的努力，学习过程更为重要。从更高意义上看，社会需要学校培养有思想、有能力的创新型人才，无论如何，严格的学习和训练过程都是必不可少的。大学生一定要做好自己的人生规划和职业规划，同时结合兴趣自主学习，不断探索，做到全面发展。只有努力拼搏，才能实现职业理想和人生理想。

每个大学生，应该学会做一个主动的自我教育者。作为一名大学生，应时刻坚守自己的理想，让思想不断地成熟，赋予学习更加深刻的意义，而不是为了考试而学习。

二、大学英语学习与过级考试

英语在现代社会中扮演着一个重要的角色，在国际社会的交往中起着重要的媒介作用。

大学的英语学习可以分为公共英语学习和专业英语学习。公共英语学习一般的时长是2年4个学期。学习内容大致可以分为精读、泛读、听力、写作等。大学英语过级考试的种类主要有以下几种。

（一）全国英语等级考试

全国英语等级考试（简称PETS）是教育部考试中心设计的面向社会的英语等级考试，该考试在开发过程中得到了英国国际发展部（DFID）的资助及英国剑桥大学考试委员会（UCLES）的支持，并成为中英文化交流的合作项目。目前该考试设有PETS1到PETS5五个级别。PETS设计的题型主要有：客观性试题——多项选择、选择配伍等；半客观性试题——改错、填空、简单概括等；主观性试题——短文写作、翻译、口试等。PETS在考生资格方面，无年龄、职业以及受教育程度的限制，人们可以根据自己的英语水平选择参加其中任何一个级别的考试。PETS考试将笔试和口试分成两个相对独立的考查项目，考生的单项（笔试或口试）合格成绩允许保留到下一考次。单项成绩合格者可得到相应的单项成绩合格证。笔试和口试均合格者方可得到教育部考试中心颁发的相应级别的合格证书。

（二）大学英语四、六级考试

全国大学英语四、六级考试（以下简称"CET"）对象是修完大学英语相应阶段课程的在校大学生。考试目的是参照《大学英语教学指南》（教育部高等学校大学外语教学指导委员会 2015 年制定）设定的教学目标对我国大学生英语综合运用能力进行科学的测量，同时也为用人单位了解我国大学生英语水平提供参照依据。

CET 系列分为大学英语四级考试和大学英语六级考试。四级考试包括四级笔试（College English Test Band4，简称 CET-4）和四级口试（CET-Spoken EnglishTest Band4，简称 CET-SET4）；六级考试包括六级笔试（College EnglishTest Band6，简称 CET-6）和六级口试（CET-Spoken English Test Band6，简称 CET-SET6）。笔试和口试每年各举行两次，四级笔试成绩在 425 分及以上的考生具备报考六级笔试的资格；四级笔试成绩在 425 分及以上的考生具备报考四级口试的资格；六级笔试成绩在 425 分及以上的考生具备报考六级口试的资格。

1. 考试时间

【英语四级】每年 6 月和 12 月第三个星期六 09：00-11：20

【英语六级】每年 6 月和 12 月第三个星期六 15：00-17：25

【口试】在笔试前进行，每年 5 月和 11 月各一次。

比如：2015 年上半年英语四六级考试时间为 6 月 13 日，下半年英语四六级考试时间为 12 月 19 日。

2. 考试题型

现行阶段的四、六级考试内容由四部分构成：写作、听力理解、阅读理解、翻译。

试行阶段四、六级考试各部分测试内容、题型和所占分值比例与考试时间如下表所示：

（一）四级笔试（CET4）

试卷结构	测试内容	测试题型	题目数量	分值比例	考试时间
写作	写作	短文写作	1	15%	30 分钟
听力理解	短篇新闻	选择题（单选题）	7	7%	25 分钟
	长对话	选择题（单选题）	8	8%	
	听力篇章	选择题（单选题）	10	20%	
阅读理解	词汇理解	选词填空	10	5%	40 分钟
	长篇阅读	匹配	10	10%	
	仔细阅读	选择题（单选题）	10	20%	
翻译	汉译英	段落翻译	1	15%	30 分钟
总计			57	100%	125 分钟

（二）四级口试（CET-SET4）

部分	任务名称	考试过程	答题时间
Part1	自我介绍	根据考官指令，每位考生作一个简短的自我介绍。时间约 1 分钟。	每位考生发言 20 秒

续表

部分	任务名称	考试过程	答题时间
Part2	短文朗读	考生准备45秒后朗读一篇120词左右的短文。时间约2分钟。	每位考生朗读1分钟
Part3	简短回答	考生回答2个与朗读短文有关的问题。时间约1分钟。	每位考生发言40秒
Part4	个人陈述	考生准备45秒后,根据所给提示作陈述。时间约2分钟。	每位考生发言1分钟
Part5	两人互动	考生准备1分钟后,根据设定的情景和任务进行交谈。时间约4分钟。	两位考生互动3分钟

(三) 六级笔试(CET6)

试卷结构	测试内容	测试题型	题目数量	分值比例	考试时间
写作	写作	短文写作	1	15%	30分钟
听力理解	长对话	选择题(单选题)	8	8%	30分钟
	听力篇章	选择题(单选题)	7	7%	
	讲话/报道/讲座	选择题(单选题)	10	20%	
阅读理解	词汇理解	选词填空	10	5%	40分钟
	长篇阅读	匹配	10	10%	
	仔细阅读	选择题(选择题)	10	20%	
翻译		段落翻译	1	15%	30分钟
总计			57	100%	130分钟

(四) 六级口试(CET-SET6)

部分	内容	考试过程	答题时间
Part 1	自我介绍和问答	先由考生自我介绍,然后回答考官提问。时间约2分钟。	自我介绍:每位考生20秒 回答问题:每位考生30秒
Part 2	陈述和讨论	考生准备1分钟后,根据所给提示作个人陈述; 两位考生就指定的话题讨论。时间约8分钟。	个人陈述:每位考生1分30秒 两人讨论:3分钟
Part 3	问答	考生回答考官的一个问题。时间约1分钟。	每位考生45秒

(三）商务英语考试（BEC）

商务英语考试由教育部考试中心和英国剑桥大学考试委员会合作，于 1993 年起举办。该系列考试是一项水平考试，根据商务工作的实际需要，对考生在商务和一般生活环境下使用英语的能力从听、说、读、写四个方面进行全面考查，对成绩合格者提供由英国剑桥大学考试委员会颁发的标准统一的成绩证书。该证书在英国、英联邦各国及欧洲大多数国家的商业、企业部门获得认可，也是在所有举办该项考试的国家和地区求职的"通行证"。在一些国家，许多大学要求获得 BEC3 证书者才能获得工商管理硕士（MBA）学位或参加学位课程学习。

其他英语类考试还有托福（TOEFL）考试、雅思（IELTS）考试、GRE 考试、GMAT 考试等。

三、计算机学习与等级考试

（一）学习计算机知识的必要性

汽车、电话、电视等技术虽明显地影响着人类社会生活的各个方面，但它们并没有成为学校教育的基本要素。信息社会中，信息技术对人类社会全方位的渗透，已形成一种新的文化形态——信息时代的计算机文化。

计算机不仅是工具，而且是文化，工具具有可选择性，而文化则具有必备性。计算机技术正以愈来愈凸现的文化属性，超越了其原有的工具、技术和学科知识等属性的局限，成为影响人们生活方式、学习方式和工作方式乃至意识形态、精神理念、价值观念等社会文化范畴的重要成分，渗透在人类社会生活的方方面面。

对计算机知识的学习，是以下需要的反映：

1. 是学校教育本身的技术需要

在学校，计算机教育既影响到教育系统本身（包括教师、教学活动、课程内容和课程设置、教学安排及教学组织机构等），计算机文化的普及，计算机应用技术的推广，也直接关系到学生的知识结构、技能的提高和智力的开发，计算机已成为信息社会不可缺少的工具，利用计算机进行信息处理的能力已成为现代大学生能力素质与文化修养的重要标志。

2. 是培养当代大学生的人才素质的需要

大学计算机基础课程的建设是为培养满足信息化社会要求的高级人才的重要基础，是培养跨学科、综合型的通才的重要环节，计算机基础教育不仅是一种使用、操作计算机的技能的传授，更是一种对学生信息素质的培养，因此它作为大学各专业的通识课程，意义重大。

3. 是人类的文化传承、文化交流和文化发展的时空领域和运转方式的需要

掌握信息技术对改善文科学生的知识结构、提高思维能力、综合素质能力、创新能力，提高研究水平至关重要。

4. 是提高信息技术素养的需要

我国计算机普及经历了三次高潮，第一次高潮是 20 世纪 80 年代，主要是在高等院校，以程序设计为突破口、受众为数百万；第二次高潮是 90 年代，主要是在知识界和广大公务人员群体，以文字处理为突破口、受众为数千万；第三次高潮是在 21 世纪，主要是在全社

会，以信息网络为突破口、受众为数亿人，计算机信息技术已成为人们文化素养的基本要求。

（二）计算机等级考试

全国计算机等级考试（National Computer Rank Examination，简称 NCRE），是经原国家教育委员会（现教育部）批准，由教育部考试中心主办，面向社会的、用于考查应试人员计算机应用知识与技能的全国性计算机水平考试体系。

考试每年开考两次，分别在三月及九月举行，具体日期以官方公布为准。笔试考试的当天下午开始上机考试（一级从上午开始），上机考试期限定为五天，由考点根据考生数量和设备情况具体安排。

考生不受年龄、职业、学历等背景的限制，任何人均可根据自己学习和使用计算机的实际情况，选考不同等级的考试。

1. 全国计算机等级考试的目的

全国计算机等级考试的目的在于以考促学，向社会推广和普及计算机知识，也为用人部门录用和考核工作人员提供一个统一、客观、公正的标准。

2. 全国计算机等级考试的组织、实施机构

教育部考试中心负责实施考试，制定有关规章制度，编写考试大纲及相应的辅导材料，命制试卷、答案及评分参考，进行成绩认定，颁发合格证书，研制考试必需的计算机软件，开展考试研究和宣传、评价等。

教育部考试中心在各省（自治区、直辖市）设立省级承办机构，由省级承办机构负责本省（自治区、直辖市）考试的宣传、推广和实施，根据规定设置考点、组织评卷、转发合格证书等。

省级承办机构根据教育部考试中心有关规定在所属地区符合条件的单位设立考点，由考点负责考生的报名、纸笔考试、上机考试、发放成绩通知单、转发合格证书等管理性工作。

教育部考试中心聘请全国著名计算机专家组成"全国计算机等级考试委员会"，负责设计考试方案、审定考试大纲、制定命题原则、指导和监督考试的实施。

3. 全国计算机等级考试内容、形式、时长

一级考核微型计算机基础知识和使用办公软件及互联网（Internet）的基本技能。考试科目：一级 MS Office、一级 WPS Office、一级 Photoshop（部分省市开考）。

二级考核计算机基础知识和使用一种高级计算机语言编写程序以及上机调试的基本技能。考试科目：语言程序设计（包括 C、C++、Java、Visual Basic、Delphi）、数据库程序设计（包括 Visual FoxPro、Access）。

三级分为"PC 技术"、"信息管理技术"、"数据库技术"和"网络技术"四个类别。"PC 技术"考核 PC 机硬件组成、Windows 操作系统的基础知识以及 PC 机使用、管理、维护和应用开发的基本技能；"信息管理技术"考核计算机信息管理应用基础知识及管理信息系统项目和办公自动化系统项目开发、维护的基本技能；"数据库技术"考核数据库系统基础知识及数据库应用系统项目开发和维护的基本技能；"网络技术"考核计算机网络基础知识及计算机网络应用系统开发和管理的基本技能。

四级分为"网络工程师"、"数据库工程师"和"软件测试工程师"三个类别。"网络

工程师"考核网络系统规划与设计的基础知识及中小型网络的系统组建、设备配置调试、网络系统现场维护与管理的基本技能;"数据库工程师"考核数据库系统的基本理论和技术以及数据库设计、维护、管理、应用开发的基本能力;"软件测试工程师"考核软件测试的基本理论、软件测试的规范及标准,以及制订测试计划、设计测试用例、选择测试工具、执行测试并分析评估结果等软件测试的基本技能。

计算机职业英语分为一级、二级、三级。一级要求考生具备计算机基础知识,能在日常生活及与信息技术相关的工作环境中运用英语进行基本的交流。目前只在部分省市开考一级。

NCRE采用全国统一命题、统一考试的形式。一级各科全部采用上机考试;二级、三级各科目均采用笔试和上机操作考试相结合的形式;四级目前采用笔试考试,上机考试暂未开考(上机考核要求在笔试中体现);计算机职业英语采用笔试形式(含听力)。

笔试时间:二级90分钟;三级、四级均为120分钟;计算机职业英语一级考试为90分钟。

上机考试时间:一级、二级均为90分钟,三级60分钟。

4. 证书获得者具备什么样的能力?可以胜任什么工作?

一级证书表明持有人具有计算机的基础知识和初步应用能力,掌握文字、电子表格和演示文稿等办公自动化软件(MS Office、WPS Office)的使用及互联网(Internet)应用的基本技能,具备从事机关、企事业单位文秘和办公信息化工作的能力。

二级证书表明持有人具有计算机基础知识和基本应用能力,能够使用计算机高级语言编写程序和调试程序,可以从事计算机程序的编制工作、初级计算机教学培训工作以及计算机企业的业务和营销工作。

三级"PC技术"证书,表明持有人具有计算机应用的基础知识,掌握Pentium微处理器及PC机的工作原理,熟悉PC机常用外部设备的功能与结构,了解Windows操作系统的基本原理,能使用汇编语言进行程序设计,具备从事机关、企事业单位PC机使用、管理、维护和应用开发的能力。三级"信息管理技术"证书,表明持有人具有计算机应用的基础知识,掌握软件工程、数据库的基本原理和方法,熟悉计算机信息系统项目的开发方法和技术,具备从事管理信息系统项目和办公自动化系统项目开发和维护的基本能力。三级"数据库技术"证书,表明持有人具有计算机应用的基础知识,掌握数据结构、操作系统的基本原理和技术,熟悉数据库技术和数据库应用系统项目开发的方法,具备从事数据库应用系统项目开发和维护的基本能力。三级"网络技术"证书,表明持有人具有计算机网络通信的基础知识,熟悉局域网、广域网的原理以及安全维护方法,掌握互联网应用的基本技能,具备从事机关、企事业单位组网、管理以及开展信息网络化的能力。

四级网络工程师证书表明持有人具有网络系统规划、设计的基本能力,掌握中小型网络系统组建、设备配置调试的基本技术,掌握中小型网络系统现场维护与管理的基本技术,可以从事计算机网络规划、设计、组建与管理的相关工作。四级数据库工程师证书表明持有人掌握数据库系统的基本理论和技术,能够使用SQL语言实现数据库的建立、维护和管理,具备利用工具软件开发基本数据库应用系统的能力,能够胜任中小型数据库的维护、管理和应用开发。四级软件测试工程师证书表明持有人具有软件工程和软件质量保证的基础知识,掌握软件测试的基本理论、方法和技术,理解软件测试的规范和标准,熟悉软件测试过程;

具备制定软件测试计划和大纲、设计测试用例、选择和运用测试工具、执行软件测试、分析和评估测试结果以及参与软件测试过程管理的能力，满足软件测试岗位的要求。

四、国家公务员考试

（一）国家公务员考试简介

国家公务员一般是指依法履行公职、纳入国家行政编制、由国家财政负担工资福利的工作人员。2006年，国家公务员法实施后，除行政机关外，中国共产党机关、人大机关、政协机关、审判机关、检察机关、民主党派机关的工作人员也纳入公务员队伍。

国家公务员考试是指中央、国家机关以及中央国家行政机关派驻机构、垂直管理系统所属机构录用机关工作人员和国家公务员的考试。

公务员考试的内容有公共科目考试和面试，有的还附加专业科目考试。考试成绩出来后，招录机关按照综合成绩（包括公共科目笔试、面试和专业科目考试）从高到低的顺序确定参加体检和考察的人选。

国家公务员考试时间最近几年都是在11月份，考试的公共科目包括行政职业能力测验和申论两科。考试没有指定教材。有关情况详见《中央机关及其直属机构2012年度考试录用公务员公共科目考试大纲》。报考中联部、外交部、教育部、科技部、商务部、文化部、对外友协、外交学会等部门日语、法语、俄语、西班牙语、阿拉伯语、德语、朝语（韩语）等7个非通用语职位的报考人员，一般还要参加外语水平测试，考试大纲可在各部门网站查询。报考中国银监会及其派出机构的人员，一般还要参加专业科目考试，考试大纲会在中国银监会网站发布。

（二）行政职业能力测验主要内容

行政职业能力测验主要测查与公务员职业密切相关的、适合通过客观化纸笔测验方式进行考查的基本素质和能力要素，包括言语理解与表达、数量关系、判断推理、资料分析和常识判断等部分。

言语理解与表达主要测查报考者运用语言文字进行思考和交流、迅速准确地理解和把握文字材料内涵的能力，包括根据材料查找主要信息及重要细节；正确理解阅读材料中指定词语、语句的含义；概括归纳阅读材料的中心、主旨；判断新组成的语句与阅读材料原意是否一致；根据上下文内容合理推断阅读材料中的隐含信息；判断作者的态度、意图、倾向、目的；准确、得体地遣词用字等。常见的题型有：阅读理解、逻辑填空、语句表达等。

数量关系主要测查报考者理解、把握事物间量化关系和解决数量关系问题的能力，主要涉及数据关系的分析、推理、判断、运算等。常见的题型有：数字推理、数学运算等。判断推理主要测查报考者对各种事物关系的分析推理能力，涉及对图形、词语概念、事物关系和文字材料的理解、比较、组合、演绎和归纳等。常见的题型有：图形推理、定义判断、类比推理、逻辑判断等。

资料分析主要测查报考者对各种形式的文字、图表等资料的综合理解与分析加工的能力，这部分内容通常由统计性的图表、数字及文字材料构成。

常识判断主要测查报考者应知应会的基本知识以及运用这些知识分析判断的基本能力，重点测查对国情、社情的了解程度、综合管理基本素质等，涉及政治、经济、法律、历史、文化、地理、环境、自然、科技等方面。

（三）申论简介

申论是测查从事机关工作应当具备的基本能力的考试科目。申论试卷由注意事项、给定资料和作答要求三部分组成。申论考试按照省级以上（含副省级）综合管理类、市（地）级以下综合管理类和行政执法类职位的不同要求，设置两类试卷。

省级以上（含副省级）综合管理类职位的申论考试主要测查报考者的阅读理解能力、综合分析能力、提出和解决问题能力、文字表达能力。

阅读理解能力——要求全面把握给定资料的内容，准确理解给定资料的含义，准确提炼事实所包含的观点，并揭示所反映的本质问题。

综合分析能力——要求对给定资料的全部或部分的内容、观点或问题进行分析和归纳，多角度地思考资料内容，作出合理的推断或评价。

提出和解决问题能力——要求借助自身的实践经验或生活体验，在对给定资料理解分析的基础上，发现和界定问题，作出评估或权衡，提出解决问题的方案或措施。

文字表达能力——要求熟练使用指定的语种，运用说明、陈述、议论等方式，准确规范、简明畅达地表述思想观点。

市（地）级以下综合管理类和行政执法类职位申论考试主要测查报考者的阅读理解能力、贯彻执行能力、解决问题能力和文字表达能力。

阅读理解能力——要求能够理解给定资料的主要内容，把握给定资料各部分之间的关系，对给定资料所涉及的观点、事实作出恰当的解释。

贯彻执行能力——要求能够准确理解工作目标和组织意图，遵循依法行政的原则，根据客观实际情况，及时有效地完成任务。

解决问题能力——要求运用自身已有的知识经验，对具体问题作出正确的分析判断，提出切实可行的解决措施或办法。

文字表达能力——要求熟练使用指定的语种，对事件、观点进行准确合理的说明、陈述或阐释。

关于国家公务员考试的详细规定，可以查阅中华人民共和国人力资源和社会保障部的网站。

地方公务员的考试与国家公务员考试内容类似，具体可参考各省人力资源和社会保障部的网站招考公告。

五、课程论文的撰写

毕业论文是高职高专教学工作中的一个重要环节，已列入高职高专教学计划当中，成为教学计划中不可缺少的组成部分。学生要想获得毕业证书、顺利毕业，则必须要在毕业之前完成毕业论文的撰写。通过毕业论文的撰写，可以检验学生在整个高职学习阶段对基础知识、专业知识和专业技能的掌握情况，是对学生的一次全面考核。因此，高职高专毕业论文在高等职业教育中占有十分重要的地位。

（一）高职毕业论文存在的主要问题

1. 学生态度消极

一般说来，高职学生在毕业前一年必须要进行顶岗实习，也就是说学生由理论知识的学习过渡到专业技能的实践，由课堂教学进入到实际工作岗位。在顶岗实习的过程中，学生实际上就是和企业的员工一样进行工作，而顶岗实习的好坏往往会直接影响到学生将来的就业，因此，很多学生往往把自己大部分的时间和精力投入到顶岗实习当中，认为只要把实习做好，自己的专业技能得到提高，将来就能很快找到工作并适应工作岗位。而毕业论文的撰写刚好又和学生顶岗实习安排在同一个时间段，学生往往就会从精力和时间的考虑上厚此薄彼，重视顶岗实习而忽略了毕业论文的撰写。同时，由于高职教育强调更多的是学生的动手实践能力，因此很多学生认为毕业论文只是一种形式，认为只要按时上交一篇论文就能毕业，而论文质量的高低并不在考虑范围之内。

2. 毕业论文内容不达要求

（1）选题脱离实际

一篇论文，选题是否得当，往往会直接影响论文完成质量。就实际情况而言，高职教育和本科教育有着实质性的差别，高职教育的培养目标是要培养学生既具有较高岗位职业能力，又具有较强社会适应能力，让学生的实践能力、动手能力和创业能力都有所提高，成为实用型人才。然而，学生在毕业论文的选题上，往往并没有考虑自身的实际情况而随意选定一个题目，不考虑所选题目是否符合自身条件，选题脱离实际，所选题目大而空，盲目追求理论性，而忽略了高职毕业生为实用型人才这一实际，选题强调理论性而忽略实用性，无法凸显高职毕业生自己的专业特长。很多学生对于论文的选题毫无眉目，甚至直接让老师帮忙选定一个题目，然后东拼西凑成一篇没有自己观点、意见的文章。

（2）论文抄袭现象严重

如今，随着计算机网络技术的普及，网络在开拓了我们视野的同时也为论文的抄袭打开了方便之门。很多学生认为，撰写毕业论文其实是一件很简单的事情，只要在一些门户网站输入所写论文的关键词，就会搜索到大量的相关文章，只要稍微进行筛选拼凑，就可以完成一篇毕业论文。从学生上交的论文稿来看，很多学生的论文都是从网络上搜索到的文章拼凑而来，格式凌乱、内容雷同、无新意，有的甚至是原封不动地抄袭他人的文章。这样的毕业论文谈何质量？同时，因为论文不是自己所写，那么毕业论文在整个高职教学计划中的作用也就无从谈起。

（3）论文内容宽泛，缺乏创意

就目前学生完成毕业论文的情况来看，当学生被要求独立完成毕业论文后，论文的内容大多就是对书本或期刊上早已普及的一些专业知识进行的总结。例如涉外旅游专业常有同学写关于"导游带团技巧"之类的论文，但论文的内容无外乎就是从本专业《导游实务》这本教材当中截取相关章节，把导游带团技巧罗列出来，似乎面面俱到但却毫无自己的观点，基本就是把教材中总结好的内容照搬到自己的论文当中，论文内容缺乏创意。

（二）针对高职毕业论文存在的问题的对策研究

1. 端正学生态度，明确高职毕业论文重要性

高职毕业论文质量不高，究其原因，首先就是学生对撰写毕业论文的态度消极，认为撰写毕业论文毫无意义，往往把毕业论文看成是一种程序或者是形式。因此，要提高高职毕业论文的质量，首先就要纠正对撰写毕业论文的态度，提高对毕业论文的认识，改被动为主动，主动参与毕业论文的撰写。

2. 合理安排论文撰写时间，进行毕业论文、毕业实习一体化设计

面对目前高职毕业论文所存在的一些问题，究其原因，很大一部分原因是就业压力增

大，导致学生顾此失彼，把大部分时间与心思投入到毕业实习当中，希望通过毕业实习找到理想的工作。因此，合理、有效的安排毕业论文的撰写时间也是提高高职毕业论文质量的有效途径。目前，大多数高职院校都是把毕业论文撰写的时间与毕业实习的时间安排在一起，然而学生却把论文的撰写和毕业实习割裂开来，也就是说在同一时间进行两件毫不相干的事情，也容易导致论文选题不当、内容不符合要求这些问题。因此，应当把毕业论文与毕业实习结合在一起，论文的选题必须来自自己的顶岗实习工作，这样在选题时就不会无从下手。至于论文撰写时间的安排，首先在开始顶岗实习时也就是第5学期初，就应该有意识联系自身实习岗位，选定题目完成开题，然后在第5学期末完成初稿，这样论文所需要的数据就能从已经开始半个学期的实习中获取，而在第6学期还可根据实习情况修改论文完成终稿。

第三章 大学生活

第一节 安全教育及其必要性

安全是社会发展的基础,是人类个体发展的基本保证。高校的安全稳定,不仅关系到师生员工的合法权益和人身财产安全,也是大学生在校学习、生活、成长和全面发展的根本前提。高校管理者和教育者,必须充分认识到加强安全教育工作的重要性,大学生作为高等学校的主力军,是维护校园安全稳定和推进校园建设的重要力量,对其进行切实有效的安全教育,是保持高校良性运行与社会和谐稳定的需要,是保证学生全面发展的需要,也是切实贯彻以人为本、全面发展的教育方针和教育目标的需要。

一、大学生安全教育的含义

所谓大学生安全教育与管理,是指高等学校为了维护学校的正常秩序,维护大学生的人身、财产安全和身心健康,提高大学生的安全防范意识与自我保护技能,从学校实际情况出发,依照国家有关法律、法规的规定,制定各种安全教育与管理的规章制度,并对大学生进行国家法律法规、学校安全规章和纪律、安全知识与防范技能的教育与管理活动。

二、大学生安全教育与管理的必要性

(一)大学生接受安全教育与管理是依法治国的需要

改革开放以来,高校校园治安和大学生安全问题得到了党和国家的高度重视,大学生安全教育与管理工作已纳入社会主义法治轨道。在《高等教育法》、《高等学校学生行为准则(试行)》、《高等学校校园秩序管理若干规定》、《普通高等学校学生安全教育及管理暂行规定》、《高等学校内部保卫工作规定(试行)》等法规中,既明确了学校在大学生安全教育和管理中的职责,也规定了大学生在安全教育与管理中应该享受的权利和必须履行的义务,体现了党和政府对大学生安全的高度重视,把维护大学生的安全和合法权益、对大学生进行安全教育和管理、依法治校确定为高校各级领导的法定义务,推动了高校各级组织特别

是保卫部门对大学生的安全教育和管理工作。各高校已按照国家的要求，逐步建立健全了大学生安全教育和管理体系。

（二）大学生安全教育与管理是大学生自我完善的需要

大学阶段，是大学生一生当中人格发展与完善的关键时期。大学生群体又是一个特殊的社会弱势群体，主要表现为：

1. 缺乏必要的社会经验，安全防范意识较差，自我防范能力较弱

大学生生理发育基本成熟，但心理发育滞后；个性趋向定型，但可塑性大；智力接近高峰，但尚未完全开发；社交需求强烈，但经验不足。大学生的群体特征以及大学生特定的年龄结构、生活环境、文化背景，决定了大学生必然面临诸多安全问题的困惑。目前，我国大学生的平均年龄多在20岁左右，这是人生社会化的关键时期，也是人生安全问题的多发期。独生子女已成为大学生的主体，他们基本上是在父母的细心呵护和老师的关心下成长起来的，人生经历大多是从学校到学校，对于社会的复杂知之甚少。一旦离开父母和老师，开始独立面对纷纭复杂的社会时，对可能发生的各种安全问题往往缺乏必要的重视和警惕，留下种种影响安全的隐患，给违法犯罪分子以可乘之机。一旦发生问题，往往又不知所措，处置不当，危害加重。

2. 大学生心理成熟滞后，心理安全问题突出

由于生活节奏加快，社会压力加大以及家庭环境和个人经历等诸多原因，产生心理障碍和心理疾病的大学生日益增多。同时，因年轻单纯好奇，易受不健康文化的诱惑，特别是"黄、赌、毒"的危害。据对全国14所高校大学生心理状况的测试，大学生的心理疾病指标明显高于社会同龄人，说明大学生的心理安全问题明显比社会同龄人的心理安全问题要严重。

3. 大学生安全教育与管理是适应日益严峻的社会治安形势的需要

近年来，经过"严打"整治斗争，社会治安形势正在好转，但是治安形势依然十分严峻，各种违法犯罪现象仍呈上升趋势；高校在改革、开放、搞活的新形势下，与社会融合的程度越来越大。高校周边治安环境更加复杂，学校周围茶楼、酒吧、网吧、歌舞厅林立，不少社会渣滓、亡命之徒混迹其中，伺机作案。另外，社会不健康文化也是毒害大学生思想、影响学生身心健康的重要因素。部分大学生沉迷于淫秽书刊、影碟、黄色网站而不能自拔，导致精神萎靡、厌恶学习、不求上进，甚至走上违法犯罪的道路。因此必须对大学生进行安全教育与管理，让大学生对社会治安形势有真实的认识和理解，使大学生自觉地学习安全知识与技能，做好自身的安全防范工作，从而预防和减少高校中违法犯罪行为对大学生的不法侵害。

4. 大学生安全教育与管理是适应学校改革开放搞活的需要

随着我国高等教育事业的蓬勃发展和各项改革的不断深化，多层次、多形式办学格局已经形成，后勤社会化改革也在逐步深入，市场经济的触角迅速地伸入校园，校园已由过去封闭型的"世外桃源"变为开放型的"小社会"。社会上的服务行业，在校园里几乎都有，各类从业人员和消费者（包括学生）参与其中，使得学校的安全保卫工作更加困难，有的不法之徒伺机作案，大学生往往成为被侵害的直接对象，人身和财产安全常遭受不法侵害。因此，加强对大学生的安全教育与管理，让大学生有针对性的学习必要的安全知识和法律法规，掌握必备的安全防范技能，增强遵纪守法观念和安全防范意识，提高自我保护能力，预防和减少违法犯罪,具有十分重要的意义。

5. 大学生安全教育与管理是提高大学生综合素质的需要

我国的大学生安全教育管理,经过漫长的历史发展,已逐步由低级走向高级、由不成熟走向成熟。今天,大学生安全教育管理已发展成为一门科学并进入课堂。随着我国改革开放步伐的加快,社会经济文化快速发展,教育事业发展迅猛,学生的毕业、就业问题逐步显现,人才市场竞争激烈,用人单位对综合素质高的人才青睐有加,而良好的安全意识和一定的安全知识正是体现大学生综合素质的重要指标。从实践看,全国高校已普遍将安全教育列为学生入学教育的重要组成部分,有关的教育手册、资料日益丰富,大大方便了学生的学习和借鉴。据此,大学生的法律意识和安全防范意识将普遍得到提高。

三、日常生活安全

(一)防火

1. 了解防火知识的必要性

火是人类赖以生存和发展的一种自然力,可以说,没有火的使用,就没有人类的进化和发展,也没有今天的物质文明和精神文明。当然,火和其他物质一样,也具有二重性,它给人类带来了文明和幸福,促进了人类物质文明的不断发展。但是,火也给人类带来了巨大的灾难,火一旦失去控制,超出有效范围内的燃烧,就会烧掉人类经过辛勤劳动创造的物质财富,甚至夺去人们的生命和健康,造成难以挽回和弥补的损失。这种超出有效范围的燃烧称火灾。据统计,火灾是威胁人类安全的重要灾害,党和国家为了保护人民生命财产的安全、保卫社会主义现代化建设顺利进行,每年投入数十亿元用于防火工作。尽管如此,我国每年因火灾造成人员伤亡的数量仍然很大,经济损失相当严重。大兴安岭森林火灾、深圳清河仓库火灾、克拉玛依火灾等都震动了全国,损失十分惊人。

大学校园里,火灾也是威胁我们安全的重要因素。据有关统计资料表明,大学里火灾比盗窃所造成的经济损失要高出十几倍。新中国成立以来,在我国全日制高校中,从未发生过火灾的寥寥无几。有的学校整座教学楼、实验楼、大会堂被烧毁,损失了许多珍贵的标本与图书,严重影响了教学科研活动的正常进行,甚至烧死同学的事例也曾发生过。

案 例

2014年12月30日凌晨6时10分许,榆林学院公寓楼5号楼5层一间女生宿舍突发大火,所幸没有造成人员伤亡。事发时5号楼内居住的上千名学生被紧急疏散。起火原因:公寓楼6点开始供电,学生未将手机充电器从电源插板拔下导致短路起火。

2015年6月16日上午9点20分许,中南大学南校区宿舍楼着火,起火部位位于该大学男生宿舍楼2楼一宿舍内,全楼共7层,着火面积25平方米,浓烟滚滚,有人员被困,中队出动2台水罐消防车赶到现场,没有造成人员伤亡。火灾原因:不详,疑似违规用电所致。

2015年3月12日07时50分,杨凌职业技术学院北校区一栋宿舍楼3楼一间宿舍起火,59岁的宿舍管理员梁晓军,听到消息后从家中跑到宿舍楼救火。最终火势得以控制，但梁晓军却因吸入了大量烟雾导致窒息，晕倒在起火宿舍门前，再也没有醒来。火灾原因：疑似学生使用违规电器。

2015年06.01日，中南民族大学南区15栋女生宿舍6楼一寝室发生火灾，火势蔓延迅速，消防官兵接到报警后，第一时间到场扑灭火灾，所幸整栋宿舍学生全部安全逃生，未造成人员伤亡，此次火灾造成寝室内包括笔记本电脑等在内的物品几乎全部烧毁。火灾原因：不详。

【分析】学生宿舍火灾究竟从哪来？

学生宿舍内人员密集，存放大量的可燃物质，如纸和书、蚊帐、窗帘和墙饰、书桌以及衣服等。在点火源的作用下，极易发生火灾并迅速蔓延。引发学生宿舍火灾主要有两大类：

第一类是违规使用明火引发火灾，包括：在宿舍内点蜡烛、点蚊香、吸烟、违规使用灶具、焚烧杂物。

第二类为电气引发的火灾，包括：乱拉乱接电线、保险丝或电线老化和接触不良发热；使用电器不当；在宿舍使用大功率电器等。

提醒广大同学：要自觉遵守宿舍安全管理规定，严禁吸烟，不在宿舍内使用电炉、热得快、电饭煲等大功率电器、电热设备；不使用煤气炉、酒精炉、液化气炉等明火；不乱拉电线、不乱接电源。乱接电源容易使电流过载，如使用不合格的电器或电线老化，易引起火灾。嗅到电线胶皮烟味，要及时报告，采取措施；不在室内点蜡烛看书，不在宿舍使用明火和焚烧物品，室内无人，应关掉所有电源开关。

还应该注意的是，在学生宿舍内，许多同学都买了小型充电器方便电池充电用，但个别同学充电时，随意将充电器放在床铺上、枕头上或书本上，人却离开出去了，结果充电时间过长，引起充电器过热，造成短路，产生火花，引燃床上用品，造成火灾。以上事例，不过是个小的教训，实际生活中，引起的后果比这严重得多。例如，电线拖在地上，可能被硬的东西压破或砸伤，损坏绝缘体；在易燃易爆场所乱拉电线，缺乏防火、防爆措施；乱拉电线常常要避人耳目，工具、材料等工作条件差，装线往往不用可靠的线夹，而用铁钉钉或铁丝绑，结果磨破绝缘层，损坏电线；不看电线粗细，任意增加用电设备造成超负荷，使电线过热，等等。这些情况，多数都能造成短路、产生火花或发热起火，有的还会导致燃烧爆炸，甚至引起触电伤亡事故。

为了保证用电安全，防止乱拉电线，大学生要遵守以下规定：

1）用电要申请报装，线路设备装好后要经过检验合格才可通电，临时线路要严格控制，专人负责管理，用后拆除。

2）采用合格的线路器材和用电设备。

3）线路和设备要由专业电工安装，一定要符合有关安全规定。

2. 为什么烟头不能乱丢

把烟头随意乱丢，碰到可燃物质，就可能酿成火灾，这是大家都知道的常识。我国发生的两场大火灾都与烟头有关，一是大兴安岭森林火灾，一是某大城市体育馆被全部烧毁的大型火灾。俗话说："粒火能烧万重山"。对一个小小的烟头，我们决不可麻痹大意，掉以轻心。物质燃烧的原理告诉我们，温度是燃烧不可缺少的条件之一。燃着的烟头，体积虽小，但它却仍是一个燃烧着的物体，温度很高。据测定，其表面温度在200℃～300℃，中心温度高达700℃～800℃，而一般可燃物质的燃点都在这个温度以下，如棉花为150℃，纸张为130℃，麻绒为150℃，布匹为200℃，涤纶纤维为390℃，松木为250℃，麦草为200℃等。当烟头的火源与这些可燃物接触时，很有可能把这些物质加热到它们的燃点而引起燃烧。

如果烟头火源遇到易燃气体、液体时，危险就更大了，因为易燃气体和易燃液体挥发出的气体与空气混合能够形成爆炸性的混合物，遇到一点火星，就会引起燃烧、爆炸。

乱丢烟头，是防火工作中的一个很难解决的问题。全国城乡每天丢下的烟头有数十亿只，分布范围之广、涉及人数之多，是任何引起火灾的火源不能相比的。在现实生活中，由于吸烟不慎，乱丢烟头引起火灾，教训是极其深刻的。除了前面讲的两起大火灾之外，日常生活中，有的人睡在床上或躺在沙发上吸烟，睡着后，烟头掉在被褥、衣服、沙发或地毯等可燃物上，引起了火灾；有的人把点着的烟卷随手乱放，离开时未加熄灭，使火蔓延到书本、桌子、箱子、窗帘等物件上；有人把半截卷烟塞在衣袋里，把衣服脱在更衣室里，结果烟卷并未熄灭，引起衣服燃烧而扩大成灾；有的人把未熄灭的烟头漫不经心的随手乱丢，结果烟头落在楼梯角落里，落在废纸篓中，落在柴草堆旁，落在打谷场和晒棉场上，落在木屑、刨花里，落在草丛中，落在有易燃气体的下水道等处，把那些地方的可燃物引燃了；有的人不遵守安全制度，在严禁吸烟的地方随意吸烟，结果引起了燃烧和爆炸。

乱丢烟头，虽说这只是个人生活问题，似乎微不足道，但是一旦引起了火灾，不仅危及个人安全，更重要的是使人民生命受到危害，国家财产遭受严重损失。这时，就会由个人的生活问题，变成负有重大政治责任或刑事责任的问题了。

3. 为什么挪用消防器材是违法行为

挪用消防器材是违法行为，这主要从国家机关公布的两个法规来看：

第一，消防器材是专用器材，不能用在其他方面。《中华人民共和国消防条例》第二十三条明确规定："消防车、消防艇以及其他消防器材、设备、设施，除抢险救灾外，不得用于与消防工作无关的方面。"

第二，《中华人民共和国治安管理处罚条例》第二十六条第七款规定："埋压、圈占或者损毁消火栓、水泵、水塔、蓄水池等消防设备，或者将消防器材、设备挪作他用，经公安机关通知不加改正的，要受到拘留、罚款或者警告处罚。"有少数同学无视这些规定，损坏、挪用消防器具，损毁设施，受到了学校行政纪律处分，有的甚至受到公安机关的拘留、罚款或警告处罚。如某高校六名学生酒后兴奋，用干粉灭火器互相喷射戏闹；两名学生在教学楼里谈恋爱至深夜，因楼门上锁出不来，用消防水带从二楼阳台上荡下来。他们受到了学校公安保卫和行政部门的严厉处罚。

（二）防盗

盗窃案在高校发生的各类案件中是最多的。大学生被盗案件多数发生在宿舍、图书馆、教室、实验室，且内盗案件占一定比例。究其原因，一方面是学生防范意识不强，给犯罪分子可乘之机；另一方面是少数大学生对自己要求不严，守法意识淡薄，人生观和价值观发生扭曲，追求享乐，盲目攀比，不顾家庭和自己的经济承受能力，没有钱就去偷，见好东西就拿，违法乱纪，有的甚至逐步走上犯罪道路。预防和打击高校盗窃案件，不仅是公安机关和学校保卫部门的重要任务，也是每个大学生应尽的责任和义务。

1. 高校盗窃案件中常见行窃方式

行窃方式，是指盗窃案件中，作案人窃得他人财物的方法，包括作案人入室、窃得财物、逃离现场所选择的方法。

（1）顺手牵羊。是指作案人本无盗窃的意图，偶然发现宿舍无人，对放在桌子上、床上等处的现金、校园卡、贵重物品临时起意，信手拈来，迅速离开。作案人本无盗窃的预谋，盗窃的成功完全是宿舍同学防范意识薄弱、疏忽大意。

（2）溜门窜户。是指作案人的作案地点不确定，以找人、推销为名，发现房门未锁，宿舍无人，便趁机入室行窃。仅管同学们防范意识很强，但总有个别同学一时疏忽，给作案人可乘之机。

（3）撬门别锁。是指作案人利用金属撬棍，插入门缝，将明锁撬开，或者直接将明锁别开入室行窃。作案人之所以选择这种行窃方式，往往由于他们掌握盗窃目标的情况，目标指向明确，不管遇到多大的阻力，志在必得。

（4）插片开门。是指作案人利用身份证、饭卡等工具，插入门缝当中，使暗锁锁舌缩进，将门打开行窃。近年来，利用这种方式的盗窃案件呈逐步上升趋势。

（5）偷配同学的钥匙。是指作案人用同学随手乱扔的钥匙，秘密配置相同的钥匙，伺机作案行窃，有的甚至直接用同学的钥匙打开橱柜，窃得财物。这主要由于被盗同学的不良生活习惯给作案人可乘之机。

2. 大学生如何防止盗窃案件

针对高校学生宿舍中的行窃方式，同学们在力所能及的范围内，可采取以下相应的防范措施，保护自身和他人的财物安全。

（1）随手锁门。短暂离开房间，也要随手锁门，要知道溜门贼偷窃有时只用几秒钟。最后离开宿舍的同学，一定要将门窗关好，千万不要怕麻烦，要养成人走锁门的习惯。

（2）不要留宿外来人员。大学生违反学校学生宿舍管理的有关规定，随便留宿他人，很可能引狼入室，造成宿舍被盗案件。

（3）发现形迹可疑的人应加强警惕，多加注意。遇到可疑人员，同学们应主动上前询问，发现来人无法说明来意或脸色紧张，可一方面与其周旋，另一方面派人与学校保卫部门取得联系，由保卫部门进一步核实其身份。

（4）遇到进宿舍推销小商品的人，应马上通知楼内管理人员，将其带出楼外，或直接打电话给学校保卫部门。实践证明，一些推销人员在溜门窜户过程中，一旦发现宿舍无人，便顺手牵羊，盗窃财物。因此，对这些推销人员切不可掉以轻心。

（5）宿舍内不要存放大量现金，即便是少量的生活费，也最好随身携带。手机、相机、电子词典、计算机等贵重物品千万不要放在宿舍明处，用完后锁在橱柜内。

（6）保管好自己的钥匙，包括宿舍、橱柜、抽屉等处的各种钥匙，不要随便借给他人或乱丢乱放，以防别有用心的人复制。钥匙一旦丢失，须马上更换门锁，切不可私自借配。

（7）同学们应积极参加学校的安全工作，组织学生在楼内巡视或值勤，协助宿舍管理人员和学校保卫部门做好防盗等安全防范工作。实践证明：大学生参加值勤，巡逻等安全防范工作，不仅可以保护自己和他人的财物安全，而且还可以增强安全防范意识、锻炼和增长自己社会实践的才干。

3. 发生盗窃案件常用的应对措施

同学们应妥善保管自己的现金、存折、银行卡、校园卡、电话卡、自行车、贵重物品等财物，一旦发生失窃案件，可采取以下一些应对措施：

（1）一旦发现盗窃现场，一定要保持头脑冷静。迅速回忆一下刚才是否已经见到了嫌疑人。如果有，马上追赶；时间允许的话最好叫上同学，以便寻找和围堵嫌疑人。

（2）封锁盗窃现场，安排人专门负责，不准任何人进入。万一进入现场后才发现被盗，应马上撤离现场，切忌翻动现场物品，查看损失现场。现场保护对公安人员现场勘察及以后的侦破工作具有十分重要的意义。

（3）发现存折、银行卡、校园卡被盗，立即挂失。

（4）配合公安、保卫部门的侦察和调查访问工作。发现线索，积极主动地向学校保卫部门或院系组织汇报。必要时，可以请求有关部门予以保密。

4. 盗窃的法律后果

盗窃财物不仅对社会和他人带来危害，同时也给自身带来极大的伤害，我国现行法律对盗窃的处罚有明显的规定：

（1）适用现行《刑法》规定的盗窃案件，按盗窃罪处罚。

《刑法》第264条规定：盗窃公私财物，数额较大或多次盗窃的，处三年以下有期徒刑、拘役或者管制，并处或者单处罚金；数额巨大或者其他有严重情节的，处三年以上十年以下有期徒刑，并处罚金；数额特别巨大或者其他有特别严重情节的，处十年以上有期徒刑或者无期徒刑，并处罚金或者没收财产；盗窃金融机构，数额特别巨大及盗窃珍贵文物，情节严重的，处无期徒刑或者死刑，并处没收财产。

（2）构成违法行为，尚不够刑事处罚，应当给予治安管理处罚的，将依据《中华人民共和国治安管理处罚条例》的有关规定，进行处罚。治安管理处罚可分为警告、罚款、拘留三种。

（三）防骗

开学之初，一些不法分子利用大一新生刚刚走上社会，涉世不深，制造种种骗局。同学们要认清骗局，不要给骗子可乘之机。

骗术1：热情帮忙拎走行李

骗子冒充新生接待员，"热情"地帮忙看管行李，再"调虎离山"，借机拎走行李一去不回。

防范措施：陌生人对你过分热情时应警惕，物品不要轻易离身，以免上当受骗。

骗术2：假装可怜骗走钱财

骗子假装路人，说自己的钱包被偷了，借同学的银行卡让家里汇钱，结果把学生卡里的钱转走。

防范措施：提高安全意识，不轻易让外人使用自己的银行卡、身份证。

骗术3：替交学费骗取钱财

骗子以学生或家长身份混上车后，再以学校迎新人员的身份与学生、家长搭讪。取得信任后，以代交学费并前往银行取钱等为由趁机诈骗。

防范措施：不要将钱物等交给陌生人，报名交费务必亲自办理或由家长办理。

骗术4：冒充老乡盗走财物

骗子装扮成老乡与新生套近乎，骗取信任后盗取学生的财物。

防范措施：对于陌生人要想办法确认其身份，另外，宿舍柜子一定要记得及时上锁。

骗术5：冒充师长收取费用

假冒老师或学生干部，进入寝室向新生收取各种费用。

防范措施：开学后要尽快熟悉自己的辅导员及学生干部，涉及金钱的事情要及时向他们求证。

骗术6：寝室推销假冒伪劣

上寝室推销与新生学习生活相关的物品，多为假冒伪劣产品。

防范措施：不要轻信推销者的花言巧语。

骗术7：警惕商家消费陷阱

新生是校园周边商家的消费主力，但经常出现各种诱导新生的消费陷阱。

防范措施：不贪图小利，保持消费的自制力和明辨是非能力。

骗术8：编造谎言诈骗家长

骗子用骚扰电话等手段使新生关机，冒充学校老师或同学给家长打电话，谎称孩子出事急需用钱以骗取钱财。

防范措施：家长接到此类电话，应先与孩子本人或辅导员及相关部门联系，核实真假。

骗术9：低价旅游骗报名费

骗子身穿旅行社工作服、手持假工作证和景点资料推销让人心动的低价旅游，并以提成为饵，让受骗者骗来更多受骗者，骗子收取报名费后即失踪。

防范措施：要旅游可去正规旅行社，不要为不明来路的旅游传单做宣传。

（四）防止购到赃物

某高校的一个班上，几个学生通过介绍和转卖的形式，接连购买了8辆新自行车，每辆100元。正在学生们沾沾自喜的时候，公安机关追查下来，所购自行车均系赃物，皆出自本班学生王某之手。经查，王某是一个盗窃自行车的惯犯。结果王某受到刑事处罚，而其他几个学生也受到牵连。所买的"便宜货"，因是赃物而被没收。赃物是违法犯罪分子的非法所得，往往通过一些不法商贩或以私人转卖的形式低价出售。刑法第三百一十二条规定："明知是犯罪所得的赃物而予以窝藏、转移、收购或者代为销售的，处3年以下有期徒刑、拘役或者管制，并处或者单处罚金"。如果购了赃物，无论有意无意，客观上都是替作案分子销了赃，因此，就可能受到法律的追究。

怎样防止购到赃物呢？

1）要防止购到赃物，关键是要弄清物品的来历。如查对发票、生产许可证、厂家证明等。

2）自行车一类交通工具，要看有无车牌号、执照，证号是否相符，从车锁等处看有无撬压痕迹等。

3）如属转卖物品，首先要弄清转卖人或介绍人的身份。

（五）遇到骚扰电话的处理

现在越来越多的大学生宿舍装了电话，此举在方便学生课余生活的同时，也带来了烦恼，骚扰电话就是其中之一。当你不幸遇到该烦恼时，请记住：

1）不轻易向陌生人透露你房间的电话号码。
2）感到陌生电话有骚扰嫌疑时，尽可能与其少交谈。
3）当一个晚上接连收到骚扰电话时，可试着索性拔掉电话。
4）向学校保卫部门及时报案。

（六）警惕入校的小商贩

根据国家法规，从事经商者要办理营业许可证和执照，依法交纳税收，不少学校经常有些小商贩混进学生宿舍兜售商品。这些小商贩往往是一些无证经营者，所兜售的往往又是一些低劣、假冒的商品，甚至是一些假货、赃物，价格通常较低。其中有的商贩借经商为名，一旦有机会就"顺手牵羊"盗窃作案。据某校2009年统计，外来不法商贩作案占全年学生宿舍发案率的41.7%。这种现象对高校治安管理造成了极大威胁，形成一种公害。

这些商贩之所以在校园内有市场，主要有两方面原因：一是以低廉的价格作诱饵引诱人上当；二是利用同乡或熟人关系，寻找立足点；三是个别学生在校外看到小贩的东西便宜，就介绍或带小贩到宿舍里来推销，从中谋取好处。这样的做法无疑是"引狼入室"。因为你带小贩进来，周围的同学还认为是你的朋友或亲戚，就放松了警惕；更有甚者，带进来就不管了，致使小贩们在宿舍楼内乱闯乱窜，极易发生盗窃事件。为识破和抵制这些不法商贩，应注意以下几个方面：

1）加强宿舍管理和值班制度，防止外来人员混入。
2）不要被"便宜价"和"可怜相"所蒙蔽。
3）人人提高警惕，一旦发现他们的行踪，立即向校保卫部门报告。

（七）过量饮酒的危害

酒，无论度数高低，都是含有酒精的饮料，而酒精是一种能够刺激和麻痹神经系统、有镇静作用的物质，进入口腔后，它经过人的胃、小肠，渗入到血液中，再由血液带到身体的各个部位。在肝脏内，酒精分裂成水、二氧化碳和能量；在大脑内，当它麻醉了大脑细胞时，思维过程直接受到干扰而变缓，酒精浓度越高，受影响的脑细胞就越多。

1. 过量饮酒的危害

（1）伤害身体

酒精过量，会不同程度地造成心率加快，皮肤升温，神志不清，控制力减弱，动作不协调，或出现疲劳、恶心、头痛、呕吐等现象，严重的还会发生酒精中毒。2009年12月份，某高校一研究生在宿舍死亡，其家属要求公安机关查明原因。公安机关侦查后排除了他杀和自杀可能，后经病理解剖查明，该生是乙醇中毒而死。因喝酒丧失生命，实在不值得。

（2）殃及四周

醉酒后，由于身不由己而行不知所往，处不知所持，食不知所味；一种原始的冲动使人变得野蛮、愚昧、粗暴；异常的兴奋，又能诱导人为所欲为，出现迷离恍惚而又洋洋自得的举止。人在这种失去理智的状态下很容易对周围的人破口谩骂，动手殴打，或者从事一些破坏活动。

（3）荒废学业

很难想象一个醉汉还能潜心于钻研什么学业。醉酒的程度与智力恢复所需的时间大致成正比，在当今知识飞快更新的信息时代，不难推算出，一个经常醉酒的人在工作和学习上的损失到底有多大。

（4）惹是生非

醉酒的人动辄摔倒、撞伤，酒后开车酿成大祸一类案件屡见不鲜；酒后溺水身亡，自食恶果的悲剧也不乏其例；酒后打架斗殴、寻衅滋事、伤害他人过铁窗生活的屡见不鲜，惨痛的教训实在太深刻了。为此，我国有关法律规定：醉酒的人违法犯罪，应负相应的法律责任。

正因为饮酒有上述危害，为了保证同学们健康成长，维护正常的校园秩序，有关部门规定，大学生在校园内一般是不允许喝白酒的，更不许酗酒。

2. 在饮酒问题上应该纠正的糊涂观念和错误做法

引起人们酗酒的原因是多方面的，对于一个大学生来说，要特别注意以下糊涂观念和错误做法的出现：①"今朝有酒今朝醉"，"借酒浇愁"，这里表现的实质是逃避现实、自暴自弃的消极情绪，"药能医假病，酒不解真愁"；② 自命风流高雅，试图借酒引发冲动，产生某种"灵感"，到头来"灵感"未寻到，自身却烂醉如泥；③ 片面理解"酒逢知己干杯少"，以为交朋结友离不开饮酒作乐，事实上"酒肉之交"未必靠得住；④ 错误地认为"男子汉天生应当会喝酒"，其实，用这种标准来衡量"男子汉"未免失之偏颇，"会酒未必真豪杰，忌酒如何不丈夫？"；⑤ 为达到预定目的而特地设酒摆宴，饮酒为名，交易是实；⑥ 逢场作戏，为"助兴"而即席端杯，或出于好奇而涉足，这种人最容易成为被摆弄的对象；⑦ 故意饮酒滋事，耍酒疯，实则是出于报复和宣泄的目的，用醉状掩盖自身不正当的言行；⑧ 硬着头皮充好汉，在酒桌上"舍命陪君子"，"一醉方休"，这种人大多酒量并不大，总想博取他人的佩服，而最终往往授人以笑柄。

凡此种种，不一而足。其中不乏陈腐观念和陈规陋习，有些则是嗜酒者自欺欺人的贪杯"口实"。当你举起酒杯时，不妨思忖一番，你是"为何而饮？""为谁而饮？""今朝饮酒又是为哪番？"

3. 应该怎样禁酒和预防酗酒

国家教委明文规定校园内不准经营烈性酒，学生守则也有严禁酗酒的条文，但问题在于你是否真的认识到了酗酒的危害，如果确有禁酒的诚意，深切体会到酗酒的危害，那么不妨试一试如下一些方法。

不要把不会喝酒当做一种遗憾，人群中，滴酒不沾者毕竟是大多数。要做到始终如一地禁酒，最难过的关是亲朋相聚、朋友相约的场合。不要被一些"难得的聚会"、"今天不同寻常"之类的言语所打动。这时最好要注意几点：

1) 开席即声明自己不会喝酒。
2) 拒绝要有礼貌；但是态度要坚决，不要给人以"在讲客气"的错觉。
3) 主动倒上一杯饮料或茶水作陪。
4) 不喝酒是一种权力，态度要大方。

（八）防止性侵害

1. 校园中的主要性侵害形式

性侵害是危害大学生人身安全，影响大学生健康成长的主要问题之一。同学们，尤其是女同学，了解一些这方面的情况，掌握一些应对方法是很有必要的。校园中性侵害主要有以下几种形式。

（1）暴力式侵害

主要是指采取暴力手段，有的还携带凶器，进行威胁，对女同学进行性侵害的行为。暴力侵害的主体比较复杂，有社会上的犯罪分子混入校园进行强奸犯罪，也有些是内部人员所为。方式有的是以强奸为目的，混入女生宿舍或校园内偏僻处伺机作案；也有的是本以抢劫、盗窃为目的，见有机可乘或因受害人处置不当而发展为强奸犯罪；还有的是因恋爱破裂或单相思，走向极端，发展为暴力强奸。

（2）流氓滋扰式侵害

主要是指社会上的流氓结伙闯入校园，寻衅滋事，或是校内某些品行不端正人员在变态心理的驱使下，对女同学进行的各种骚扰活动。这些人对女同学的侵害方式，多为用下流语言调戏，推拉撞摸占便宜，往身上扔烟头，做下流动作等。如在夜间，女同学孤立无援，或在处置不当等情况下，也有可能发展为暴力强奸或轮奸。

（3）胁迫式侵害

主要是指某些心术不正者，或是利用受害人有求于己的处境，或是抓住受害人的个人隐私、某些错误等把柄，进行要挟、胁迫，使其就范。

（4）社交性强奸

这种犯罪行为的主体多是受害人的相识者。因同事、同学、师生、老乡、邻居等关系与受害者本有社会交往，却利用机会或创造机会把正常的社交引向性犯罪。受害人身心受到伤害后，往往还出于各种顾虑不敢揭发。

2. 女生集体宿舍安全须知

1）经常进行安全检查。如发现门窗损坏，及时报告学校有关部门修理。

2）就寝前，要关好门窗，在天热时也不能例外，防止犯罪分子趁自己熟睡作案。

3）夜间上厕所，要格外小心。如厕所照明设备已坏，应带上电筒，上厕所前先仔细查看一下。

4）夜间如有人敲门问讯，要问清是谁再开门。如发现有人想撬门砸窗闯进来，全室同学要一起呼救，并准备可供搏斗的东西，作好齐心协力反抗的准备。

5）周末或节假日，其他同学回家，最好不要独自一人住宿。回宿舍就寝时，要留心门窗是否敞开，防止有犯罪分子潜伏待机作案。如遇异常情况，可请一两位同学同时进去，以确保安全。

6）无论一人还是多人在宿舍，当犯罪分子来侵害时，都要保持冷静的态度，做到临危不惧，遇事而不乱。一方面尽力呼救，一方面与犯罪分子作坚决斗争。北京市某区一幢住宅楼的一个单元内，住有外地来京打工的8名女工，1999年5月30日凌晨3时，一名男性犯罪分子从阳台翻窗潜入女工宿舍，一人手刃了8个年轻美丽的生命。被害者最大的24岁，最小的17岁。当罪犯用刀捅第一人时，她呼叫惊醒同伴后，竟没有一人起来反抗。假如她们当中有谁能采取任何一种行之有效的抵御措施，都不会产生如此惨烈的后果。

3. 怎样摆脱异性的纠缠

学生中的异性纠缠，主要是恋爱中的异性纠缠。这种纠缠来自两个方面：一是单恋者的纠缠，一方有情，另一方无意，有情者积极进攻，穷追不舍。如某大学生追求一同班女同学，遭到拒绝。竟不顾影响，在众目睽睽之下，跪在女学生面前求爱。该生神思忧虑地在纸上千百遍地写这个女生的名字，划什么"恋爱曲线"。二是原来有恋爱关系，因为某种原因，一方提出终止恋爱关系，另一方无法接受，因而苦苦纠缠。

为摆脱恋爱中的异性纠缠，希望你做到：

（1）态度明朗

如果你并无谈恋爱打算，对于单恋的追求者，你应该明确拒绝；如果是正在恋爱中或曾经恋爱过的对象，你要冷静地考虑一下有无重归于好的希望，如果没有，也要明确告诉对方，让对方打消念头。你应当知道，态度暧昧，模棱两可，对对方来说是一种成功的希望，增加了幻想，因而也会带来更多的麻烦。

（2）遵守恋爱道德，讲究文明礼貌

在拒绝对方的要求时，要讲明道理，耐心说服；要尊重对方人格，不可嘲笑挖苦，更不能在别人面前揭露对方隐私。例如不要公开对方追求你的情书，不要谈论对方曾经对你有过某种非礼行为，等等。如果是中断恋爱关系，自己有责任的，也应主动承担责任，表示歉意。

（3）要正常相处，但要节制往来

恋爱不成，但仍是好同学、好朋友，不可结怨，更不可成为仇人、敌人。在交往中，最好要节制不必要往来，以免对方产生"物是人非"的伤感，让对方尽快消除由于失恋所造成的心理上的伤害。

（4）遇到困难，要依靠组织

在你认为向对方做了工作以后，可能效果不大，仍制止不了对方的纠缠，或者发现对方可能采取报复行为，要及时向老师和领导汇报，依靠组织妥善处理，防止发生意外事件。

（5）女生要自爱自重

女生作风上要稳重，生活上要俭朴，不要刻意追求打扮，不要在和男生交往中占小便宜，要钱要物，吃喝不分；要大方得体，不要随意向异性撒娇，流露出对异性的冲动，以免异性有非分之想。

4. 女性正当防卫十招

（1）喊

有道是"做贼心虚"。色狼在实施犯罪行为时，心虚的多。别小看喊声带来的风吹草动，它很有可能阻止犯罪嫌疑人的主观恶性继续加深。假如色狼正处于犯罪初始（刚着手）阶段，女性应当大声呼救，以求很多人闻声救助。如一女性在夜晚活动时，被一名心生歹意者突然截住。她不顾一切大声呼喊，色狼惊吓，在逃跑中被闻声赶来的众人抓获。此刻若该女心有所忌，不敢呼喊，则必将遭害。

（2）撒

若只身行路遭遇色狼，呼喊无人，跑躲不开，色狼仍然紧追不舍。女性可以干脆就地取材，抓一把泥沙扔向色狼面部（城市女性为防侵害，可以在衣袋、书包内常备些食盐），这样做可以抢出时间，逃脱后再去调兵解救。

（3）撕

如果撒的办法不起作用，仍被色狼死死缠住，打斗不过。女性可以在反抗中撕烂色狼的衣裤，令其丑态百出。尔后将他的烂衣裤（碎片、衣扣、断带）作为证据带到公安机关报案。

(4) 抓

使劲撕仍不能制止加害行为的，可以向犯罪嫌疑人的面部、要害处抓去。抓时只有抓得恨、抓得死，将其抓破，才能达到制服色狼、收集证据的目的。将留在指甲里的血肉送公安机关，即可作为遭到不法侵害的证据。

(5) 踢

面对一时难以制服的色狼，可以拼命踢向他的致命器官，这样可以削弱他继续加害的能力。这一手不少女性在自卫中使用过，极见成效。还应大声正告色狼，再猖狂将受法律制裁。

(6) 变

若遭色狼跟踪，不要害怕，见机变换行走路线，一般都可将其甩掉。有一女工夜间回家路上，发现被盯上了。原路线前方不远即是偏僻路段。女工当机立断，迅速改变了回家路线，并在不远处果断地叩响了路边一户人家的大门。

(7) 认

受到色狼不法侵害时，女性应当瞪大眼睛，牢记色狼的面部和体态特征，多记线索，以便在报案（一定要争取在 24 小时之内）时提供给公安人员。某地区有一名女中学生，遇害时牢牢记住了犯罪嫌疑人的脸面。她在随公安民警侦破此案的路上遇到了这名色狼，当场指认出来。

(8) 咬

色狼施暴时常常先将女性的双臂缚住，此时在不得已中应抓住时机咬住其肉体不松口，迫使其就范。有位女性在被害过程中，遭色狼强行接吻，情急中她"稳、准、狠"地咬住了色狼的舌头，致使其疼痛休克，被捉送公安机关。

(9) 套

如果几经反抗不力，色狼强奸即遂，此时也不可轻易放过（有些受害女性到此时就彻底放弃反抗了），可以采取"套"的办法将其制服。如一位姑娘被害后哭着说："这么一来，我连对象都没法找了，你要是没有对象咱就……"次日晚，当色狼再次去找姑娘要"谈情说爱"时，被早已等在那里的公安人员抓获。

(10) 刺

如果遇上色狼手中有凶器，女性仍要沉着，胆大心细，不要慌乱。色狼要实施强奸，必会自脱衣裤，此时可借机行事。有一妇女被持刀色狼相逼，她临危不慌，让色狼先行脱衣，当其高兴中动手脱衣时，妇女快速夺刀朝色狼要害处刺去。

强奸妇女案屡有发生，在此类犯罪现象中，需要女性在遭遇色狼时胆大不慌、依法自卫。如能灵活使用上述方法，既可制服色狼、保全自己，又可为民除害。

（九）学生纠纷及其处理

1. 学生之间的常见纠纷

学生中的纠纷很多，它涉及大学生生活的各个领域。从不同的角度，可以作出不同的分类。

1) 按纠纷的主体身份，可分为同学纠纷、师生纠纷、亲朋纠纷、邻里纠纷。

2) 按引起纠纷的直接原因或纠纷的具体内容，可分为恋爱纠纷、学籍管理纠纷、生活管理纠纷、财物纠纷、公共活动纠纷。

3) 按参与纠纷的人数或规模，可分为个人纠纷、群体纠纷、个人与群体纠纷、群体与群体纠纷。

4）按纠纷发生的场所划分，可分为校内纠纷、校内与校外纠纷、内部纠纷与外部纠纷。

5）按纠纷的性质，可分为轻微刑事纠纷、治安纠纷、民事纠纷、行政纠纷。在特殊情况下，也可能发生经济纠纷。

还可以进行其他分类，主要是以上几种。

学生中发生纠纷的原因很多，但表现形式主要是两种。一是争吵斗嘴，互相攻击、谩骂；二是打架斗殴，争吵不断升级，发展为你推我拉，最后大打出手。两种形式都以争吵开始，以打架、甚至造成伤害告终。

还有其他一些形式，如写恐吓信，背后进行造谣、污蔑。

毕达哥拉斯说过："愤怒以愚蠢开始，以后悔告终"。我国古代的一些先贤先哲们也告诫我们："好胜者必败，恃壮者易疾"，"盛气平，过自寡"。希望大学生戒之勉之。

2. 大学生发生纠纷的危害

大学生发生纠纷的危害极大。

（1）损害了大学生的美好形象

当代大学生是跨世纪的一代，生活在继往开来的伟大时代。世界新技术的发展、中华民族的振兴，不仅为大学生成才提供了广阔的前景，也在他们身上增添了新的历史重担。因此，大学生应当是政治方向坚定、思想品格高尚、富有创造精神的一代新人。只有这样，他们才无愧于"时代精英"、"人中俊杰"的美称。但是，"一个人正如一只时表，是以他的行动来定价值的。"那种争争吵吵，打打闹闹，纠纷四起，内战不休，不仅损害了自己的人格，而且损害了大学生这一光荣称号。尽管纠纷可能只涉及少数几个人，而受到损害的是整个大学生的形象。我们切不可等闲视之，掉以轻心。

（2）妨碍内部团结，破坏大学生成才的优良环境

同学之间、师生之间、朋友之间真诚相处，和睦团结十分可贵，它不仅可以使你感受到集体的温暖，在良好的环境中培养自己良好的品德，而且可以从他人身上得到帮助，受到启发，以增长自己的学识和为人处世能力。而"内战"四起，纷争不休，只会伤害感情，削弱友谊，破坏团结，瓦解集体。在这种环境中，养成互不信任、尔虞我诈、逞强好斗的不良习惯，影响自己成才。

（3）酿成刑事、治安案件，葬送自己的前程

就纠纷发生的直接原因而言，多数是微不足道的小事，但是一旦成为纠纷，有的则难以收拾。例如，恋爱纠纷可以使人丧生；同学纠纷可以使人镣铐加身；家庭纠纷也可以酿成血案。纠纷是刑事、治安案件的温床，纠纷是破坏安定团结的蛀虫。我们应当引以为戒，牢牢记住他人给我们留下的血的教训。

3. 怎样防止纠纷发生

纠纷是大学生活中的常见现象，但又往往会造成严重后果。所以大学生应尽力防止发生纠纷，避免一失足成千古恨。当你预感到可能发生纠纷的时候，希望你尽力做到：

（1）冷静克制，切忌莽撞

无论争执由哪一方面引起，都要持冷静态度，决不可情绪激动，这就要求我们讲大度，虚怀若谷。只有"大着肚皮容物"，才能"立定脚跟做人"。某古刹有一副颂扬大肚弥勒佛

的对联："大肚能容，害天下难容之事；开口便笑，笑世间可笑之人"。对于那些可能发生摩擦的小事，要宽容、一笑了之。刘少奇同志在谈到共产党员的修养时指出："我们应注意自己不用言语去伤害别的同志，但是当别人用言语来伤害自己的时候，也应该受得起"，如果能够做到这一点，就能"猝然临之而不惊，无故加之而不怒"，一切纠纷都会化为乌有。

（2）诚实谦虚

在与同学以及其他人相处中，诚实、谦虚是加强团结、增进友谊的基础，也是消除纠纷的灵丹妙药。伟大的革命家、教育家徐特立说过："任何人都应该有自尊心、自信心、独立性，不然就是奴才，但自尊不是轻人，自信不是自满，独立不是孤立"。有了诚实、谦虚的精神，在发生纠纷的时候，就能认真听取他人的意见，进行认真的自我批评，宽容他人的过失，处理好相互间的争执。

（3）不做无谓的争论

卡耐基说："无论对方的才智如何，都不要存在靠争论改变任何人的想法。从争论中获胜的唯一秘诀是避免争论。"的确，言不可果腹，更不能充饥。明智的人不会和别人唇枪舌剑，只会尽量化解不必要的争论，因为少了耳红目赤的争论，会使双方互相尊重，从而增进友谊。

（4）注意语言美

实践证明，大学生中的纠纷多数由口角引起，而口角的发生都是恶语伤人的必然结果。俗话说："病从口入，祸从口出"，"话不投机半句多"，深刻揭示了语言与纠纷的辩证关系。语言美是社会主义精神文明的重要内容，"好句如花好，花新脱口香"。当你的自行车碰撞了别人，当你跳舞时踩到了别人，讲一句"对不起"，"很抱歉"，"请原谅"，或者别人撞了你，踩到了你，向你道歉时，回敬一句"别客气"，"没关系"，紧张气氛就会烟消云散，收到化干戈为玉帛的奇效。要做到语言美，一是要说话和气，心平气和地与人说话，以理服人，不强词夺理，不恶语伤人。二是说话要文雅，谈吐雅致，不说粗话、脏话。三是说话要谦虚，尊重对方，不说大话，不盛气凌人。

4. 善于发表不同的看法

把自己的意见看成是绝对正确，而别人的意见是愚蠢幼稚、荒诞不经，那就容易伤害别人。一个善于谈话的人一般不会让双方陷入僵局，而是使谈话能维持下去。有不同意见时，首先要肯定对方观点中正确的部分，然后再提出自己的观点；提出观点时要有理、有据、有节，语言缓和，态度诚恳。

（十）掌握一些国家安全知识

1. 什么是危害国家安全的行为

《中华人民共和国国家安全法》及其《实施细则》所称危害国家安全的行为，是指境外机构、组织、个人实施或者指使、资助他人实施的，或者境内组织、个人与境外机构、组织、个人相勾结实施的下列危害中华人民共和国国家安全的行为：

1) 阴谋颠覆政府，分裂国家，推翻社会主义制度的。
2) 参加间谍组织或者接受间谍组织及其代理人的任务。
3) 窃取、刺探、收买、非法提供国家秘密的。
4) 策划、勾引、收买国家工作人员叛变的。

5）进行危害国家安全的其他破坏活动的。

2. 公民有哪些维护国家安全的义务和权利

（1）义务

由法律规定的公民和组织的义务，是国家运用法律的强制力保障实施的，是不能放弃而又必须履行的。违者，就可能要负法律责任。《国家安全法》对公民和组织维护国家安全做了如下七个方面的义务规定，内容包括：教育和防范、制止的义务；提供便利条件和协助的义务；及时报告的义务；如实提供情况和协助的义务；保守秘密的义务；不得非法持有属于国家秘密的文件、资料和其他物品的义务；不得非法持有使用窃听、窃照等专用间谍器材的义务。

（2）权利

一切法律权利都会受国家的保护，一旦受到侵害，享有者有权向有关部门申诉和请求保护，情节恶劣者，可要求追究其刑事责任。

《国家安全法》规定："任何公民和组织对国家安全机关及其工作人员超越职权、滥用职权和其他违法行为，都有权向上级国家安全机关或者有关部门检举、控告"，"对协助国家安全机关工作或者依法检举、控告的公民和组织，任何人不得压制和打击报复"。

权利是法律赋予的，只有依法行使，才能受到保护，如果故意捏造或者歪曲事实进行诬告陷害的，要依法惩处，构成犯罪的还会被追究刑事责任。

3. 大学生怎样维护国家安全

有国家就有国家安全工作，古今中外，概莫能外。无论处于什么社会形态，或者实行怎样的社会制度，都会视国家利益为最高、最根本的利益，将维护国家安全列为首要任务。所以，每位大学生都应当成为国家安全和利益的自觉维护者。

（1）要始终树立国家利益高于一切的观念

邓小平同志指出："国家的主权、国家的安全要始终放在第一位"。一位已故的政治家也说过："没有永久不变的国家友谊，只有永久不变的国家利益"。国家安全涉及国家社会生活的方方面面，是国家、民族生存与发展的首要保障。科学技术是没有国界的，但知识分子不能没有自己的祖国。所以，把国家安全放在高于一切的地位，是国家利益的需要，又是个人安全的需要，也是世界各国的一致要求。

（2）要努力熟悉有关国家安全的活动、法规

有人统计，涉及有关国家安全和保密工作的法律、法规、规章制度有一百多种，我们都应该有所了解，弄清什么是合法的，什么是违法的，可以做什么、不能做什么。其中，特别应当熟悉以下一些法律、法规：宪法、国家安全法、保密法、刑法、刑事诉讼法、科学技术保密规定、出国留学人员守则等等，对遇到的法律界线不清的问题，要肯学、勤问、慎行。

（3）要善于识别各种伪装

从理论上讲，有关国家安全的常识、规定都已比较完善，依规行事不会出什么大问题，但是，实际生活比我们想象的要复杂得多。比如，有的间谍情报人员采用五花八门的手段，套取国家秘密、科技政治情报和内部情况。如果丧失警惕，就可能上当受骗，甚至违法犯罪。因此，在对外交往中，既要热情友好，又要内外有别、不卑不亢；既要珍惜个人友谊，又要牢记国家利益；既可争取各种帮助、资助，又不失国格、人格。识别伪装既难又易，关键就在淡泊名利情，对发现的别有用心者，要依法及时举报，进行斗争，决不准其恣意妄行。

(4) 要克服妄自菲薄等不正确思想

任何国家都有自己的安全与利益，也有别的国家没有的政治、经济、文化、军事、科技、资源和秘密，还有独具特色的传统工艺等等。也就是说，再富有的国家不可能应有尽有，再贫穷的国家也不可能一点没有别国羡慕的东西。中国是发展中的国家，但又是不可小视的国家。所以，作为中国人要挺直腰板，决不妄自菲薄、悲观失望。要看到我们也有许多世界第一和"中国特色"，有一系列国家秘密和单位秘密。对这一切，如果没有正确的认识，就可能在许多问题上产生错误的看法，乃至做出亲痛仇快的事情来。个别误入歧途的青年学生的教训，已成前车之鉴，千万别再重蹈覆辙。

(5) 要积极配合国家安全机关的工作

国家安全机关是国家安全工作的主管机关，是与公安机关同等性质的司法机关，分工负责间谍案件的侦查、拘留、预审和执行逮捕。

当国家安全机关需要大家配合工作的时候，在工作人员表明身份和来意之后，每个同学都应当按照（国家安全法）赋予的七条义务的要求，认真履行职责。尽力提供便利条件或其他协助，如实提供情况和证据，做到不推、不拒，更不以暴力、威胁方法阻碍执行公务，还要切实保守好已经知晓的国家安全工作的秘密。

（十一）掌握保密知识，防止失泄密

1. 失泄密的主观因素

(1) 失误造成令人瞠目的新闻泄密

近几年来，国内新闻泄密案件不断发生，多次泄漏我国在政治方面的重大敏感问题，特别是在科技、经济方面；泄密事件占整个新闻出版泄密案的一半以上，给国家造成了巨大的损失。

境外的一些中国问题专家在谈到搜集中国情报的方法时，认为主要手段就是分析研究中国的报刊和出版物。

案 例

> 六十年代，当我国大庆油田开发刚刚甩掉贫油国的帽子的时候，日本情报机关从《中国画报》上刊登的大庆油田照片上获得了大庆炼油能力、规模等情报。
>
> 1981年9月20日，我国首次用一枚运载火箭成功的发射了三颗卫星。国家新闻机构在卫星发射后的第三天，刊登了某工程师写的几篇文章，其中全面详细地介绍了三颗卫星的运行轨道、运行无线电遥控频率等技术，暴露了绝对秘密的空间技术细节。
>
> 杂交水稻技术是我国1979—1985年间的1089项发明奖中唯一的特等奖，处于世界领先地位。但是由于此后在各种公开的报刊杂志上发表了50余篇有关这项成果的论文，造成该项技术成果泄密，同时，使我国也失去了申请专利的条件。
>
> 早在我国百万大裁军开始前，国外情报人员就掌握了这一重要军事动向，其来源竟是从我国公开报道的一些数字推算而来。

(2) 违反保密制度，随意公开内部秘密

这方面的问题多表现在接待外来人员的参观、访问、贸易洽谈之时，违反保密制度，轻易地将宝贵的内部秘密泄露出去。

案 例

> 宣纸生产技术的严重泄密。1981年某外商参观我某造纸厂，详细地了解了原料种类、配比、选择和处理以及原料所用碱水浓度等，对生产的全过程进行录像，还要走了生产宣纸的原料，并以帮助化验为名装走了造纸用的井水。结果，我国具有悠久传统的宣纸生产技术秘密顷刻间被人轻易窃走。
>
> 竹制品防蛀、防霉技术的泄密。我国某厂家将我国独有的竹制品防蛀、防霉去霉的技术性文字说明书张贴在墙上，被一个外国考察组在参观过程中拍照回去，造成了这一项技术的泄密。

（3）保密观念不强，随身携带秘密载体造成泄密

有些保密观念不强的人，随意将一些秘密资料、文件、记录本、样品等携带出门，遇上丢失、被盗、被抢、被骗，很快就会造成泄密事件。我国的沸腾熔烧技术在世界属领先地位，某外国情报机构就是从我国几个随身携带秘密载体的人员手中弄到这一技术的。

（4）缺乏保密常识，有意无意把秘密泄露出去

缺乏保密常识，在貌似平等的学术交流领域也十分容易造成泄密。如某大学的几个研究生，在导师的指导下，经过几年的苦心钻研获得了一些学术研究成果。这时，有的想尽快得到国际上的认可；有的想拉关系出国，私自将研究资料寄出境外，结果寄出去的东西石沉大海，在相隔一年后被改头换面变成了他人的成果。

还有些缺乏保密常识的人，不分场合，随意在言谈或通信中涉及国家秘密或秘密事项，以传播小道消息来炫耀自己的见识广博，不懂"道者无意，听者有心"，往往也容易造成泄密。

（5）极少数被拉拢的人出卖国家秘密

这方面的教训不少。如某宝剑厂是非开放单位，但该厂个别人利欲熏心，让一个外国大学生三次参观、拍照生产工艺，搜集生产资料，还出售了一支古传文物八宝剑，造成了我国这一特种技术的泄密。

当前失泄密的渠道不少，以上主要提到五个方面，都是就我们内部主观上的因素说的，除少数故意外，多数属无意。

2. 如何防止失泄密

1）正确认识保密与窃密的斗争，增强保密观念。保密与窃密的斗争是阶级斗争的一种特殊表现形式，是渗透与反渗透、颠覆与反颠覆、和平演变与反和平演变斗争的重要组成部分，我们只有充分应用我国的保密法规，百倍提高警惕，增强保密观念，严格遵守保密制度，才能挫败西方敌对势力对我国实行和平演变的阴谋。我们既要对外开放，扩大对外交流，又要确保国家机密不被泄露，正确处理两者的关系，克服那种有密难保、无密可保的糊涂认识。

2）在对外交往中坚持内外有别。在接触交往过程中，凡涉及国家机密的内容，要么回避，要么按上级的对外口径回答，不要随便涉及内部的人事组织、社会治安状况、科技成

果、技术诀窍和经济建设中各种未公开的数据资料。

3）在与境外人接触时不带秘密文件、资料和记有秘密事项的记录本，对方向我直接索取科技成果、资料、样品或公开询问我内部秘密，要区别情况对待，灵活予以拒绝。

4）不经主管部门批准，不带境外人员参观或进入非开放区。不准境外人员利用学术交流、讲课的机会进行系统的社会调查。不经有关部门批准，不得填写境外人员的各种调查表，或替他们写社会调查方面的文章。

5）在国际学术会议或国外刊物上发表文章，要按规定办理审查手续。不得为境外人员提供或代购内部读物和资料。

6）遵守对外通信保密的有关规定，不在通信中谈及国家机密，个人通信一律用个人名义，通信地址一般采用个人居住地址或可以公开对外的单位地址。互寄印刷品和包裹，应按邮政部门和有关保密规定办理，发现邮件中夹有反动或淫秽物品，应立即交所在单位，决不扩散。

7）自觉遵守保密条例，做到：不该说的机密，绝对不说；不该问的机密，绝对不问；不该看的机密，绝对不看；不该记录的机密，绝对不记录；不在私人通信中涉及机密；不在普通电话、明码电报、普通邮局传达机密事项；不携带机密材料游览、参观、探亲、访友和出入公共场所。

保密是公民的义务，也是我们大学生的社会责任。每个大学生应该自觉贯彻遵守保密法规，自觉履行保密义务，坚决地同失泄密行为和窃密行径作斗争。

3. 发现国家秘密已经或可能泄露时应当采取的措施

1）拾获属于国家秘密的文件、资料和其他物品，应当及时送交有关机关、单位或保密工作部门。

2）发现有人买卖属于国家秘密的文件、资料和其他物品，应当及时报告保密工作部门或者公安、国家安全机关处理。

3）发现有人盗窃、抢夺属于国家秘密的文件、资料和其他物品，你有权制止，并应当立即报告保密工作部门或者公安、国家安全机关。

4）发现泄露或可能泄露国家秘密的线索，应当及时向有关机关、单位或保密工作部门举报。

（十二）正当防卫

1. 正当防卫的含义和规定

我国《刑法》第二十条规定："为了使国家，公共利益，本人或者他人的人身、财产和其他权利免受正在进行的不法侵害，而采取的制止不法侵害的行为，对不法侵害人造成损害的，属于正当防卫，不负刑事责任。

正当防卫明显超过必要限度造成重大损害的，应当负刑事责任，但是应当减轻或者免除处罚。

对正在进行行凶、杀人、抢劫、强奸、绑架以及其他严重危及人身安全的暴力犯罪，采取防卫行为，造成不法侵害人伤亡的，不同于防卫过当，不负刑事责任。"

第二十条共分三款。第一款是关于正当防卫概念的规定。根据本款规定，正当防卫必须同时具备以下五个要件：

1）必须是为了使国家、公共利益，本人或者他人的人身、财产权利和其他权利免受不法侵害而实施的。这种不法侵害可能是针对国家、集体的，也可能是针对自然人的；可能是对本人的，也可能是针对他人的；可能是侵害人身权利，也可能是侵害财产或其他权利，只要是为了保护合法权益免受不法侵害而实施的行为，即符合本条件。

2）必须有不法侵害行为发生。所谓"不法侵害"，指对某种权利或利益的侵害为法律所明文禁止，既包括犯罪行为，也包括其违法的侵害行为。

3）必须是正在进行的不法侵害。正当防卫的目的是为了制止不法侵害，避免危害结果发生，因此，不法侵害必须是正在进行的，而不是尚未开始，或者已实施完毕，或者实施者确已自动停止。否则，就是防卫不适时，应当承担刑事责任。

4）必须是针对不法侵害者本人实行。即正当防卫行为不能对没有实施不法侵害行为的第三者（包括不法侵害者的家属）造成损害。

5）不能明显超过必要限度造成重大损害。正当防卫是有益于社会的合法行为，应受一定限度的制约，即正当防卫应以足以制止不法侵害为限。但另一方面，不法侵害往往是突然袭击，防卫人往往没有防备，骤然临之，情况紧急，精神高度紧张。一般在实施防卫行为的当时很难迅速判明不法侵害的确实意图的危险程度，也没有条件准确选择一种适当的防卫方式、工具和强度来进行防卫。因此，只要不是明显超过必要限度造成重大损害的，都应当属于正当防卫。

第二十条第二款是关于防卫过当刑事责任的规定。根据本款规定，防卫过当应当负刑事责任。但因为正当防卫行为是不法侵害引起的，是为了使被不法侵害者所侵害的客体免受正在进行的不法侵害，所以"应当减轻或免除处罚"。

第二十条第三款是关于对正在进行的严重危及人身安全的暴力犯罪采取正当防卫行为不负刑事责任的规定。本款是对第一款的重要补充。对于正在进行的行凶、杀人、抢劫、强奸、绑架以及其他严重危及人身安全的暴力犯罪，由于这些不法侵害行为性质严重，且强度大，情况紧急，因此，采取正当防卫行为造成不法侵害人伤亡和其他后果的，不属于防卫过当，不负刑事责任。所谓"其他严重危及人身安全的暴力犯罪"，是指与行凶、杀人、抢劫、强奸、绑架类似的暴力犯罪，如在人群中实施的爆炸犯罪等。

正当防卫是法律赋予公民的神圣权利，大学生应牢记并善于运用这个权利，保卫国家、公共利益，保卫本人和他人的合法权利。由此可知，所谓正当防卫，是指用给不法侵害者造成某种损害的方法，来保卫公共利益、本人或他人的人身和其他权利的行为。正当防卫是公民同违法犯罪分子作斗争的一个法律武器，大学生应当掌握好这个武器。当遇到抢劫、盗窃、强奸、行凶、杀人、放火等违法犯罪行为时，要善于运用正当防卫行为来维护合法权利。

案 例

女同学A独自走夜路，突然被一流氓B按倒在地，B卡住A的脖子，企图强奸，情急中A用发卡刺瞎了B的右眼（重伤），从而避免了被强奸。A的行为就属于正当防卫行为。尽管A使B受了重伤，但A不负法律责任。

值得注意的是，正当防卫绝不是"你打我一下，我就还你两下"的行为，更不是伺机报复的行为。此外，打架斗殴的双方一般不存在正当防卫。因此要正确理解和实施正当防卫。

2. 怎样正确运用正当防卫

根据我国《刑法》的规定，实施正当防卫必须同时符合以下四个条件：

第一，只有在国家公共利益、本人或他人的合法权利受到不法侵害时；

第二，必须是在不法侵害正在进行的时候；

第三，必须是对不法侵害者本人实施防卫，而不能对无关的第三者实施；

第四，正当防卫不能超过必要的限度，造成不应有的损害。

当你准备进行防卫时，如果符合上述四个条件，那么，你就不必担心自己会负刑事责任了，而应积极勇敢地进行防卫。

3. 哪些是非正当防卫呢

既有正当防卫，那么就有非正当防卫。如果非正当防卫造成了损害，则应负相应的法律责任。非正当防卫主要有以下几种：

1）防卫过当。它是指行为人在实施正当防卫时，超过了正当防卫所需要的必要限度，并造成了不应有的危害行为。

2）防卫挑拨。它是指行为人故意挑逗对方，使对方对自己进行不法侵害，借着正当防卫的借口加害于对方。

3）防卫侵害了第三人，也叫局外防卫。它是指防卫者对正在进行的不法侵害以外的人实施的侵害行为。

4）假想防卫。它是指不法侵害行为根本不存在，由于行为人猜想、估计、推断不法侵害行为存在，而对其实施侵袭的一种不法侵害行为。

5）事前防卫，也叫提前防卫。它是指行为人在不法侵害尚未发生或者说还未到来的时候，而对准备进行不法侵害的人采取了所谓的防卫行为。

6）事后防卫。它是指在不法侵害终止后，对不法侵害者进行的所谓防卫行为。

（十三）预防计算机犯罪

1. 涉及计算机及网络的法律法规

根据法律出版社1999年1月出版的《计算机及网络法律法规》一书统计，1991年至1999年1月间，我国颁布有关的法律法规23个，涉及计算机软件保护及著作权登记、计算机信息系统安全保护、计算机信息网络国际联网管理，计算机工程、电信设备进网管理、中国互联网络域名注册管理、中国公众多媒体通信管理、计算机信息系统保密、软件产品管理、金融机构计算机信息系统安全等诸多方面。

其中和公民个人有较直接关系的法律法规有：

1）计算机软件保护条例。

2）中华人民共和国计算机信息系统安全保护条例。

3）中华人民共和国计算机信息网络国际联网管理暂行规定。

4）中国公用计算机互联网国际联网管理规定。

5）计算机信息网络国际联网安全保护管理办法。

6）中华人民共和国计算机信息网络国际联网管理暂行规定实施办法。

7）计算机信息系统保密管理暂行规定。

据初步统计，分散在上述法律法规中的涉及公民个人的禁止性规定及法律责任规定有16条22款。在中国法律管辖的范围内，所有利用计算机信息系统及互联网从事活动的组织和个人，都不得进行相关的违法犯罪活动，否则，必将受到法律制裁。

2. 在计算机安全方面大学生必须遵守的法律规定

1）遵守《中华人民共和国计算机信息系统安全保护条例》，禁止侵犯计算机软件著作权（有关法规条文见附录）。

2）任何组织或者个人、不得利用计算机信息系统从事危害国家利益、集体利益和公民合法利益的活动，不得危害计算机信息系统的安全。

3）计算机信息网络直接进行国际联网，必须使用国家公用电信网提供的国际出入口信道。任何单位和个人不得自行建立或者使用其他信道进行国际联网。

4）从事国际联网业务的单位和个人，应当遵守国家有关法律、行政法规，严格执行安全保密制度，不得利用国际联网从事危害国家安全、泄露国家秘密等违法犯罪活动，不得制作、查阅、复制和传播妨碍社会治安的信息和淫秽色情等信息。

5）任何组织或个人，不得利用计算机国际联网从事危害国家安全、泄露国家秘密等犯罪活动；不得利用计算机国际联网查阅、复制、制造和传播危害国家安全、妨碍社会治安和淫秽色情的信息。发现上述违法犯罪行为和有害信息，应及时向有关主管机关报告。

6）任何组织或个人，不得利用计算机国际联网从事危害他人信息系统和网络安全，侵犯他人合法权益的活动。

7）国际联网用户应当服从接入单位的管理，遵守用户守则；不得擅自进入未经许可的计算机系统，篡改他人信息；不得在网络上散发恶意信息，冒用他人名义发出信息，侵犯他人隐私；不得制造、传播计算机病毒及从事其他侵犯网络和他人合法权益的活动。

8）任何单位和个人发现计算机信息系统泄密后，应及时采取补救措施，并按有关规定及时向上级报告。

《计算机信息网络国际联网安全保护办法》第四条、第五条、第六条、第七条的规定如下：

第四条　任何单位和个人不得利用国际联网危害国家安全、泄露国家秘密，不得侵犯国家的、社会的、集体的利益和公民的合法权益，不得从事违法犯罪活动。

第五条　任何单位和个人不得利用国际联网制作、复制、查阅和传播下列信息：

1）煽动抗拒、破坏宪法和法律、行政法规实施的。

2）煽动颠覆国家政权，推翻社会主义制度的。

3）煽动分裂国家、破坏国家统一的。

4）煽动民族仇恨、民族歧视，破坏民族团结的。

5）捏造或者歪曲事实，散布谣言，扰乱社会秩序的。

6）宣扬封建迷信、淫秽、色情、赌博、暴力、凶杀、恐怖，教唆犯罪的。

7）公然侮辱他人或者捏造事实诽谤他人的。

8）损害国家机关信誉的。

9）其他违反宪法和法律、行政法规的。

第六条 任何单位和个人不得从事下列危害计算机信息网络安全的活动：

1）未经允许，进入计算机信息网络或者使用计算机信息网络资源的。

2）未经允许，对计算机信息网络功能进行删除、修改或者增加的。

3）未经允许，对计算机信息网络中存储、处理或者传输的数据和应用程序进行删除、修改或者增加的。

4）故意制作、传播计算机病毒等破坏性程序的。

5）其他危害计算机信息网络安全的。

第七条 用户的通信自由和通信秘密受法律保护。任何单位和个人不得违反法律规定，利用国际联网侵犯用户的通信自由和通信秘密。

3. 关于计算机病毒

病毒是生物学领域的术语，是指能够自我繁衍并传染的，使人或动物致病的一种微生物。人们借用它来形容计算机信息系统中能够自我复制并破坏计算机信息系统的恶性软件。

《中华人民共和国计算机信息系统安全保护条例》第二十八条规定："计算机病毒，是指编制或者在计算机程序中插入的破坏计算机功能或者毁坏数据、影响计算机使用、并能自我复制的一组计算机指令或者程序代码。"这是一个具有法律效力的定义。

计算机病毒实质上是一段可执行程序，它具有广泛传染性、潜伏性、破坏性、可触发性、针对性和衍生性、传染速度快等特点。早期的计算机病毒多是良性的，偏重于表现自我而不进行破坏；后来的恶性计算机病毒则大肆破坏计算机软件，甚至破坏硬件，最终导致计算机信息系统和网络系统瘫痪，给人们造成各种损失。计算机病毒可被预先编制在程序里，也可通过软件、网络或者无线发射的方式传播。

在我国，故意制作、传播计算机病毒等破坏性程序是违法犯罪行为，要受法律制裁。

4. 怎样保护计算机安全

1）注意防止发生盗窃计算机案件。小偷趁学生疏忽、节假日外出、夜晚睡觉不关房门或外出不锁门等机会，偷盗台式电脑、笔记本电脑或掌上电脑，或者偷拆走电脑的CPU、硬盘、内存条等部件，给学生造成学习困难和经济损失。

2）注意防止火灾、水害、雷电、静电、灰尘、强磁场、摔砸撞击等自然或人为因素对计算机的危害，要注意保证计算机运行环境和辅助保障系统的可靠性、安全性。

报纸上曾报道过"新电脑也有大麻烦"的新闻。一户人家花了一万多元买了一台名牌电脑，没用20天主机就坏了。维修人员认为是静电引起的，人身静电"烧毁"主板，电脑公司不承担保修义务。这静电不得不防。

3）防止计算机病毒侵害电脑，要使用正版软件，不要使用盗版软件或来路不明的软件；从网络上下载免费软件要慎重，注意电子邮件的安全可靠性；不要自己制作或试验病毒。重创世界计算机界的CIH病毒，据说是一个台湾大学生制作的，它给全世界带来了电子灾难。

4）如果你把计算机接入互联网，经常进行网上冲浪，就必须小心"黑客"的袭击，请注意后面的"防黑十招"。

5）有了计算机，就要同时选用正版杀毒软件，应选可靠的、具有实时（在线）杀毒能力的软件。

6）养成文件备份的好习惯。首先是系统软件的备份，重要的软件要多备份并进行写保护，有了系统软件备份就能迅速恢复被病毒破坏或误操作而破坏的系统。其次是重要数据备份，不要以为硬盘是永不消失的保险数据库，某高校一位研究生把毕业论文存储在笔记本电脑里，没有打印和备份，后来该笔记本电脑丢失，令他十分痛苦，几个月的心血白费了。另外，病毒也会破坏你的硬盘或数据。

7）给电脑买个保险。据《中国经济时报》报道，中国人民保险公司开始在全国范围内推广计算机保险。

此险种，包括计算机硬件损失保险、数据复制费用保险和增加费用险（设备租赁费用险）等，主要承保由火灾、爆炸、水管爆裂、雷击、台风、盗抢等导致的硬件损失、数据复制费用和临时租赁费用。对于风险较难控制的病毒、"黑客"侵害和计算机2000年问题，则列入责任免除条款。

8）要树立计算机安全观念。网络虽好，可是安全问题丛生，网络陷阱密布，"黑客"伺机作案，病毒层出不穷，秩序不是很好，要特别小心。

9）保护电脑安全的其他措施：最好选购与你周围的人的电脑有明显区别特征的产品，或者在不被人轻易发觉的地方留有显著的辨认标志；当你和机器分别较久之时，如寒暑假等，最好把机器内部较贵重的芯片取下另保存它处；上网的电脑千万要注意防止密码泄露给他人，并经常更改密码；在有条件的院校，可寄放到专门的保管场所。

5. 防止"黑客"攻击的十种办法

1）要使用正版防病毒软件并且定期将其升级更新，这样可以防止"黑客"程序侵入电脑系统。

2）如果使用数字用户专线或是电缆调制解调器连接互联网，就要安装防火墙软件，监视数据流动。要尽量选用最先进的防火墙软件。

3）别按常规思维设置网络密码，要使用由数字、字母和汉字混排而成，令"黑客"难以破译的口令密码。另外，要经常性地变换自己的口令密码。

4）对不同的网站和程序，要使用不同的口令密码，不要图省事使用统一密码，以防止被"黑客"破译后产生"多米诺骨牌"效应。

5）对来路不明的电子邮件或亲友电子邮件的附件或邮件列表要保持警惕，不要一收到就马上打开。要首先用杀毒软件查杀，确定无病毒和"黑客"程序后再打开。

6）要尽量使用最新版本的互联网浏览器软件、电子邮件客户端和其他相关软件。

7）下载软件要去声誉好的专业网站，既安全又能保证较快的速度，不要去资质不明的网站。

8）不要轻易在别人的网站上留下你的电子身份资料，不要允许电子商务企业随意储存你的信用资料。

9）只向有安全保证的网站发送个人信用资料，注意寻找浏览器底部显示的挂锁图标或钥匙形图标。

10）要注意确认你要去的网站地址，注意输入的字母和标点符号的绝对正确，防止误入网上歧途，落入网络陷阱。

第二节 诚信乃立身之本

诚信是中华民族的传统美德，同时也是处理个人与社会、个人与个人之间相互关系的一项基本准则，在我国经济社会和政治生活中发挥着极其重要的作用。诚信是大学生立身为人、走向成功的必备品质，是大学生适应社会发展的要求。当代大学生是中华民族的希望和未来，肩负着全面建设和谐社会的历史重任。他们的诚信意识、诚信品质、诚信行为关系到良好社会风尚的培育，关系到社会主义和谐社会的构建，在一定意义上关系到中华民族的未来。诚信教育是指从社会发展和个体长期生存发展的需要出发，培养个体遵守诚信的道德规范，具有诚实守信品质的努力。大学生诚信教育是一项系统工程，需要个体、学校和社会多方参与。

一、大学生诚信的内涵

诚信这一范畴是由"诚"和"信"两个概念组成的。诚，指真诚、诚实；信，指信任、信用和守信。"诚"与"信"合起来作为一个科学的道德范畴，是现代社会的产物。在现代社会，经济的市场化和国际化、政治的民主化和法制化以及文化的多元化和交往方式的现代化，无不凸显着诚信的价值并要求践行诚信。我们可以把诚信定义为适应现代市场经济发展要求的、同现代经济契约关系和民主政治密切相关并继承了传统诚信美德的真诚无欺、信守承诺的心理意识、原则规范和行为活动的总和。诚信的本质，要从以下几个方面来把握：

首先，诚信是一种人们在立身处世、待人接物和生活实践中必须而且应当具有的真诚无欺、实事求是的态度和信守承诺的行为品质，其基本要求是说老实话、办老实事、做老实人。诚信之诚是诚心诚意，忠诚不二；诚信之信是说话算数和信守承诺，它们都是现代人必须而且应当具备的基本素质和品格。在市场经济的条件下，人们只有树立起真诚守信的道德品质，才能适应社会生活的要求，并实现自己的人生价值。

其次，诚信是一种社会的道德原则和规范，它要求人们以求真务实的原则指导自己的行动，以知行合一的态度对待各项工作。在现代社会，诚信不仅指公民和法人之间的商业诚信，而且也包括建立在社会公正基础上的社会公共诚信，如制度诚信、国家诚信、政府诚信、企业诚信和组织诚信等。这就是说，任何政府和制度都要按照诚信的原则来组织和建构，亦需按照诚信的原则行使其职权。一旦背离了诚信的原则和精神，政府就会失信于民，制度就会成为不合理的包袱。

再次，诚信是个人与社会、心理和行为的辩证统一。诚信本质上是德性伦理与规范伦理或者说信念伦理与责任伦理的合一，是道义论与功利论、目的论与手段论的合一。如果说"诚"强调的是个人内心信念的真诚，是一种品行和美德，那么"信"则是诚这种内在品德的外在化显现，是一种责任和规范。在中国历史上，就有"诚于中而信于外"的说法。诚信不仅是一种道德目的，是人们应当具有的一种信念，而且也是一种道德手段，是人们应当承担的一种社会责任和谋取利益、实现利益的方式。诚信，既可以是价值论和功利论的，又可以是道义论和义务论的。价值论和功利论的诚信观把诚信作为一种价值和实现目的的手段，认为人们如果不讲诚信就无法实现自身的发展和完善，也很难取得长久而真正的利益。道义论和义务论的诚信观则把诚信视为一种应尽的义务和内在的要求，认为人们讲求诚信是提升自身素质和实现全面发展的需要，讲求诚信哪怕不能带来物质上的利益，仍然是弥足珍贵的。我们主张在诚信问题上把道义论和功利论结合起来，既把诚信的讲求视为一种谋利和促进发展的手段，又把诚信的讲求视为一种神圣的使命和内在的义务，使诚信的讲求既崇高又实用，既伟大又平凡，这体现了中国传统文化所倡导的"极高明而道中庸"的价值特质。

总之，诚信是一切道德的根基和本原。它不仅是一种个人的美德和品质，而且是一种社会的道德原则和规范；不仅是一种内在的精神和价值，而且是一种外在的声誉和资源。诚信是道义的化身，同时也是功利的保证或源泉。

二、大学生诚信教育的重要性

当代大学生是我国社会主义现代化建设的中坚力量，是社会主义事业的接班人。诚信素质如何，直接关系到我国经济建设和社会发展的进程。

（一）公民道德建设要求我们必须加强大学生诚信教育

大学生首先是一位普通的社会公民，应该具备一个公民最基本的道德品质。可以说，诚实守信是每一个公民做人立世的根本准则。在公民基本道德规范中，诚信是一个很重要的规范。如果一个大学生连起码的诚信品德都不具备，我们无法想象他们怎么能够成为合格的公民，对公民道德建设会带来什么样的影响。

（二）市场经济要求我们必须加强大学生诚信教育

社会主义市场经济是合同经济、法制经济。这就要求作为市场经济的主体，必须具备诚实守信的良好品质。青年大学生即将成为未来市场经济的主力军，他们在未来的市场经济建设中将发挥举足轻重的作用。未来社会的发展，全面建设小康社会的宏伟目标，不仅取决于大学生的文化知识，养成诚实守信的品质尤为重要。可见，加强大学生诚实守信教育是市场经济的内在要求。

（三）我国教育"面向世界"、与国际接轨的迫切需要要求我们必须加强大学生诚信教育

入世后，我们必须坚守诚信原则，履行我们所作出的承诺。因此，入世本身即是我们面向世界实践诚信原则的开始，同时也是对我们诚信状况的一个考验。为了尽快与世界经济接轨，积极培养国人现代意义上的诚信观念必要而紧迫。尤其是在我国已加入世贸组织的今天，更应结合该组织的有关规则，加大诚信教育的力度，大学生作为将来实践这些规则的主力军，理应具备较高的诚信素质。

因此，国家的发展、社会的进步要求我们必须重视大学生的诚信建设，切实加强诚信教育，不断增强大学生的法律意识和守信意识，努力培养具有信用素质、诚信精神的世纪人才。

三、大学生诚信缺失的表现

中华民族乃文明古国、礼仪之邦，诚信是中华民族的传统美德，也是全人类所认同的道德规范。在现代社会，传统诚信道德得到了进一步发展，它不再只是一种道德义务，已经成为伦理、经济、法律等社会义务的综合规范，是现代社会文明和社会秩序的必要条件。大学生是民族的希望和未来，是人类文明的传承者、社会主义主义事业建设的后备军。他们的诚信状况将直接关系到国家现代化建设的顺利进行。近年来，大学生中出现的种种诚信危机警示我们：大学生诚信状况不容乐观，必须引起我们的高度重视。

（一）考试作弊现象屡禁不止

大学生考试作弊已经是普遍不争的事实，而且手段也越来越高明。据《中国青年报》

报道，东南大学曾就作弊问题做过调查，有近一成的被调查者承认在考试中经常作弊，有59.5%的被调查者承认偶尔会作弊，另有半数以上的被调查者承认有过作弊的想法。甚至不少地方还出现了以赚钱为目的的，有组织、有中介的"职业枪手"队伍。

（二）学术抄袭日益严重

部分大学生失去了严谨求实的治学态度，为完成学业抄袭作业、假想实验数据、任意编造研究结果等，甚至剽窃他人科技成果和论文，毕业论文作假的问题已越来越严重。

（三）就业自荐书造假成风

一些大学生为了在就业中找到好工作，增加就业竞争砝码，于是在个人自荐材料上大做手脚，或文过饰非，或无中生有。如通过各种方式篡改考试成绩，编造选修课程，制造优秀大学生、三好学生等证书，甚至有个别学生伪造英语过级证书、毕业证书和学位证书。有用人单位在招聘时，同一个毕业班出现多名班长和相同的班委，情形颇为尴尬，这使用人单位越来越难以相信大学生的"一面之词"。

（四）投机取巧追逐名利

在评奖评优、入党、竞选干部、论文答辩、保送研究生的时候，一些学生不是靠实力去争取，而是想方设法请客送礼，争选票，拉关系，走捷径。

（五）骗取贷款和逃避还贷

部分学生隐瞒家庭经济真实情况，出具虚假贫困证明骗取助学贷款，给学校工作造成负担，也增加了真正家庭经济困难的学生获得贷款的困难。学生助学贷款还贷率低、少数学生毕业后拒不按期交还贷款，是当今高校深感头痛和无奈的问题。

（六）拖欠学费

恶意欠费现象在许多高校普遍存在，而且所欠金额每年都在递增。一些学生缺乏交费上学意识，或有意逃避交费义务，不按时交纳学费，交费时抱观望态度，能拖则拖，毕业班欠费追缴工作成了高校的"老大难"。

（七）就业中随意违约

大学生在就业择业中任意变更、撕毁就业协议的行为时有发生。不少学生初次签约时只是委曲求全，暂时找个工作，与用人单位签约后仍四处面试，一旦找到认为更好的工作就随便毁约，与用人单位不辞而别。这一方面扰乱了招聘单位的进人计划，让用人单位很被动；另一方面致使学校声誉降低，给社会造成不好的印象，影响了学校的毕业生就业工作。

（八）人际关系淡漠

人际沟通，从表面上看是信息在人们之间的传播和流动，实际上，它实现了人与他人、个体与群体、个人与社会关系的相互建构。某高校通过问卷在学生中调查，结果显示：81.6%的学生同意"与陌生人打交道时要小心"，60%的学生认为"在这个竞争的年代里，如果不保持警惕，别人就可能占你便宜"，只有52.3%的学生表示"对他人的态度上有足够的信任和安全感"。由于缺乏真诚与信任，不少学生沉迷于网络虚拟世界，不愿意在生活中与人交往，这些行为导致学生孤僻、冷漠、缺乏责任感，引发心理疾病，不利于学生健康人格的形成和发展。

知识拓展

- 生命不可能从谎言中开出灿烂的鲜花。　　　　　　　　　　　——海涅
- 言不信者，行不果。　　　　　　　　　　　　　　　　　　——墨子
- 诚实是力量的一种象征，它显示着一个人的高度自重和内心的安全感与尊严感。
　　　　　　　　　　　　　　　　　　　　　　　　　　——艾琳·卡瑟
- 民无信不立。　　　　　　　　　　　　　　　　　　　　　——孔子
- 人类最不道德处，是不诚实与怯懦。　　　　　　　　　　　——高尔基
- 没有诚实何来尊严。　　　　　　　　　　　　　　　　　　——西塞罗
- 当信用消失的时候，肉体就没有生命。　　　　　　　　　　——大仲马
- 真话说一半常是弥天大谎。　　　　　　　　　　　　　　　——富兰克林
- 真诚是一种心灵的开放。　　　　　　　　　　　　　　　——拉罗什富科
- 如果要别人诚信，首先自己要诚信。　　　　　　　　　　——莎士比亚
- 诚实是人生的命脉，是一切价值的根基。　　　　　　　　　——德莱
- 诚者，天之道也；思诚者，人之道也。　　　　　　　　　　——孟子
- 欺人只能一时，而诚信都是长久之策。　　　　　　　　　——约翰·雷

四、大学生应诚信立身

当代的大学生作为社会主义建设的接班人，思想道德品质如何不仅关系到自身的前途与命运，更关系到社会主义的建设和中华民族的伟大复兴。

（一）诚信是做人的基本准则

诚信包括诚实和守信两个方面，是分而为二，合二为一的道德规范，它出现在各民族的文化要求之中，是做人的基本准则。

诚实就是忠诚老实。《说文解字 言都》："诚，信也。"《增韵 清韵》："诚，无伪也，真也，实也。"它主要是为人处世时的道德准则，这一准则要求人们与人交往时说真话，向别人传递真实信息，不掩盖或歪曲事实真相。诚实作为最古老最原始的道德要求，它和人类相伴而生，人是社会动物，社会性是人的本质。人是在相互依赖和相互联系中生存和发展的，只有人与人之间相互诚实，说真话，传递真实信息，不掩盖歪曲真相，人才能得以生存和发展，人类也才能休养生息，繁衍延续。人的这种本真状态的生存需要在长期的人类进化过程中沉淀、积累，经人类的心理、情感和文化的作用，积淀为一种原初的道德规范。人类历史发展到现在，诚实品质从来是对人的最基本的要求和规范。是否具备诚实品质，已经成为道德社会化完成和未完成的标志，成为衡量一个社会成员在道德上合不合格的最基本标准。

守信是遵守诺言，实践自己的诺言。言必信、行必果是中国传统道德中的精华，守信是最基本的道德要求。所谓信，即诚实无欺。在《论语·为政》中，孔子认为："人而无信，不知其可也。大车无輗，小车无軏，其何以行之哉？"主张与人交往要言而有信。孟子认为："可欲之谓善，有诸己之为信"（《孟子·尽天下》），自身确实具有善德称为"信"。我国传统文化中非常重视信，把信作为立人之本，立政之基，人无信不立，政无信不立。"信"也就成为儒家着重提倡的道德规范之一。

诚实守信是我国传统道德大厦的根基，诚信铸成中华民族道德之魂。统而言之，诚信包含了几个方面的含义：一是诚实无欺，主要指人的自我修养以及由此形成的个人内心的道德品质、德性和道德境界："君子诚之为贵"（《礼记．中庸》），"君子养心莫善于诚"；"意诚而后心正，心正而后修身"；"诚者，圣人之性也。"二是相互信任，主要指信任他人或被他人所信任，这是社会中的一般的道德要求。三是信守承诺，通常指能够履行对他人的承诺，是对特定对象的责任。所以相互信任、信守承诺主要指人们在交往中的行为规范。

（二）诚信是大学生安身立命的关键

现代社会中，人们越来越看重诚信的品质。大学生在校学习只是一个暂时的、阶段性的过程，最终我们还是要走入社会，走入市场。在将来的求职中，诚信将成为用人单位对求职者的素质要求，这就要求我们要做诚信规范的力行者。

中共中央印发的《公民道德建设实施纲要》中把"明礼诚信"作为最基本的道德规范之一来要求全体公民，在全社会都在倡导"诚信"的今天，作为接受文明教育最充分的大学生，更应该身体力行，领文明之先风，不做有损个人名誉和国家利益的事情。考试作弊、毕业不还贷等失信行为大大降低了大学生的道德水准，也降低了社会对大学生的信任度。据报载，某高校为了防范考试作弊，准备了两万元经费奖励"零作弊"，此举确实令人哭笑不得，考试不作弊居然成为一种受到称赞的美德，这不仅是一所大学的悲哀，也是整个高等教育的悲哀。考试作弊危害的不仅是作弊者本人，它使所有学生都面临道德的考验和灵魂的拷问。对考试作弊、毕业不还贷的理解和宽容，也就是对社会不正之风的淡然和认同，自己也就不知不觉加入其中，其危害是不言而喻的。各个学校都在积极营造和建设勤奋学习，刻苦钻研、严谨治学、追求真理的氛围和风气，陶冶情操、熏陶品格，优良校风对学生科学价值观和正确行为倾向的形成以及心灵情感的升华都起着积极而深刻的影响。有道德的人以做假、说谎为最大耻辱，有道德的人也必定会忠于自己的承诺。所以信必有忠，忠能达信。考试作弊、欠贷不还等行为则是对优良校风的败坏，是对学校正面的道德教育的无端亵渎与粗暴践踏。有的同学明知某同学作弊，但不予制止和报告，而是采取关键时刻写匿名信、打匿名电话的方式予以揭发，滋生不健康的心理。

更重要的是，大学生的诚信问题造成社会对大学生的信任危机。社会一贯把大学生视为高素质人群，给予充分的信任和关心。但是由于考试作弊屡禁不止，欠贷不还等现象的频频出现，使得社会对大学生的信任度大打折扣，某银行领导不无痛心地说："我们不得不认为大学生出现了诚信危机。我们不得不重新考虑对他们的信任度……"。他们希望找到有效的制约措施，规避风险，确保银行利益不受损。某高校所在地的建行也已将原来的"一次受信，一贷四年"改为"一年一受信，一年一贷"，并且将贷款额度减少了一半。

可见，由于诚实、守信方面出问题而导致社会成员之间的不信任，导致社会信任度的降低，会使信任危机强化为社会危机，直到社会系统的崩溃。从而也就能够明白为什么各个民族的各种文化都把诚实守信作为最基本的道德规范。诚信者付出诚信，诚信者也收获诚信。诚信者收获的信任，是诚信者拥有的社会资源，它足以使诚信者安身立命。

总之，诚信是一个内涵丰富、外延广阔的概念，是社会各层次、各方面都必须遵守的道德规则。它是一个人一生都应该恪守的准则，是任何一个个体融入社会所要签订的生存契约。作为当代大学生，应该把科学认识上的求真精神和做人方面的求实精神结合统一起来，才能无愧于时代，无愧于国家，人生也才会有真正意义上的价值。也只有坚守诚信学习，诚信待人，诚信立身和诚信处事，襟怀坦荡，热爱真理，才能为追求真理拼搏、献身，才能使我们的传统美德——诚信像胡杨一般千年不倒；才能使当代大学生自觉地建立道德防线，把诚信作为自己道德良知的警戒线，从而刻苦努力地学习，真正体现当代大学生的精神风貌。

第三节 培养理财意识

一、大学生消费现状

消费行为是指人们在日常生活（包括衣、食、住、行、劳务消费等）过程中，为了满足人们自身物质和文化生活的需要，根据其收入条件，取得消费资料并进行消费活动的总合。

（一）大学生消费行为的特点

1. 消费行为的个性化及从众性

大学校园里20岁左右的青年占绝大多数，他们站在时代前沿，追新求异，敏锐地把握时尚，唯恐落后于潮流，普遍追求独特、新奇、时髦的产品。他们希望以新异的消费形象，向社会展示自身的成长和成熟；通过消费上的新潮、时尚、前卫来表示自己青春的活力。"是否流行"紧随价格、质量之后，成为大学生考虑是否购买某种商品的第三大因素。

群体是具有某些共同心理特征的人的共同体。群体通过群体规范、群体评价等手段来实现对个体心理和行为的影响，大学生的消费行为在群体引力下形成的从众、暗示和舆论的影响下容易导致"消费潮汐现象"。其根源在于大学生高度一致的群体认同感，加上集体生活与通讯尤其是网络的普及，使大学生中信息的传递有着高度集中性。

2. 消费行为的冲动性和情绪化

由于大学生的思想情感，志趣爱好等并未完全成熟定型，因此特别容易受到周围环境和流行趋势的影响。据调查发现大学生购买日常用品时，约30%的人会因为喜欢尝试新品牌或受其品牌宣传的影响而更换品牌。购买前，大多数的大学生仅有大致的购买目标，具体要求并不明确，购买物品的时候不能明确清晰地提出所需购买商品的各项要求，只是漫无目的地观看或随便了解一些商品情况，碰到感兴趣的商品或被商品的外观所吸引刺激时，缺乏必要的考虑就很容易购买，随意性比较强。

3. 注重情感和交际性消费

当代大学生普遍认为，同学、朋友、师生的交往，谈恋爱，都离不开必要的经济支持。社会的个体有关于交往、归属和爱的需要，如需要朋友，渴望与他人建立感情联系，希望在团体中有一个位置，积极寻求社会认同感、群体归属感。这种需要促使当代大学生积极地通过物质、精神手段与外界紧密联系，从而形成了大学生交际性消费。而且很多大学生即便有可能面临收支不平衡的状况，也愿意借款以应对他们认为必要的情感消费。

4. 消费结构的多元化

消费结构一般是指维持生存的生存资料，满足享受的享受资料和促进自身提高发展的发展资料比例构成。大学生消费结构的状况一方面既与社会经济发展和人民生活水平的提高有关，另一方面也与大学生自身的文化修养的提高有关。近几年来大学生消费结构越来越呈现多元化的局面，享受资料支出比重日益增大。大学生们在选择消费品的时候经济方面的因素减少了，对消费品购买和更新速度加快。多数人认为大学生的消费结构是极其不合理的。

（二）大学生消费行为误区

当前大学生的消费现象，可谓多种多样，基本上可以概括为成熟与冲动同在、热情和冷静并存、人情消费渐增、攀比之风日盛。同样的，大学生消费主要存在以下几方面的误区：

1. 从众攀比性消费

从众，也就是俗语所说的随大流，是指在社会群体的压力下，个人自觉或不自觉地放弃自己的意见而采取与大多数人一致的行为。它表现在大学生的消费行为上特别明显。有的学生家境并不富裕，但看到别人有手机，有文曲星，也不管自己需要不需要，也必须拥有一个，而且型号要比对方新，功能要比对方强；别人过生日，下饭店，自己也不能落在人后，甚至档次还要升级；如果是谈恋爱，男生在女生面前更是以穿着讲究、出手大方来表现自己的"男子汉气概"。大学生中流行的新四件套：手机、银行卡、MP3和电脑。名牌服装上身，手提电脑随身，信息把握在手，创造未来人生，这已经成为大学生羡慕、模仿的对象。这些不顾财力，攀比消费、前卫消费的行为既给家庭增加了经济负担，又会对大学生的学习、生活和身心造成不良的影响。

2. 盲目性消费

绝大多数学生是第一次离开父母，第一次拥有了支配各种费用的权力，开始独立生活，不会理财、不会合理安排费用，在消费上没有明确的目标，出现了盲目片面的消费行为。比如一些同学追求物质享受，把钱花在吃喝玩乐上；一些同学成为网吧的常客；一些同学将大量的消费用于人际交往上。这些不合理的开销，多多少少都存在一些盲目消费的现象。

3. 负债性消费

随着我国市场经济的发展改变了大学生的消费观念，大学生的消费观念越来越超前。20年前的大学生崇尚"俭以养德"，但是80年代出生的大学生，则以负债消费为主流，目前在大学校园里有很多学生表示"敢用明天的钱"负债消费。在"潇洒消费——旅游，恋爱，昂贵消费——手机，电脑；暧昧消费——聚会，请客；个性消费——品牌服饰，化妆品"等高价消费之后，很多学生会掏空自己的腰包，随后的一两个月便以面包果腹。现在相当一部分大学生都是依赖父母，有钱就花、花完再要，花得心安理得。而"负债消费"使很多学生耽于物欲，轻则引起经济纠纷，重则引发动武斗殴，影响同窗友谊。

二、大学生理财存在的主要问题及原因

（一）大学生理财存在的问题

1. 支出没有计划，主观随意性强

用钱没有计划，糊里糊涂，控制不了自己的花钱习惯，导致每月的收支不能平衡，该节余的钱，不知不觉流失了。到学期末往往捉襟见肘，入不敷出，勉强借债度日，甚至有的学生刚刚收到汇款没几天，就又向家里要钱，钱花到了哪里也不清楚。

2. 消费结构不合理

大学生日常消费主要包括：① 饮食消费，它是大学生最主要的消费；② 学习消费，主

要是书报费、学习用品费、考证费和电脑消费等；③ 休闲娱乐消费，大学生日常休闲娱乐消费的名目繁多，如上网、唱卡拉 OK、看电影等；④ 人际交往消费，这种消费常见于同学之间；⑤ 服饰消费，许多大学生都比较注重自身的外表形象，在服饰方面有较大的开销；⑥ 恋爱消费，在谈恋爱的大学生中，恋爱消费是一笔较大的开销。大学生在消费心理和购买行为上，消费结构安排不合理，在休闲娱乐、人际交往、恋爱等方面消费较多，而在学习上的消费较少。

3. 消费缺乏理性

大学生心理承受能力弱，辨别能力有限，容易受到外界因素的干扰，没有稳定的道德观念和价值判断。

4. 个人理财目标与理财规划不明确

大学生消费和投资随意性强，容易随波逐流。虽然想理财的愿望十分强烈，对理财知识的学习也兴趣浓烈，可是究竟该如何理财，即使是一些经济类专业的大学生，多数人仍是懵里懵懂。这是因为缺少了最关键的一环——理财规划和人生设计。大学生理财规划意味着通过财务资源的适当管理来实现个人生活目标的过程，是一个为实现整体目标设计的，统一的、互相协调的理财规划。

（二）大学生理财存在问题的原因分析

1）受中国传统文化对理财思想和行为的狭义观念的影响，社会上理财教育活动的开展严重滞后。千百年来，人们耻于言利，片面追求伦理道德、个人品德修养。主流传统文化对金钱、财富、商业行为一直采取贬抑、鄙视的主观态度，这种根深蒂固的传统思想严重束缚了人们对正当利益的追求，也极大地削弱了人们进行理财教育的积极性。

2）社会环境对大学生理财的不利影响。社会上一些商家利用大学生不成熟的消费心理，投其所好，专设赠品或给抽奖机会以吸引大学生；网络、电视、报刊等媒体铺天盖地的广告轰炸，使大学生眼花缭乱。另外，社会上的一些腐败现象，如请客送礼、吃喝玩乐、走后门等现象对大学生的消费行为也产生了一定的不良影响。家长不成熟的理财教育观念歪曲了大学生的理财意识，误导了其消费行为，使得大学生在校园内很难接受科学的理财观。现在的家长在其青年时期从未接受过理财教育，其理财认识和理财经验多数是在成人后"自学成才"的。因此，他们认为小孩长大后需要理财时自然会形成，对后代的理财教育没有必要。这种意识和行为严重贻误了理财教育的最佳时期。

3）大学生自身理财知识与能力缺乏。理财知识对大学生的消费有着重要的影响。理财意识薄弱是"乱"之根源，理财知识的匮乏是大学校园乱消费的主要原因。很多同学不知道自己需要什么，有时候往往管不住自己，过早地把生活费花在一些不需要的地方。对于可独立支配的这部分花费，不少大学生还是无法做到科学合理的安排，月初节余，月底拮据，几乎成了一种普遍现象。

（三）大学生开展理财教育的必要性

1. 提高学生的生活质量

"月初宽裕，月底拮据"几乎成了大学生生活中一种普遍的现象，虽然这其中有部分大学生没有经济负担、家庭供给有保障的原因，但对自己可独立支配的这部分花费，无法做到科学合理的安排也是主要原因之一。由于大学里这样的课程很少甚至没有，家长又不在身边，辅导员也不会事无巨细地去管，在经济方面同学的交流也不是很多，理财只能靠自己在生活中去悟。由此可见，有意识地培养学生的理财能力，从短期效果看是养成学生不乱花钱的习惯，从长远来看，将有利于学生及早形成独立的生活能力，使其在高度发达、快速发展的时代中，具有可靠的立身之本。

2. 促进大学生综合能力的提高

在现代生活中，理财能力已被视为生存能力的重要组成部分，是当今社会每一个人必须具备的基本素质，直接关系到人的发展和其一生的幸福。具备一定的理财能力就要求理财者必须具备良好的管理能力、沟通能力、决策能力、规划能力、计算能力等综合素质能力。因此，在大学生具备了较高的文化素质、专业知识与技能教育的基础上，开展理财教育，可以促进大学生综合能力的提高。

3. 有利于培养大学生的创新能力

所谓创新能力就是人们产生新认识、新思想和创造新事物的能力，是一个人综合能力的具体体现。这种能力的获得，仅靠专业知识的学习远远不够。在理财教育与实践中，让学生独立运用自己的专业知识、智慧，启迪学生突破传统的分析范式，增强并提高解决问题的能力与效率，看到自己的力量，可以为创新能力的培养提供动力。

21世纪的社会是知识经济社会。懂科学、会管理、善理财是发展经济的基础。财商已成为继智商、情商之后又一被广泛认同的现代社会人的基本素质之一。大学生学会理财与大学生掌握科学文化知识一样重要，应该成为大学生的一个生存必备的技能。探寻大学生理财教育体系构建，提高大学生的"财商"，使他们在具备较高的文化、科学和道德修养的基础上，学会对"金钱"进行经营管理，使个人和家庭财务处于最佳运行状态，提高生活品位和质量，可以使大学生受益无穷。

财商的形成、培养与提高，既取决于一个人的先天禀赋，更依赖于其后天的教育培训。因此，高等教育在注重专业技能的教育与培训的同时，也应留有一定的时间来充实学生的理财知识，培养他们的理财技能。

三、大学生如何理财

大学生要树立正确的理财观念，学会理财，必须提倡艰苦奋斗、勤俭节约，树立科学的消费观。

积极学习科学合理的理财观念，培养良好的理财习惯对当前大学生来说是有必要的，但与此同时，大学生也不能忘记一个前提，就是不能影响自己的学业与课程，不能过度沉迷于理财与投资。另外，就是要做好理财的心理准备，理财并不像很多大学生所想的一样是一夜暴富或一劳永逸的，理财需要付出长期的艰苦努力，需要极大的耐心和毅力。

具体来说，应该做好以下几点。

1) 学会记账，掌握手上钱的来龙去脉。理财最基本、最有效的方法是记账。通过记账，能知道自己收入、花销状况和结余状况。通过记账可以从每个月的开销中总结出各项开支的比例和一些根本不必要花销的项目，对不合理的花费有监督的作用，从而在今后的日子里加以改善，这样一来，不必要的花销将逐渐减少，最终做到开支有计划，节省费用。通过记账，还能制定下一步的投资计划，如购买书籍等。坚持记账的人对自己的开销结构一目了然，懂得合理安排自己的钱财。

2) 对个人收入作好安排，做到合理有效。当前，由于政府扶贫力度加大，高校的助学金比例和资助金额越来越大，奖学金的设定金额也逐年提高，大学生勤工俭学的形式和途径越来越多样化，越来越多的大学生积极参与勤工俭学。大学生的个人收入由原来的父母供给的单一来源向收入来源多样化转变。如今，大学生的个人收入包含父母供给的生活费，学校提供的奖、助学金，以及大学生自身通过勤工俭学挣来的工资等。大学生应当合理使用和安排个人收入，将之用于生活或学习方面，而不应该用于请客送礼或购买用处不大的东西上。大学生应养成良好的储蓄习惯，把个人收入用于普通开销的结余存入银行，以备不时之需，也为将来购买书籍、考研、报辅导班、实习、找工作等准备必要的资金保障。

3）学会正确区分什么是必需品，什么是可有可无的。在当今经济全球化与后现代消费社会的背景下，消费结构呈现多层次和多元化的特点。由于广告、传媒等效应，外来消费文化纷繁复杂，消费的价位远远超出实际需求的满足。商品的品牌效应和奢侈品消费已被许多年轻人所推崇。而大学生作为年轻一代受到现代消费思潮的深远影响，其消费具有从众性、时尚性、易受暗示性、攀比性、个性化等特点，他们对必需品和非必需品的区分相当模糊。因此，大学生要树立科学的消费观，明确自己在大学期间生活与学习必需品的范畴，抵制各种优惠促销的诱惑，购买商品或服务时应该多考虑其实用价值，而不应只为了品牌或个性。

4）要合理使用信用卡，避免当"负翁"。现如今，使用信用卡消费已成为一种时尚，但是并非人人都适合使用信用卡，特别是对花钱自制力较差的大学生来说，使用信用卡需要慎之又慎。先消费后付款的消费方式，加上在刷卡过程中没有现金支付的感受，往往很容易引起过度消费。因为大学生控制自己消费的能力较差，一不留神，信用卡就会透支。由于没有固定的经济来源，一般不易及时还款，可能造成没有必要的利息损失，甚至出现巨额透支，造成财务危机。贷记卡的透支功能也要慎用，因透支不但攒不下钱，而且成了"负翁"，其后果可能影响自己的信用度，这将得不偿失。

5）在保证学业不受影响的情况下，参加勤工助学活动或者寻求兼职。这些活动一方面培养了大学生的社会适应能力，另一方面还会带来一定的收入。这些活动或兼职有家教、撰稿、家庭教师、翻译、推销等。值得说明的是，好好学习，获得学校的奖学金，也是一笔收入。

6）要用好助学贷款。现在，很多家庭困难的大学生，都面临申请助学贷款的问题。助学贷款一般有两种，一种是国家助学贷款，对经济确实困难的学生，经学校和银行等部门的审批，政府给予贴息贷款。贷款利率比市场利率更优惠，这样既可以减轻家庭负担，又可以培养自己的责任意识，不过要记得按约定偿还，因为是否守信履约，将被收录进个人信用档案，如果信用记录好，这还会为大学生日后走进社会积累一定的信用资源。另一种是商业性助学贷款，由家长提出申请，只要符合银行的贷款条件，就可获得贷款。因此，用好助学贷款是大学生理财的重要实践之一。

7）未雨绸缪。大学生一般都有公费医疗，但是大部分学校的公费医疗都只给学生报销70%。大学生的日常活动非常多，如各种体育运动、外出游玩，所以潜在意外风险很大。建议大学生们为自己上一份意外伤害险和意外医疗险，作为公费医疗的补充，一旦出现意外情况，可以得到一些补助。而且意外险的费用很低，每年保费只有一百元左右，几十块钱的保费就可以保一万块钱的额度，只是一点点零花钱，就可以保一年的平安。

第四节 做网络的主人

一、大学生沉迷网络的心理原因

网络是一把双刃剑,正确地利用网络,可以促进大学生提高素质,学习进步;沉溺网络,则会对大学生的成长造成不良的影响。

(一)沉溺网络对大学生成长的影响

网瘾有什么特征呢?怎样判断是否上网成瘾?网瘾有其独有的特征,综合网瘾专家的研究,上网成瘾者主要有以下特征:①上网使其社交、学习、工作等社会功能受到严重影响;②使用互联网逃避现实问题;③向别人隐瞒互联网的依赖程度;④耐受性增强,即上瘾者要不断增加上网的时间才能获得和以往一样的满足感;⑤出现戒断症状,如果一段时间(从几小时到几天不等)不上网,就会变得焦躁不安,不可抑制地想上网,时刻担心自己错过什么;⑥上网频率总是比事先计划的要高,上线时间总超过预期计划;⑦企图缩短上网时间的努力总是以失败告终;⑧花费大量时间在与互联网有关的活动上,比如安装新软件、整理和编辑下载的大量文件等;⑨虽然能意识到上网带来的严重问题,仍然继续花大量时间上网。

网瘾判断标准可从上述的特征着手,第一条成立,而且其余特征中的三条成立,基本可以确定个体为"网络成瘾"。然后可以进行进一步的测试,测试可用"互联网相关成瘾行为量表"等进行,以验证和了解个体成瘾的程度,从而采取必要的对策。

正如"水能载舟,也能覆舟"一样,任何事物的发展都有两面性,网络在丰富大学生课余生活的同时,随着越来越多的青少年大学生逐渐接触和深入网络空间,他们往往不能正确的利用计算机网络,沉溺于网络游戏、网络小说、网络交友等虚拟的网络空间不可自拔,极大的妨碍了大学生的健康成长。具体表现在:

1. 世界观、人生观、价值观的偏离

网络信息时代信息的无限传播,给"黄、赌、毒、邪"等腐朽落后文化和有害信息的传播提供了便利,使得一些消极的、腐朽的、落后的东西沉渣泛起。大学生正值世界观、人生观、价值观趋于形成的阶段,是容易被外界不健康、庸俗的东西所感染的群体,容易受到侵蚀,甚至导致个别大学生网络犯罪。

2. 学业的荒废

网络为大学生提供了求知和学习的广阔园地,利用网络可以查找各种学习资料;网络为大学生提供了获得各种信息的新的渠道,利用网络可以找到各种实践、兼职、打工、招聘的信息;网络为大学生架起了交流和沟通的桥梁,利用网络可以认识、结交更多兴趣相同、拥有共同语言的全国各地、各高校的朋友。

但是在大学阶段,学生的首要任务还是刻苦学习专业知识,应该把绝大部分精力投入到学习中来。网络只应该成为大学生成才的辅助工具和课余生活的调剂。据一项调查表明,大学生上网主要用于聊天者占34%,用于玩游戏者占28%,主要用于查资料者只占30%,其他占8%。也就是说，上网的大学生中62%的学生在网上从事的是与学习、工作无关的活动，他们利用网络主要是为了娱乐和消遣。这些学生中部分学生缺乏自我控制的能力，不能把握网络娱乐的尺度，沉溺其中不能自拔。开始他们只在课余时间去网吧上网，慢慢地开始逃课，去网吧包夜，通宵达旦的上网，导致上课精神恍惚，精力不集中，有的学生干脆完全不去上课，整天泡在网吧，数日不见人影。有些学生甚至把父母辛辛苦苦挣来的学费全部用来上网，令人痛心不已。这些沉浸在网络中的大学生，把父母、亲人、朋友的嘱托和期望抛到了九霄云外，把老师的话当做耳旁风，把学习抛在了脑后，以致最后留级，甚至退学，荒废了学业。

3. 能力的缺失

大学生各种能力的获得不是自发的，需要自己寻找机会，创造机会，把握机会，积极利用一切可以利用的机会，锻炼提高自己的才能，充分发挥自己的潜质。可以通过参加学生组织或参与班级的管理工作来锻炼自己的组织能力，增强团队合作精神，体会集体合作的重要性；通过参加各种校内、校外的活动、竞赛，开阔视野，拓宽知识面，也增强动手能力、实践能力和参与竞争的能力，为日后走上社会打下一定的基础；科学研究是大学的另一项主要任务，大学是一个创造新知识的场所，是科学研究的中心，学生可以通过参与科技创新的项目的研究或者各类设计比赛，锻炼实际的动手操作能力，很好的锻炼创造力、科技创新能力。然而那些沉迷于网络游戏、网络聊天、网络小说的大学生们，把全部的时间和精力都投入其中，丧失了很多可以锻炼自己能力的机会。他们痴迷于虚拟的网络世界，不关心学校组织的任何活动，更不会积极主动的去参与；平时懒得跟身旁的同学或者朋友交往、交流，更不愿主动和家长、老师交流，他们慢慢地被边缘化，在其他同学努力学习专业知识、技能，热火朝天的参加各种有益活动的时候，他们正坐在狭窄、拥挤的网吧里，专注在网络的游戏里冲锋陷阵，不亦乐乎。

4. 心理脆弱，逃避现实

心理学家把大学生在校期间的学习、生活分为"入学适应"、"稳定发展"和"就业准备"三个阶段，大学生的心理状况在不同阶段有所不同。入学适应是大学生迈进大学校门要经历的第一难关。随着从中学生活到大学生活的急剧变化，环境、人际关系、生活和学习方式都发生了很大变化。面对新的环境，新的同学，新的竞争，只有积极适应，才能顺利度过这一阶段。然而部分学生独立性差，生活自理有些困难；部分学生笼罩在过去的辉煌光环中，面对更优秀的对手，有很强的失落感；部分学生由于家庭、性格等原因，不能与同学和睦相处，有很强的自卑感等等。经过调整适应，大学生进入稳定发展阶段。这一阶段，大学生专业学习兴趣浓厚、求知欲强烈、兴趣广泛、思维活跃，对自我认识进一步深入，人际交往增多，一些大学生还建立了较稳定的恋爱关系。该阶段，是大学生大学生活最精彩的阶段，也是大学生发展成长的最重要的阶段。这个时期，大学生如饥似渴地学习专业知识、技能，广泛涉猎前沿知识，充实自己的头脑；积极参加各种活动，锻炼自己的能力。但是，这个阶段也会出现很多问题：学习上的困难，受到挫折的打击，恋爱的挫折、失败等。大三学生进入了就业准备阶段。这一阶段，大学生面临毕业设计、论文答辩、求职择业、恋人去向等诸多抉择和思考，因此心理压力和冲突将会不断涌现。大多数同学经过3~4年的锻炼，具备了良好的心理自我调控能力，但也有部分学生因在学业或求职中遇到挫折，悲观失望，产生种种心理问题。

这些由于学习压力、就业压力、恋爱等很多方面原因导致大学生出现的心理问题，大部分学生能够通过自己的努力来缓解这些压力，解决问题。但部分学生心理承受能力弱，逃避现实，不积极寻求解决问题的方法，转而投向计算机网络，通过游戏、聊天或者看小说来麻痹自己，沉溺于网络的虚拟世界，不愿面对现实生活，极大地影响了大学生心理的健康发展。

5. 对身体健康的消极影响

长时间坐在电脑跟前，极其影响身体健康，包括视力下降、整体体质下降。大学生还处在身体成长发育的关键时期，应该多参加体育锻炼，而长时间沉迷于网络，且不说电脑辐射的伤害，大脑神经持续处于高度兴奋状态，会导致体内激素水平失衡、免疫功能降低、视力下降、引发心血管、胃肠功能等各种疾病，对身体健康带来严重危害。

对计算机网络的沉溺，已严重影响了大学生的发展成长。

（二）大学生沉迷网络的心理原因

影响网瘾形成的因素是复杂而综合的，但概括起来造成沉迷的心理动因主要有以下几点：

1. 自尊因素

自尊即自我尊重，指既不向别人卑躬屈膝，也不允许别人歧视、侮辱自己。它是一种健康、良好的心理状态，是对自我的肯定。自尊较低的个体，会在网络上寻求他人的认可和自我肯定。个体往往通过网络游戏中的不断得分、在角色扮演游戏中和网友并肩作战得到网友的肯定，在讨论区发表信息获得网友的讨论或共鸣，或在虚拟社区中担任重要角色等方式寻求自尊的提升，从而诱发过度上网。过度上网又对学业成绩、人际关系产生负面影响，反而降低了自尊感和自我效能，形成恶性循环。

2. 孤独、社交因素

有孤独感、社交焦虑或社交缺陷的、缺乏社会支持、爱与归属感不被满足的同学，容易在网上寻求交往和情感的寄托。网上交流可以避免面对面的困惑，这种独特的方式提升了亲密感，可以使从未谋面的陌生人很快就成为知己。久而久之，个体会依赖网上虚拟的友谊，却失减了真实世界的社交活动，而使自己越发孤独。

3. 抑郁因素

抑郁指显著而持久的情绪低落。抑郁水平高的上网者，常常会借助匿名或虚构角色的方式和他人进行交谈，以克服日常生活中和他人交往时的困难，减少负向事件，并且避免触发抑郁感。抑郁，以及与抑郁有关的一些人格特征，如缺乏动机、寻求外界认可、害怕被拒绝等都常常是引发网瘾的因素。

4. 自控和认知因素

大学生正处于求知欲旺盛的时期，对外界的各种新鲜事物都充满了好奇，互联网上的信息对他们很具吸引力。同时，他们价值观和行为方式正在定型，生理上的成熟与心理上的不够成熟矛盾尖锐，会使其自制性和自律性不强，因而上网时难于抵制网络的诱惑。

5. 自我意识

大学生多是独生子女，自我意识强烈，追求独立个性，网络恰好提供了这样一个虚拟的空间。"在网络上人人平等，在匿名的保护下可以畅所欲言，不用担心受到什么审查，带来什么惩罚，而且观点越新、奇、特，可能得到的反响越大、回应越多。"网络成为学生心目中展现自我的好平台，同时也为成瘾埋下了种子。

二、合理利用网络，做网络的主人

网络是一把"双刃剑"。正像世上的万事万物都是相辅相成、不存在"有百利而无一害"的事物一样。就因为它的信息量太大，使得它包含了许多不可控制的因素。网上充斥着许多无效信息，信息垃圾成堆，内容五花八门。可以在以下几个方面对网络进行充分利用：

1）搜索有用的学习资料，并能进行有效的归纳与总结；

2）利用好QQ、MSN、电子邮件等常用的通讯工具，从而能与他人进行及时、有效的联系，但不要过度依赖和使用；

3）网络是学习外语的一个好平台。在互联网上，有不少优秀的外语类网站，其中，有丰富的文字、音频、视频信息，不仅是大学生获得信息的一个平台，也是学习外语的良好工具。

4）利用网络博客、微博等锻炼自己的写作能力，提高写作水平。

第四章
提升素质，培养能力

第一节 理想信念是航灯

一、理想信念的含义与特征

（一）理想的含义与特征

理想作为一种精神现象，是人类社会实践的产物。它是人的价值意识的最高形态，表现了人们在实践中形成的具有现实可能性的对未来价值目标的向往和追求，是人们的世界观、人生观和价值观在奋斗目标上的集中体现。因此所谓理想，是指人们在实践中形成的、有可能实现的、对未来社会和自身发展的向往与追求，是人们的世界观、人生观和价值观在奋斗目标上的集中体现。

1. 理想的特征

第一，超越性。理想是对现实的超越，它高于现实。理想是关于未来"应怎样"的设想，而现实是现在实际"是怎样"。事实与应当、"是怎样"与"应怎样"之间总是有一定的差距。理想是指向未来的价值目标，是现实生活中尚未存在的东西。人不仅生活在现在，而且生活在对未来的追求之中；人们根据自己对未来的设计蓝图不断地推动着现在的变化，改造着现实。理想以预见的方式反映未来，把握未来。因而，理想具有超前性，它高于现实，超于现实。这正是人高于其他动物之处。马克思曾指出，蜘蛛织网与工人的纺织相似，而蜜蜂建造蜂房的本领甚至使建筑工程师感到惭愧；但最蹩脚的建筑师也比最灵巧的蜜蜂更高明，因为建筑师在动手建造一个建筑物之前，已经先在自己的头脑中把它建成了。同时，与现实相比，理想是更为美好的。人们对理想的向往和追求，体现了人们对美好的向往和追求。而与理想相比，现实则显露出其缺陷。正因如此，理想对人们具有巨大的感召力，它吸引着人们通过自己的奋斗，不断地改造现实，从而推动了历史的进步。

第二，可能性。真正的理想，又需要具有实现即变成现实的可能性。理想是立足于现实基础之上，经过努力可能实现的志向和抱负。这是理想和空想、幻想的根本区别。空想也是人们对未来的一种想象，反映了人们所追求的一定目标。但它脱离实际，违背客观，因而是一种永远也不可能实现的主观臆想。幻想也是人们对未来的一种想象。有些幻想是不切实际的空想，有些则是符合现实发展要求的想象，如科学幻想，只是目前还没有足够的根据和实现的条件，一旦条件具备，就有实现的可能。所以，理想不是脱离实际违背客观的空想，也不是还没有足够条件和根据的幻想，而是立足于现实基础上、经过努力可能实现的志向和抱负。从这一意义上来说，理想又是以现实为基础的。贺麟先生说过，"离开现实而言理想，理想就会成为幻想和梦想，离开理想而言现实，现实就会成盲目的命运和冷酷无情的力量……事实上有许多人埋没在现实之中，为现实所束缚，作现实的奴隶，更有许多人，沉溺于幻想中，不认识现实，极力逃避现实。"因此，理想的形成，不仅体现了人们向往美好的情感，而且需要人们理性地认识现实的客观条件及其发展的规律和趋势，从而把自己的理想建立在现实的基础之上，使之具有实现的可能性。

第三，差异性。理想的差异性，或者说理想的多样性，首先是说在不同的社会生活中，在不同的历史阶段，人们会产生不同的理想。人的理想会随着社会历史的发展而发生变化。比如，中国古代儒家的社会理想，是一个君仁臣忠、父慈子孝、夫义妇听、长惠幼顺、亲亲尊尊、依礼而行的差序社会。封建士大夫向往的是升官发财，光宗耀祖；而劳动人民向往的是没有剥削，没有压迫的生活，"三十亩地一头牛，老婆孩子热炕头"的小农生活理想。而近代启蒙思想家的社会理想，则是一个自由、民主、平等、博爱的社会。其次，一个人在其人生的不同阶段，会产生不同的理想，并对自己的理想进行各种调整。一个人童年时期的个人理想也许是做一个歌唱家，到了青年时期其理想则可能变成了做一个文学家，成年以后，其理想可能又会变成要做一个成功的商人。不同的人会有不同的理想，同一个人在不同的阶段也会有不同的理想，这些都是正常的。

第四，实践性。真正的理想不只是对未来目标的主观想象，它要变为现实还要人们在实践中付出自己的主观努力。

2. 理想的本质

人生理想是一种主观意识，是人类所特有的一种精神现象，是人类区别于动物的重要标志。

3. 理想的类型

由于人的本质的社会性、人类社会生活的多样性以及人们对现实的认知和对未来想象的多层次性，人们对理想的追求表现在社会生活的各个领域和人类活动的各个方面。因此，理想又是多方面的、多类型的。从横向来说，可分为个人理想与社会理想，个人理想又可分为生活理想、职业理想与道德理想。从纵向来说，则又有近期理想与长远理想之分。

（二）信念的含义与特征

理想与信念是密切相关，相互依存的。理想是信念的延伸和体现，信念是理想的基础和支撑。信念是人们在实践生活中形成的建立在一定的认识和经验基础上的对某种观念和理想坚信不疑并身体力行的精神状态。

首先，信念具有复合性。信念是人的认识、情感、意志的复合体或统一体。一个人的信念首先是在一定的认识和经验的基础上形成的。这些认识和经验，可以是与他所相信的对象的认识和经验直接有关，也可能只是与他所相信的对象有间接的关系。而且，这些认识可能是正确的，也可能是错误的。同时，信念又不是单纯的认识现象，它还与人的情感因素密切相关，需要人的情感上的认同。特别是坚定的信念，往往伴随着强烈的情感。另外，信念和意志也不能分开。人的信念不是仅仅藏于内心深处的东西，它最终是通过行为和实践意志表现出来的。在信念的鼓舞下，人们的意志会更为坚强。

其次，信念具有稳定性。人的信念一旦形成，就会具有相当的稳定性，而不会轻易改变。因为，人的信念的形成本身，就不是一件轻易的事情，而是在人的长期生活实践过程中逐步形成的，其中积淀了一个人多年的人生经验，包含了社会环境对他的长期影响。而且，如前所述，一个人的信念不仅基于他长期的认识和经验因素，而且受制于其稳定的情感认同，并与他的生命意志和人格特点有着密切的关系；所以，一个人的信念形成以后，不会因为某个个别事件就发生改变。斯大林曾说过，手帕都不是轻易更换的，更何况人的信念呢！当然，信念的稳定性只是相对的，而不是绝对的。一般来说，经过时间和现实变迁的考验，一个人的信念会变得更为合理和坚定。

再次，信念具有科学性。科学信念与迷信之间的区别，主要是根据认识方面的差异来说的。科学信念是建立在关于对象的正确认识的基础上的，是有科学根据的信念。关于科学，我们可以从科学精神、科学方法、科学知识三个层面来理解。科学知识表现为一些概念、公式和定理，是科学的最表层意义。但我们一般人首先接触和了解的，正是这种知识意义上的科学。我们一般人谈到科学，也主要是指的科学知识。一般人对科学的重视，也首先是从重视科学知识开始的。科学方法则指的是人们进行科学活动的方法，也即人们研究世界，获得科学知识的方法。科学方法有一般科学方法与特殊科学的研究方法之分。不同学科、不同领域的特殊的科学研究方法是不尽相同的。比如，自然科学的研究方法与社会科学的研究方法就有不同。而最一般意义上的科学方法，可以说也就是理性的方法。比如观察、探索的方法，研究、思考的方法，判断、验证的方法等。而以上所说的每一个环节，又包含更多的具体内容。比如，研究、思考的方法，又有实验、统计、对比、分析、综合、归纳、演绎、假设等具体内容。科学精神，也就是理性精神，它包括尊重客观事实、实事求是的精神，理性怀疑、积极探索的精神，开放、宽容的精神。相比来说，科学方法比科学知识更重要，就像点金术比金子更重要一样；而科学精神又比科学方法更重要，就像灵魂比技能更重要一样。

而迷信的产生，则与人的认识理性的迷失直接相关，它建立在无知或错误的认识基础之上，是一种蒙昧的信念。关于迷信，可以从三个方面来说。首先，迷信是对某种神秘力量的崇拜。所谓神秘力量，可以是神或鬼，可以是领袖或明星，也可以是一条较为特别的蛇，或一棵较为特别的树，甚至可以是人们自己塑出来的一尊泥胎，或者仅仅是某些数字。人们把这些当做自己崇拜的偶像和权威，相信它们能够决定和支配人的命运，匍匐在它们面前，对它们既敬又畏。我们民间流行的根据生辰八字、星座、抽签、拆字等算命和占卜的做法，就是以对某种神秘力量的崇拜为思想基础的。所谓神秘力量，是因神而秘，还是因秘而神？迷信的人当然是说因神而秘，是因为它本身是神或具有神性，所以我们一般人才不能了解它，它才会显得那么秘。但我们也可以说是因秘而神，是因为我们并不了解它，它才显得那么神。爱因斯坦说，神秘感是科学与艺术的源泉。因为对世界的神秘感不仅使他对世界充满敬畏之心，也使他对世界的奥秘充满好奇，并时时触发着他的灵感。但对于迷信的人来说，神秘感只是使他匍匐在地，叩拜不已。其次，迷信是盲目的信。这种信，是基于一个人的无知和盲从，并未经过自己理性的怀疑、审察和验证，反而排斥人理性的怀疑、审察和验证。再次，迷信是偏执的信，即偏执偏信。迷信的人，大多固执己见，认为自己所信的是唯一正确的，缺乏宽容、开放和兼听则明的意识，听不进别人不同的看法和意见，甚至会表现出一些过激反应，显得狭隘而狂热，以至迫害异端。

这里，就表现出迷信者自身的内在矛盾。因为，既然所相信的东西是神秘的，也就是不可知、不可把握的，是一种说不清理由、甚至也根本不要理由的相信。但是，他却相信通过某种类似于巫术或幻觉的方式可以了解和把握那种神秘。

有很长一段时间，人们把迷信和封建连在一起，叫做封建迷信。然而，迷信并非封建社会的特有现象，而是存在于任何一种社会生活中，包括我们的现代社会；而且不仅是在农村，即使是在一些现代大都市里，都不乏迷信的人，只是有程度的差异和具体表现方式的不同。而且，在有迷信思想的人之中，既有老年人，也有年轻人，包括一些有高学历的知识青年，甚至一些专门从事科学技术工作的专业人士。这正是为什么我们说在科学的三个层次里，科学精神最为重要。因为如果忽视或者缺乏科学精神，一些具体的科学知识也可能被用来为迷信服务。实际上，迷信的宣传者也会常常利用一些具体的科学知识作为装潢，来赢取人们的信任。从根本上说，人的迷信不是由于缺乏科学知识，而是由于缺乏科学精神。当然，与一个人掌握科学知识的多少也有一定的关系。但如果仅从科学知识的角度说，我们需要懂得多少科学知识才能避免陷入迷信的泥潭呢？在科学已经高度专门化的今天，我们一般人只有一些常识性的科学知识，某一专门领域的科学专家除了一些常识性的科学知识之外，还懂得一些专门性的科学知识。而不同领域的专家懂得不同领域的专门性的科学知识，一旦超出其特定的专业领域，这些专家和我们一般人在一般科学知识方面并没有太大的差别。我们可以设想一个科学知识最为丰富的科学家（科学泰斗），他仍然会有所知、有所不知，而不会无所不知。因为，现代科学虽然已经很发达，但仍有许多问题是未知的或未被证实的，科学知识总是不断发展的。仅从科学知识的层次来说，迷信总是有空子可钻的。所以，科学知识的多少虽然也重要，但问题的根本在于是否具有科学精神。要驱除迷信，最重要的是在社会上弘扬科学精神。

另外，信念具有崇高性。崇高信念与卑劣信念之间的区别，则主要是根据情感和价值方面的差异来说的。比如，有人信奉"人为财死，鸟为食亡"，还有人信奉"宁要我负人，不可人负我"，如此等等，都可以说是卑劣的信念。信奉卑劣信念的人，常常"以小人之心度君子之腹"，不相信人世间还有真正的君子，不相信会有人真正为别人着想，甚至为了帮助他人而自己做出巨大的牺牲。在他们眼里，即使有人做好事，那人也是别有所图。这些卑劣的信念，成为一些人自私自利、损人利己的行为根据。

崇高的信念，则是对崇高理想的信奉。具有崇高信念的人，虽然也知道在现实生活中既有君子，也有小人；既有真君子，也有伪君子；既有温情脉脉，也有冷酷甚至罪恶；总之，既有真善美，也有假恶丑。但他们相信，正义终将战胜邪恶，他们知道现实并不理想，但他们不会动摇对理想的追求，执着于改造现实、实现理想的奋斗。贺麟先生曾议论道："试看孙中山先生，从前被政客军阀欺骗了多少次，然而适足以反证其为大智大仁。曾国藩说：'与其见得天下都是坏人，不如见得天下都是好人，存一番熏陶玉成之心。'对于自己的灾难祸殃，困苦颠连，都抱一种'玉汝于成'的看法。"具有高尚信念的人，才会有高尚的行为。

人的理想与信念需要互相支持，有美好崇高的理想追求的信念才是有价值的信念，而有坚定信念支撑的理想才能产生巨大的能量。

（三）信仰是信念的升华

美国诗人惠特曼说："没有信仰，就没有名副其实的品行和生命；没有信仰，就没有名副其实的国土。"

随着社会的发展和全球化进程的不断加深，信仰问题越来越为人们所关注。在许多欧美人那里，信仰与宗教密不可分，特别是与他们的基督教连在一起。在他们眼里，我们中国人大多是没有信仰的。在我国学术界，信仰被理解为"对某种宗教或主义极度信服或尊重，并以为行动的准则"。信仰是信念的一种特殊的、强化的、高级的形式。

作为信念的一种特殊形式，真正的信仰是与崇高和神圣连在一起的，是对于崇高和神圣价值的信念。神圣是人们追求的一种崇高的价值。这种神圣的、崇高的价值，从道德价值来说是完善的，从审美价值来说是完美的，从功利价值来说是完满的，或者说充分自由的。这种完善、完美、完满、自由的神圣价值，在基督教神学那里通过上帝和天堂表现出来，在无神论那里则通过一种理想境界或神圣人格表现出来。

宗教的价值和意义，在于其精神，即一种追求真善美的精神，一种追求崇高理想和神圣价值的精神，这正是人需要有的精神。所以，真正的宗教精神，是对于崇高理想和神圣价值的信仰，而不在乎他是否崇拜某个已经被偶像化的神灵。有神圣感就会有敬畏感。

梁启超曾说，"信仰是情感的产物，不是理智的产物。"这太绝对了。我们可以说，对于信仰，情感也许起着更大的作用。一种神圣的价值理想，之所以能够为人们想象出来并信仰之，首先是因为人们向往它，爱它，甚至渴望它，希望它存在。但要保证人们所信仰的是真正的神圣价值，必须诉诸人的理性。人的理性，既体现在认知的过程中，也体现在评价的过程中，在价值观念和信仰的问题上，发挥作用的主要是人的评价理性。理性的评价要以理性的认知为基础，或者说，评价理性中也有认知的因素，但又不同于一般的理性的认知。

对于一个人来说，信仰是重要的，信仰的力量是巨大的。而实际上，人的信仰的力量归根到底是人的精神的力量。

二、理想信念对大学生成长成才的重要意义

（一）理想信念的作用

1. 崇高的理想信念为大学生创造有意义的人生指明了奋斗目标

我们知道，人的生命是有限的。要使有限的人生过得有意义，就必须具有明确的人生奋斗目标，并且在这一目标的指引下沿着正确的道路前进。所以，人生的目标问题解决得如何，对人的一生具有决定的意义。古往今来，凡是有作为的人无不注重人生理想即人生目标和志向的确立。许多事实证明，理想一经确立，就可以使人方向明确，少走弯路，不致盲目、迷惘和空虚。而如果缺乏崇高理想或者没有理想，就会像失去航标的无舵小船，在生活的海洋里随波逐流，不是被大浪撞毁在礁石，便是被潮水搁浅在沙滩。

2. 崇高的理想信念为大学生人格和道德的完善提供了精神支柱

人不仅有自然属性，还有精神属性和社会属性，因此，人不仅需要物质享受，而且还要有充实的精神生活。如果没有充实的精神生活，纵然有丰裕的物质生活，也不会感受到人生

的真正意义。而精神生活的充实，很重要就是表现在有理想。理想是人生的精神支柱，是人区别于动物的重要标志。如果一些人仅从自然的生理需要出发，沉湎于物质享受，饱食终日，无所用心，那就把人降低到了一般动物的水平。可见，人是要有点精神的。有了精神和理想，人的思想境界、精神面貌、情操志趣、生活态度和生活质量就会大不相同。人如果有崇高的理想作为自己的精神支柱，就不会被生活中的一些消极现象所迷惑，就不会被前进中的一些暂时的困难、挫折所压倒；就能始终以坚定的信念、高昂的热情和旺盛的斗志奋勇向前；就能在道德发展的阶梯上不断攀登，成为一个道德高尚、人格完美的人。

3. 崇高的理想信念为大学生实现人生价值注入了巨大动力

伟大的人生源于伟大的目标，伟大的目标产生伟大的动力。有位心理学家曾提出过一个著名的公式，即动力＝目标价值×期望概率，形象地揭示了个人拼搏的动力与理想之间的正比例关系。当一个人为了具有巨大目标价值的理想而奋斗时，就会产生强大的内在动力。反之，如果目标价值不大或期望概率较低，就会因丧失信心而缺乏动力。历史上，凡是为人类进步事业做出贡献的人，无一不是胸中燃烧着崇高的理想，受崇高理想所鼓舞、所激励。

（二）理想信念与大学生

当代大学生肩负着祖国和民族的希望，承载着家庭和亲人的嘱托，满怀着对未来美好生活的向往。同学们在大学期间，不仅要提高知识水平，增强实践才干，更要坚定科学、崇高的理想信念，明确做人的根本，这对于同学们成长、成才具有重要的意义。

1. 引导大学生做什么人

人的理想信念，反映的是对社会和人自身发展的期望。因此，有什么样的理想信念，就意味着以什么样的期望和方式去改造自然和社会、塑造和成就自身。在有理想、有道德、有文化、有纪律的"四有"新人的目标中，"有理想"具有更加突出的位置，这表明理想信念与成为一个什么样的人关系重大。在大学阶段，"成为一个什么样的人"是同学们在学习生活中会时时面对的人生课题，只有树立起高尚的理想信念，才能够很好地解答这一重要的人生课题。

2. 指引大学生走什么路

大学时期，同学们都普遍面临着一系列人生课题，如人生目标的确立、生活态度的形成、知识才能的丰富、发展方向的设定、工作岗位的选择，以及如何择友、如何恋爱、如何面对挫折、如何克服困难等等。这些问题的解决，都需要有一个总的原则和目标，这就要确立科学、崇高的理想信念。大学时期确立的理想信念，对今后的人生之路将产生重大影响，甚至会影响终身。因此，同学们应当高度重视对理想信念的选择和确立，努力树立科学、崇高的理想信念，使将来的人生道路越走越宽广，让宝贵的一生富有价值，卓有成就，充满自豪。

3. 激励大学生为什么学

对当代大学生而言，为什么学的问题，是与走什么路、做什么人的问题紧密联系在一起的。全面建设小康社会和实现社会主义现代化的艰巨任务需要同学们努力学习，中华民族伟大复兴的历史使命需要同学们努力学习，个人的成长、成才也需要同学们努力学习。大学生只有树立崇高的理想信念，才能明确学习的目的和意义，激发起为国家富强、民族振兴和自身成才而发愤学习的强烈责任感与使命感，努力掌握建设祖国、服务人民的本领。同学们不论今后从事什么职业，都要把个人的奋斗志向同国家和民族的前途命运紧紧联系在一起，把个人今天的学习进步同祖国明天的繁荣昌盛紧紧联系在一起，使理想信念之花结出丰硕的成长之果。

三、树立建设中国特色社会主义的理想信念

人的本质是对于生命意义的探索，是人的精神性的彰显。"而人的精神性及其在生活中的实现，其实质或核心乃是一个精神家园的寻找问题——所谓精神家园也便是人所确信不移的精神努力目标，是人的终极关怀，是被人认作自己生存之根本的精神理想。"可见，理想信念是人的价值生活或意义生活所不可或缺的精神动力，没有理想信念的人就像是没有灵魂，没有灵魂的人就会产生一种"空无感、疏离和价值无根感"，精神上就会无所寄托，只能去寻求纯粹的物欲满足，因而不能称之为一个完整意义上的理性的人。树立了正确的理想信念的人，就有了人生的航标和方向，能够不断地引领着自己一步步驶向人生的真谛。因此，加强大学生对理想信念教育重要性的认识，是促成其树立正确的人生观和价值观的前提。作为当代中国的一个大学生，要把自己的成才与国家的富强、社会的发展结合起来，需要强化自己的信念系统，使之成为自己奋斗的动力。

（一）树立中国特色社会主义的共同理想

1. 坚定对中国共产党的信任

中国共产党是中国工人阶级的先锋队，同时是中国人民和中华民族的先锋队，是中国特色社会主义事业的领导核心。中国共产党的领导地位是历史形成的，是中国人民在长期艰苦斗争中的正确选择。中国共产党勇敢地担负起实现中华民族伟大复兴的庄严使命，党团结和带领全国各族人民完成了民族独立、人民解放的历史任务，为实现民族复兴奠定了最重要的基本前提。

2. 坚定走中国特色社会主义道路的信念

社会主义制度在我国的建立，实现了中国历史上最广泛、最深刻的社会改革。新中国成立后，中国共产党带领全国人民在建设社会主义的道路上进行了开创性的、艰辛的探索，取得了巨大的成就，积累了丰富的经验，也遭遇了这样那样的挫折，付出了沉重的代价。党的十一届三中全会以来，中国共产党总结我国社会主义建设的经验教训，形成了建设中国特色社会主义的理念，开创了建设中国特色社会主义的道路。改革开放以来，我国经济社会发展所取得的辉煌成就雄辩地证明，中国特色社会主义符合中国国情，符合全国各族人民的利益，是中国发展、走向富强的必由之路。社会主义制度在我国的确立，开启了在社会主义道路上实现中华民族伟大复兴的历史征程。党的十一届三中全会以后，我们找到了建设中国特色社会主义的道路，实现民族伟大复兴的事业获得了新的强大生机。

3. 坚定实现中华民族伟大复兴的信心

信心也是一种信念，即事业必胜的信念。对共产主义的信念和信仰中，必然包括对于我们现实的社会主义建设事业，特别是中国特色的社会主义现代化建设事业的信心。中华民族曾经在古代有过很多的辉煌，也曾经在近代有过极大的屈辱。中华人民共和国成立后，在探索建设社会主义道路的过程中有过成功，也出现过失误，走过一些弯路。经过新中国成立60多年特别是近20多年的发展，我国社会主义建设取得了举世瞩目的巨大成就，多年保持

发展速度在全世界前列，我们的综合国力有了很大提高。现在，全国人民在中国共产党的领导下，正在为建设全面小康的和谐社会，实现民族复兴与和平崛起而努力奋斗。民族伟大复兴需要一代代中华儿女前仆后继、共同奋斗。当代大学生，要树立为祖国繁荣富强贡献青春力量的远大志向，在为实现中华民族伟大复兴的奋斗中谱写壮美的青春之歌。

（二）确立马克思主义的信念

1. 强化马克思主义理论信念

马克思主义既是关于人类社会发展规律的科学，又是工人阶级和人民群众争取自身解放的思想体系。马克思主义的唯物史观，从人类物质生产方式的辩证运动的规律中，发现了人类从原始社会向社会主义、共产主义社会演进的历史规律，证明了社会主义、共产主义不只是人们道德情感的产物，而且是人类生产方式运动的必然结果。马克思主义的政治经济学说，特别是剩余价值学说，科学地揭示了资本主义生产方式矛盾对抗的本质，揭示了资本家阶级与无产阶级矛盾对抗的本质，从而作出了资本主义必然灭亡，社会主义必然胜利的科学结论，找到了资本主义的掘墓人——无产阶级，找到了实现这一使命的道路——无产阶级革命和无产阶级专政，并且科学地预测了社会主义社会和共产主义社会的基本条件与基本特征，指明了人类历史必然走向社会主义并最终走向共产主义的发展大趋势。同时，马克思主义还是一个开放的、发展的思想体系，是与时俱进的，随着社会实践的发展而不断丰富着它的内容。所以，我们应该把坚持马克思主义与发展马克思主义结合起来。

2. 强化共产主义理想信仰

在马克思主义的三个组成部分中，哲学是世界观和方法论基础，政治经济学是实证内容和论证，而科学社会主义则是价值追求和理想目标。科学社会主义理论指出了社会主义代替资本主义的必然性，并把实现共产主义作为最高的理想。共产主义社会不只是一个物质财富高度丰富的社会，而且是一个人们的精神境界极大提高，人人得以自由、全面发展的社会。用马克思、恩格斯在《共产党宣言》中的话来说，共产主义社会是这样一个自由联合体，在那里，每个人的自由发展是所有人自由发展的条件。同时还应确认，这一运动过程中，共产主义是我们的最终目标，而建设具有中国特色的社会主义是我们当前的现实目标。江泽民同志指出："一个政党的纲领就是一面旗帜。在革命、建设和改革的各个历史阶段中，我们党既有每个阶段的基本纲领即最低纲领，也有确定长远奋斗目标的最高纲领。我们是最低纲领与最高纲领的统一论者。"失去了对共产主义的信仰，忘记了远大理想而只顾眼前，就会迷失前进的方向；而脱落现实的工作，空谈理想信仰，则会脱落实际。所以，我们应该把共产主义的理想和信仰与建设富强、民主、文明、和谐的中国特色社会主义社会结合起来。当然，在我们的前进过程中，会遇到许多的艰难和曲折，但我们不能因此而动摇对共产主义的信仰。必须认识到，共产主义不只是一个美好崇高的理想目标，而且是一个现实的社会实践运动。正如《关于进一步加强和改进大学生思想政治教育的意见》中提出的要以理想信念为核心，深入进行树立正确的世界观、人生观和价值观的教育。要坚持不懈地用马克思主义、毛泽东思想、邓小平理论、"三个代表"重要思想和科学发展观等武装大学生，使大学生确立在中国共产党领导下走中国特色社会主义道路、实现中华民族伟大复兴的共同理想和坚定信念，使他们中的先进分子树立共产主义的远大理想，确立马克思主义的坚定信念。

(三) 大学生应树立崇高的理想

1. 立志当崇高

古往今来，无数事实证明，在青年时期确立起崇高的志向是此后事业成功的关键。当代中国的大学生在确立自己的理想志向时，不能脱离当代中国的社会现实。建设有中国特色的社会主义，这是当代中国最大的现实，也是中国人民共同的社会理想。在这个大的社会理想的框架之中，每个人可以根据自己的特点和需要，形成自己在生活、职业、道德等方面的个人理想。

2. 大学生应树立符合社会理想要求的人生理想

社会理想决定、制约个人理想，个人理想的实现有待于社会理想的实现。因此，个人理想的建立要以社会理想为导向，要同国家和民族的前途、命运相结合，同社会的需要和人民的利益相一致。

3. 大学生应树立符合自己实际情况的个人理想

要根据自己的实际情况和兴趣特长给自己定位，确定个人奋斗目标，既不能过高，也不能太低。

(四) 人生信仰的确立

信仰是人的最基本、最深刻的精神活动，体现着人对价值理想的建构或最高价值的承诺，融系着人对精神家园和终极关怀的寻觅，因而它在根本上影响人的精神生活和社会活动，凝聚或整合着人的世界观、价值观、人生观。

然而，信仰危机已被认为是现代社会普遍存在的基本问题之一，被视为一种"现代性"(modernity)现象。美国著名哲学家、神学家保罗·蒂利希认为："在我们时代，对怀疑与无意义的焦虑压倒了一切"。英国当代著名社会理论学家和社会学家安东尼·吉登斯指出："在晚期现代性的背景下，个人的无意义感，即那种觉得生活没有提供任何有价值东西的感受，成为根本性的心理问题。"现实或物化了的"实在"被理想化，而理想和精神（心灵）则被现实化和物利化。随着市场经济及其功利化价值取向的横冲直撞，伴随着"上帝死了，什么都可以做了"的呼喊声，人们冲破了所谓"传统道德"的束缚，涌入了一个多元价值观相互冲撞、道德理想被挤为碎片的所谓"后现代"的生活方式。虚无，迷惘，绝望，焦虑，没意思，荒诞性，反道德，无深度，熵增加，丧失自我，礼崩乐坏，垮掉的一代，中心解构，过把瘾就死……人们用很多新创的话语来描述"上帝死后"的世界。正如一位作家所说："人在谋杀上帝的同时，也就悄悄开始了对自己的谋杀。非神化的胜利，直接通向了非人化的快车道"。没有了信仰，就没有了终极关怀和价值根基。正如没有了道德信仰，道德丧失了存在的最终理由和精神支柱，道德的大厦就会倒塌，神圣和崇高就会遭到冷落乃至鄙弃一样。因而，如何整合人们信仰的碎片，如何支撑起人生价值大厦，就成为时代呼唤的一个最强音。

作为新世纪的大学生，承担着全面建设小康社会，实现社会主义现代化，振兴中华的伟任。与此同时，大学生们也在提升着自身的价值，而要达到这双重目标，没有崇高及坚定的信仰是不可能实现的。那么，如何确立科学正确的人生信仰？

1. 必须用知识武装自己

各种形式的迷信和盲从都以蒙昧为条件，科学文化越落后的地方，迷信和盲从就越严重。历史证明，科学知识是驱除非科学信念的强有力的武器，人们对自然规律和社会规律了解得越广泛越深入，那些无中生有的幻想、牵强附会的妄断、对外部力量的恐惧以及由此产生的毫无根据的迷信就会越少。只有用科学的知识武装头脑，才能有科学信仰充实心灵。同样，马克思主义信仰不会自发确立起来的，一个对马克思主义基本理论一无所知的人，是不可能对马克思主义极度尊崇和坚定不移的。因此，要确立马克思主义科学信仰，就必须懂马克思主义，认真地学习马克思主义。那些根本不懂马克思主义而又轻言"马克思主义过时了"的人，是极其浅薄与无知的。

2. 必须大力提倡积极思考，反对盲目崇拜

积极的思考是科学信仰形成和发展的重要条件。社会主义、共产主义学说的形成，是马克思、恩格斯积极参加革命实践的结果，也是他们积极思考的结果，是艰苦脑力劳动的结果。同时，科学的信仰又为积极思考提供正确的价值取向。因此，科学信念是与积极思考有机统一的，没有经过自己的思考确立起来的信念往往是不牢靠的。这种思考是要掌握科学的方法与观点。马克思主义的实事求是的思想路线、实践的观点、辩证的观点、发展的观点、群众的观点和具体问题具体分析的方法，是我们观察、思考的最好思想武器和方法论。

3. 确立科学信仰的最根本的途径是社会实践

社会实践是信仰建立的最深刻的基础。信仰的性质、信仰的强度、稳定性以及建立信仰的方式，都跟社会实践的具体状况密切相关。正如实践是检验真理的唯一标准，对信仰科学性的鉴别和对既定信仰的反思，也只能在社会实践的背景下展开，并由实践提供鉴别和反思的标准。只有在实践中不断获得对真理的肯定性体验，对真理的情感深入才能完成，从而使真理性认识深入人心，成为坚定不移的信仰。马克思主义不是封闭的思想体系，而是在实践中不断发展的开放体系。我们确立马克思主义的信仰，并不是把马克思主义作为教条和口号，而是要运用马克思主义来探索和解决中国社会的实际问题，解决人生发展中的现实课题。信仰马克思主义，不仅是坚持马克思主义，而且要在实践中发展马克思主义，丰富马克思主义。

应当知道，确立科学信念不是一蹴而就的事，也不是一劳永逸的事，它是一个漫长的追求真理的过程。它不仅需要知识、需要思考，更需要有在实践中探索真理、坚持真理的勇气与大无畏的精神。人生需要理想，人生更需要信仰，愿我们每个大学生都能确立起崇高的信仰。

第二节　团学活动是舞台

大学生要积极参加团学组织的活动，在活动中提高自己各方面的素质，锻炼自己的能力。

一、班委会工作职责

班委会是学生班级教育和管理的基层组织，是班级集体工作和活动的基本单位。班委会贯彻执行党的路线、方针、政策，在辅导员和班主任的帮助、指导下开展工作，班委会接受系团总支的领导，它由班级全体成员通过民主投票选举产生，一般设班长、学习委员、生活

委员、卫生委员、体育委员、文艺委员等职务。根据各班具体情况，班委会每年进行一次换届选举。其职责如下：

1）全面负责本班的日常工作，处理班内日常事务。
2）配合团支部做好本班同学的德、智、体全面教育工作，积极有计划地促进本班的不断发展。
3）传达并执行院系各部门的指示、决议。
4）根据院系制定的工作计划，结合本班的实际情况，制定每学期的工作计划，上报系团总支批准后监督执行。
5）搞好班风、学风建设，并引导同学加强自身素质建设。
6）积极组织开展各种有意义的活动，丰富班级生活，陶冶情操，增强同学们的集体荣誉感和集体责任感。
7）引导同学们加强精神文明建设，使同学们注重品德修养，自觉提高自身素质。
8）制定班内各项规章制度，包括班级建设、集体活动、早操、卫生、记录自习和课堂考勤及纪律等，引导本班同学增强纪律观念，自觉遵守各项规章制度。

二、团支部工作职责

团支部是团的最基本的组成单位，支部委员会由本支部大会选举产生。

团支部委员会是团支部大会团会之间的领导机构，它按照支部大会决议的精神和团的有关规定负责团支部的日常工作，有针对性、创造性地教育广大团员青年并团结带领他们为实现党的中心任务、完成学校各级组织所分配的工作而努力奋斗。

团支部委员会作为团支部的核心，其基本职能是：

1）带头学习党的各项方针政策，了解国内外大事，及时传达党组织和上级团组织的工作精神，并创造性地贯彻落实。
2）主动关心支部每一个团员青年的成长进步，帮助他们解决学习、工作和生活中遇到的各种问题，向同级党组织和上级团组织汇报请示工作，反映同学的思想状况和动态，并提出建设性意见。
3）按照支部大会的决议，组织开展支部的各项活动，团员之间密切配合，齐心协力完成支部提出的各项任务。
4）落实上级团组织的决议、组织大型重要活动、选举新的支委会、选举出席上级团员大会代表、接收新团员、对团员的奖励和处分等重大问题，要在调查研究的基础上，做好充分准备，提出初步意见，并移交团员大会讨论确定。
5）拟定团员大会的工作报告，组织上好团课，负责开好支部扩大会议、团小组长会和团员大会。
6）做好团员的组织发展和教育管理工作，组织支部民主生活会，建立支部工作档案，负责团费的收缴和上交。
7）做好团员青年的思想政治教育工作，把培养团员青年具有坚定正确的政治方向放在第一位，引导团员青年走向健康成长的道路。
8）密切配合、积极支持班委会开展工作，充分发挥思想政治工作的保证作用。
9）向党组织推荐优秀团员作为党的培养对象。

三、班委会、团支部干部岗位职责

（一）班委会工作职责

1. 班长职责

1）全面负责班委会工作和班级学风、班风建设，并与团支部书记相互协作，共同进行班级建设。

2）负责制定班级工作计划、工作总结和规章制度，提交班委会审议。

3）参加班长例会，记录并向本班同学传达会议精神；组织并主持班会，在班主任的指导下，根据要求，负责班委会的换届工作。

4）在"优秀学生、优秀学生干部"评选、奖学金评比等工作中，担任班级测评小组成员。

5）协助学校有关部门和学院，做好防火、防盗等安全管理工作。

6）化解同学之间的争议和矛盾，引导同学通过正当途径、以正确方式反映意见。

7）完成学院和院学生会安排的各项班务工作。

2. 学习委员职责

1）协助班长负责本班的学风建设工作，掌握全班同学的学习状况，协助院学生会学习部开展课堂考勤、教师教学质量评价等工作。

2）协助院办公室，承担本班同学成绩核对、学分清查、传达教务管理通知等工作。

3）收集同学对老师讲课、课外指导方面的意见和要求，向授课教师、班级导师和院办公室反映，沟通教学双方意见。

4）协助院学生会学习部，开展学习竞赛和学科竞赛等活动的组织工作。

5）在"优秀学生"评选、奖学金评比等工作中，担任班级测评小组成员。

6）完成班长安排的相关工作。

3. 生活委员职责

1）负责组织开展本班级"文明寝室"的创建工作，协助院学生会生活实践部，做好寝室卫生管理工作。

2）负责协调本班同学所在寝室的寝室长工作，协助班长做好本班寝室安全工作。

3）协助班长负责管理班费收支，定期向本班同学公布。

4）负责班级后勤工作，协助院学生会生活实践部，配合学院做好国家助学贷款工作。

5）完成班长安排的相关工作。

4. 体育委员职责

1）负责组织班级体育锻炼，开展各项体育活动，增强同学体质。

2）协助院学生会体育部，开展校、院运动会及各项体育比赛的组织工作。

3）关心和支持院体育团队工作。

4）完成班长安排的相关工作。

5. 文艺委员职责

1）负责组织开展班级文艺活动，丰富课余文化生活，增进同学友谊。

2）协助院学生会文艺部，组织文艺活动。

3）关心和支持院文艺团队工作。

4）完成班长安排的相关工作。

（二）团支部委员工作职责

1. 团支部书记职责

1）全面负责团支部工作，并与班长相互协作，共同建设班级。

2）协助院团委，组织开展"五四"评优、推荐优秀团员参加党校学习等思想教育和组织建设工作。

3）参加学院团支书例会，记录并向本支部同学传达会议精神；主持团支部团会、团日活动等，在班主任的指导下，根据要求，负责团支部的换届工作。

4）协助学院开展心理健康教育活动；对同学中出现的心理异常现象，及时向班主任、辅导员报告。

5）在"优秀团员、优秀团干部"评选、奖学金评比工作中，担任班级测评小组成员。

6）完成院团委安排的各项团务工作。

2. 团支部组织委员职责

1）协助院团委组织部和团支部书记，开展"五四"评优、推荐优秀团员参加党校学习等工作。

2）负责团员统计、转接团员组织关系和团费的收缴工作。

3）协助团支部书记组织团支部团会、团日活动等，负责会议和活动记录。

4）完成团支部书记安排的其他团务工作。

3. 团支部宣传委员职责

1）宣传党的方针、政策和团中央精神，关注时事热点，开展理论学习与理论宣传。

2）协助院团委宣传部，宣传本团支部的工作和优秀团员事迹，协助团支部书记做好团员的思想政治学习工作。

3）负责本班在教学院网站相关栏目的宣传工作。

4）完成团支部书记安排的其他团务工作。

四、高校学生干部应具备的素质

学生干部是高校一个特殊的学生群体，学生干部在学生中的特定地位又使他们成为学生思想教育、学习、课余生活等各项活动的组织者和管理者，起到了学生集体的领导作用，是学校实施教育管理工作的一支重要力量，对学风建设有着十分重要的影响。学生干部素质的高低是搞好学校教育及管理工作不可忽视的重要因素，作为一名高校学生干部，应该具备良好的素质，才能更好地发挥学生干部应有的作用。

（一）要有良好的品德修养

一个优秀的学生干部要德才兼备，以德为先。学生干部是没有任何行政权力的"干部"，在实际工作过程中，没有任何权力强制其他同学去做一件事情，主要是靠自身的影响力和感召力，培养广泛的影响力和感召力就必须具有优良的品德。也可以说，一个学生干部要注意培养自己的个人魅力。在学校里，我们经常可以看到一些学生干部在同学中享有崇高的威信。威信的树立，源于他们自身的优良品德，公正、无私、勇于奉献、敢于承担责任等等。学生干部往往处于一个比较引人注目的位置，一言一行都有可能对周围同学产生影响，所犯的任何一个错误都有可能被放大，所以一个学生干部一定要慎言慎行，严于律己。要具有良好的品德，要加强自身修养，做到"严于律己，宽以待人"，要高扬正气，抵制不良风气的影响，以维护同学利益为己任，心胸宽广，以诚待人。

（二）要有勤于思考、敢想敢干、敢于负责的工作作风

作为一名合格的学生干部，必须养成勤于思考的习惯，具有敢想敢干的工作作风，凡事三思而后行，只要同学们从这些活动中有所收获，同学们就会对学生干部建立起充分的理解与信任。对于同学中存在的一些不良风气和违反校纪校规的做法，要敢于出面纠正制止和提出批评，绝不能退缩，这就需要学生干部具有敢于负责的勇气。假如面对歪风邪气不敢站出来反对，歪风邪气就会蔓延扩散，就会形成一种歪风压倒正气的局面，从而使集体工作处处陷于被动。因此，作为学生干部，要有勇气亮明自己的观点，及时制止错误的发生，这不仅能维护集体的利益，同时也能赢得大多数人的钦佩，从而获得广泛的群众基础。

（三）要有任劳任怨、勇挑重担的工作态度

学生干部应是被大多数同学信任，能够代表同学的利益，反映同学的呼声，组织同学进行自我教育、自我管理的群体。干部生活于广大同学之中，往来于老师和同学之间，为同学们大大小小的事情奔忙着，既要抓好自己的学习和生活，又要为所负责的群体服务好。因此，学生干部要比一般同学有更多的付出，有时不得不干一些很细小但又十分烦琐的事情，常常需要做一些一般同学都不愿意干的又苦又累甚至得罪人的工作。因而，学生干部如果没有热心为同学服务的思想准备，没有任劳任怨、勇挑重担的工作态度，是很难胜任的。即使在平时的一些小事上，学生干部若不能做到时时吃苦在前，奋勇当先，以身作则，处处起模范带头作用，有着过硬的思想素质，对同学们的消极影响也是相当大的。可想而知，这样的学生干部不可能得到同学的好评，其号召力与影响力就很有限了，这样的学生集体也就不可能有较强的凝聚力和积极向上的精神风貌。

（四）要有良好的学习成绩，严谨的生活习惯

学生干部生活于学生集体中，他的一言一行、一举一动，学习是否勤奋，成绩如何，这些无疑对集体中的每个成员都有很大的影响，同时也直接关系到学生干部在学生中的威信。学生的根本任务是学习，作为学生干部，只有勤奋学习、成绩优秀才能提高自己的威信，获得同学的尊重，才能更加具有号召力。同时，还要时刻牢记自己是一名学生干部，是带头人，是领班人，自己的言行举止对集体良好风气的形成有很大的影响，要坚决做到"勿以善小而不为，勿以恶小而为之"，要严于律己，处处做同学们的榜样，要求其他同学做到的，自己首先去做到，其他同学不能做的，自己绝对不做。所有这些，都是一名学生干部提高自己自然影响力的基本因素，是顺利开展工作的基础。

（五）要有强烈的服务意识

学生干部经常要牺牲自己的业余时间去工作，这就需要学生干部具有奉献的精神。有了这种精神，才能正确对待个人的利益得失，才能无怨无悔地为集体、同学服务。在工作过程中不能把做学生干部当作获取个人利益的资本，应该把当学生干部视为提高自己为人民服务的本领、优化自身素质的最好机遇。必须时时处处把同学的利益放在首位，"想同学之所

想、急同学之所急"。学生干部只有牢固树立起服务意识，一切服务于同学，为同学办实事、办好事，才能真正地得到广大同学的肯定，其工作也才能得到同学的拥护和支持。

（六）要有良好的团队合作精神

在学生工作中，任何一项活动的开展或一项工作的进行，都是一个整合利用资源的过程，需要团队中的每一个人各司其职，各尽其能，这样工作才能高效有序地进行，而一旦这种和谐统一的氛围遭到破坏，就会影响工作的正常进行。一名学生干部一定要有团队意识，要把个人目标自觉融入团队目标中去，在实现团队目标的过程中体现出自己的价值。要任人唯贤，在团队中创造出积极向上的氛围，要一切从大局出发，当好团队的润滑剂。树立团队意识的同时，也要有双赢意识，在这样一个充满竞争的时代，谋求双赢有利于双方利益的最大化，有利于合作的进行，有利于促进与其他团队或团队内其他人的合作，能够有效地促进大目标的实现。

（七）要有良好的沟通能力

沟通能力是一位优秀的领导者所必备的素质。学生干部在高校学生管理工作中起着上情下达、下情上达的纽带作用，良好的沟通能力对于学生干部来说就显得尤为重要。学生干部只有具备良好的沟通能力，在工作过程中加强与同学的沟通，才能深入了解"民情"，恰如其分地开展工作。同时，只有加强与同学的沟通和交流才能密切干群关系，让同学全面理解学校的工作，充分获取同学的支持，调动更多同学的力量，做好工作。此外，由于学生干部与老师接触较多，深得老师的信任和支持，与老师距离相对较近，很容易在同学中形成学生干部是老师的亲信、学生官僚的想法，学生干部必须不断地提高自己的交往、沟通能力，才能完善自己，完成学校、班级交给的工作任务，也使自己能在一个轻松、和谐、友爱的环境中得到提高。

（八）要有良好的心理素质

良好的心理素质是学生干部对同学实现有效领导的又一重要因素，它包括广泛的兴趣、丰富的情感、坚定的意志、开阔的心胸等方面。学生干部需要通过与同学的接触来服务同学、与同学沟通。一个人如果兴趣狭窄，情感贫乏，意志薄弱，性格孤僻，缺乏主动精神和自主能力，人际关系不协调，是很难有大的作为的。相反，一个人有了广泛的兴趣，能使自己更加接近和了解同学，更多地涉猎各方面的知识，增加和同学的共同语言，从而有效地激发和培养群体成员的集体主义观念。作为学生干部，要十分珍惜和充分利用担任干部的机会，努力完成由"他人教育"向"自我教育"的过渡，运用好心理调适方法，减轻心理压力，增强对挫折的承受力，以强者的姿态去迎接学习、工作、生活中的各种挑战。从今天做起，从一点一滴做起，持之以恒，充满信心，自觉主动地提高自己的心理素质。

五、大学生入党的基本程序

（一）大学生入党的基本条件

1. 要符合党章规定的基本条件

年满十八周岁，承认党的纲领和章程，愿意参加党的一个组织并在其中积极工作、执行党的决议和按期缴纳党费的，可以申请加入中国共产党。

2. 要符合学校党委规定的在校大学生入党的具体条件

1) 对党组织有明确认识和强烈要求。

2）政治思想表现好，有理想、有抱负，品质优秀，行为正派，遵规守纪，乐于为集体和同学服务，在群众中有良好声誉和影响力。

3）学习优秀，成绩与综合考核在班级排名靠前。

4）工作积极主动、踏实肯干，出色完成组织分配的各项任务。

5）以自身努力为学校、院系争光或做出突出贡献。

（二）大学生入党的基本程序

1. 自愿提出入党申请

要求入党的同学自愿向所在院系党组织提出书面申请，申请主要写对党的认识、入党动机和本人主要表现。

2. 确定入党积极分子

入党申请人经党小组（团支部）推荐、支委会审查同意后，便确定为入党积极分子。党支部将入党积极分子报上级党委备案，并通知入党积极分子本人，指定两名正式党员作为入党积极分子的培养联系人。

3. 进入考察期

入党积极分子的考察期一年以上，自党支部确定其为入党积极分子之日算起，要不定期地向党组织汇报思想。

4. 确定发展对象

要求入党的积极分子经过一年以上培养教育后，在听取党小组、培养联系人和党内外群众意见的基础上，经由党支部委员会集体讨论确定为发展对象。入党积极分子要写一份自传（内容主要包括本人简历、家庭主要成员及主要社会关系的政历和现实表现情况）。

5. 参加党课培训

申请入党的同学要参加学校党委的党课培训和结业考试，通过考试之后才能进一步发展。

6. 确定入党介绍人

入党介绍人由两名或一名正式党员担任，一般由培养联系人担任，也可由发展对象约请，或由党组织指定。

7. 填写入党志愿书

发展对象填写《入党志愿书》，须经上级党组织同意，在入党介绍人的指导下，用钢笔或毛笔填写。要求填写时要忠诚、实事求是，不得有任何隐瞒和伪造。字迹要清楚，不得涂改。对《入党志愿书》上的项目没有内容可填写时，应注明"无"。在"对党还有哪些需要说明的问题"一栏，主要填写需要向党说明，而其他栏目中不能填写的问题，或对某些栏目需要补充说明的问题。

8. 支委会审查

召开支委会，严格审查发展对象填写的《入党志愿书》和有关材料，经支委集体讨论认为发展对象合格且手续完备后，即提交支部大会进行讨论。

9. 召开支部大会

支部大会的程序如下：

1）申请入党人汇报对党的认识、入党动机、本人履历、现实表现以及向组织说明的其他问题。
2）党小组和介绍人介绍入党人的主要情况，并对其能否入党表明意见。
3）支委会报告对申请入党人的审议情况。
4）与会党员充分发表意见，对申请入党人能否入党进行讨论。
5）采取举手或无记名投票的方式进行表决。
6）申请入党的人对大会讨论情况表明自己的态度。

注意事项：
1）到会有表决权的正式党员要达到应到会的正式党员半数以上。
2）申请入党人及其入党介绍人必须参加支部大会。
3）讨论两个以上的人入党时，必须逐个讨论和表决。
4）支部决议应及时填写在《入党志愿书》上，决议内容包括申请人的优缺点，应写实到有表决权的正式党员数、表决结果及日期。
5）及时将《入党志愿书》、申请书、政审材料、培养教育和考察材料报党委审批。

10. 组织员谈话

在审批接收新党员前，要指派党委组织委员、组织员、其他党委成员同申请人谈话（2人以上），做进一步的考察。谈话前，组织员要对支部报来的入党材料进行审查，看材料是否齐全，手续是否完备（查看支部记录），并采取座谈或个别谈心的方式，听取党内外人员对入党申请人的反映。谈话中，主要了解被谈话人的入党动机，对党的认识和对党的基本知识的掌握情况，征求其对党需要说明的问题，帮助其提高对党的认识，指出努力的方向。谈话后，及时如实地将谈话人的意见填入《入党志愿书》，并向党委汇报谈话情况。

11. 党委审批

党委审批必须坚持集体讨论的原则，将审批意见填写在《入党志愿书》上，注明预备期的起止时间，并通知报批的党支部。

12. 支部向本人发出入党通知书

党支部接到上级党委入党审批通知后，应及时通知本人并在党员大会上宣布。党支部应将上级党委批准的预备党员编入党小组活动，告诉其交纳党费的时间、规定等。

13. 入党宣誓

预备党员必须面对党旗进行宣誓。入党宣誓仪式的程序是：
1）唱国际歌。
2）党组织负责人致词。
3）新党员宣誓。
4）上级党组织代表讲话。
5）党员代表讲话。
6）新党员代表向党表示决心。

14. 预备期的培养考察

预备期为一年，从支部大会通过预备党员之日算起。党组织通过听取本人汇报、个别谈心、集中培训、介绍人帮助等方式，对预备党员进行教育和考察，每季度要讨论一次，发现问题要及时同本人谈话。预备党员要自觉地接受党组织的教育和考察，经常向党组织汇报思想和工作情况，每季度要向支部书面汇报一次思想和工作。预备期满后，党支部要对其进行全面考察，并写出书面报告。预备党员转正材料（转正申请、个人思想工作汇报、党小组意见、党内外群众意见、党支部考察报告及发展材料）必须报上级党委审查同意后，方可讨论审批。

15. 预备期满，考察合格，向党组织提交转正申请书

手续如下：
1）本人在预备期满前的适当时候向支部提出书面转正申请和本人的年度总结。
2）党小组提出意见。
3）党支部征求党内外群众意见。
4）支委会审查。
5）支部大会讨论、表决通过。
6）上级党委审批。

党委对党支部上报的接收预备党员的决议，必须在三个月内审批，并通知报批的党支部。延长预备期注意事项：

对预备期满后不完全具备条件或犯有一定的错误，但还没有完全丧失预备党员条件，并且本人决心努力改正错误的，可延长预备期。延长时间最长不超过一年，最短不能少于半年。延长预备期必须经过支部大会讨论做出决议，填入《入党志愿书》，报上级党委。延长预备期期满后，由党支部根据其是否具备党员条件做出转为正式党员或取消预备党员资格的决议，并上报上级党委审批。对在预备期内不能履行党员义务，确定不具备党员条件或犯有严重错误或延长预备期后经过教育考察已不具备党员条件的，应取消预备党员资格。取消预备党员资格必须经过支部大会讨论通过，支部大会决议填入《入党志愿书》报上级党委审批。

简化程序总结：写入党申请书——入党积极分子——（至少一年后）入党发展对象——（一年后并通过党校考试）——预备党员——（再一年后）正式党员。

第三节 能力提升是重点

一、学习适应能力

大学学习与中学时期的学习相比，存在着许多不同之处，其中最主要的区别是学习内容、学习方法上发生了较大变化。

变化一：内容多了。中学阶段，我们一般只学习十门左右的课程，而且有两年时间都把精力放到高考科目上了，老师主要讲授一般性的基础知识。而大学3~4年需要学习的课程在40门以上，每一个学期学习的课程都不相同，内容多，学习任务远比中学重得多。大学一年级主要学习公共课程和基础课程，大学二年级主要学习专业基础课和部分专业课以及选修课，大学三、四年级重点学习专业课和进行毕业设计、做毕业论文。

变化二：自习多了。中学阶段，经常有老师占用自习课，让同学们非常苦恼，大学阶段

这种情况几乎不存在了。因为大学阶段课堂讲授相对减少，自学时间大量增加。同时，大学为学生学习提供了非常好的环境，大学有藏书丰富的图书馆，有设备先进的实验室，有丰富多彩的课外科研活动。

变化三：老师管得少了。在学习方法上，中学时期，只要跟着老师走就可以了，一切听从老师指挥，老师教学生是"手拉手"领着教，而大学老师则是"老师在前，学生在后引着走"，提倡学生自主学习，课外时间要自己安排，逐渐地从"要我学"向"我要学"转变，不采用题海战术和死记硬背的方法，提倡生动活泼地学习，提倡勤于思考。

变化四：讲课快了。大学教师讲课一是介绍思路多，详细讲解少。主要讲授重点、难点内容，而且许多教师都使用投影机、多媒体授课，实现了授课手段多样化，授课进度比较快，一节课可能要讲授一章或几章的内容。二是抽象理论多，直观内容少。三是课堂讨论多，课外答疑少。四是参考书目多，课外习题少。有的老师一节课讲两、三个章节，听课的同学连翻书的时间都没有。

同时，在处理专业课、公共课和选修课时要注意以下几点。

有些新生进入大学后，由于填报的志愿有些盲目，在学习了一段时间后，发现对专业并不喜欢。现在很多高校已考虑到了这个问题，搭建了大平台，新生进校后，不分专业，到了二年级才分专业、上专业课，所以你有很多时间来考虑志向。而许多大学普遍实行了学分修课，每星期的课由自己来选，一般分为专业必修课、公共必修课和选修课。

专业课：学习目标要明确。不同专业的大学生有不同的专业课，但不同专业的大学生对待本专业课程的学习态度应该是一致的：那就是不管喜欢与否，都要尽力学好。在学习专业课时，学习目标要明确具体，以不断提高学习动机和学习兴趣，主动克服各种学习困难，做到直接学习兴趣和间接学习兴趣的结合。

公共课：认识到其实用价值。大学生对公共课的学习积极性普遍不如专业课，有相当一部分学生持消极应付的态度，学习兴趣主要看老师的教学水平，如果老师的课讲得生动活泼，学生愿意听，有兴趣学。但这种兴趣主要是直接学习兴趣，而且大多停留在较低水平上，只限于上课认真听讲，把听课当成了一种享受或是对专业课的调剂。大学新生要充分认识到公共课的实用价值及对自己的意义，部分实用性强的公共课（例如外语）要当成专业课来学习。

选修课：杜绝"捞取学分"。大学生对待选修课的学习一般说来兴致较高，认为选修课可以开眼界、长见识，扩大自己的知识面。而且选修课的学习要求不严，大学生较少产生逆反心理。但选修课在大学生心目中的地位和分量毕竟不如专业课和公共课。要杜绝为了捞取学分才选修某些课程、"选而不修"的不正常现象。

二、环境适应能力

新生入学除了要尽快地熟悉学校的教室、食堂和宿舍等硬件设施以外，还要从以下几点积极调整，适应新的环境。

（一）环境的适应

首先，学会正确评价和认识自我。进入大学后，周围人才荟萃，学习优势可能动摇，大学新生在文体、艺术、知识面、交往能力等方面的差异就会明显地表现出来，一些新生就感到自己在许多方面与别人有很大差距，这些新生难免会产生失落感。因此，自我评价与自我认同陷入两难的境地。面对新环境、新角色，有的新生无法适应，产生自卑和焦虑的情绪，严重者甚至考虑转学或是退学。要摆脱这样的问题，首先，要正确认识与评价自我，扬长避短，重新进行角色定位。新生一进入校园，首先必须放弃原有的心理优越感，从头开始，主动接纳自己是大学校园中普通一员的事实。其次，新生入学后，心里要有目标准备，要经常问自己"我来大学干什么？""我在今后应该成为一个什么样的人？"，这样有利于角色定位，适应新环境。

其次，学习方法不适应要及时调整。大学强调启发式教学，课堂讲授时间少，大部分时间由学生自己安排自习、阅读、钻研，要求学生独立思考、融会贯通，学生对老师的依赖较多，而许多大学新生没有意识到这一学习方法的改变，仍然沿用中学的学习方法和已掌握的学习经验来指导学习，没有做出相应的改变和调整。因此，这部分学生会出现讨厌学习、害怕考试等症状。面对这样的问题，学生要重新确立在大学的学习、奋斗目标。许多新生入学后，往往会有意放纵自己，导致目标、理想、方向的迷失，这是诱发心理问题的病灶。因此，新生入学熟悉环境后，应立即确立一个新的奋斗目标。有了一个明确而现实的目标，就可克服新生所面临的迷茫感。同时从心理学角度来说，有个明确的目标，会使心理指向集中一处，这样无形中会转移注意力，削弱心理问题对自身的实际影响力，从而更有利于各种心理问题的解决和心理障碍的消除。

最后，要培养独立的生活自理能力。在中学期间，大多数的学生是采取走读的形式上学。在家中除了学习，其余的事情如洗衣、做饭等，基本上都由家人承担。在大学校园里，学生过着集体生活，衣服要自己洗，吃饭要自己到饭堂打，床铺要自己收拾等。基本上是过着"三点一线"比较单调而枯燥的生活，而这些刚步入大学校园的新生，大部分是独生子女，在家中生活条件好，依赖性强，生活处理能力较差。对于凡事都得自己动手的大学生活方式，这部分学生一时是很难适应的，更是觉得无法摆脱对家庭和亲人的依赖。

培养独立生活的能力，必要时应寻求外部支持。当代的新生多为独生子女，自理能力较差，又远离家庭，对新的环境适应往往有一定的困难。所以入校后，新生应着力培养自己独立生活的能力。如在生活、学习作息上合理安排，学会自主理财等。面对生活的不适应，新生除了自己积极调适外，必要时应积极寻求外部支持，如寻求集体的支持，参加各种学生组织，在组织中获得归属感和支持；积极参加各种文体活动，在活动中体验集体的力量和温暖；也可以寻求心理咨询老师的帮助和指导。

（二）生活的适应

首先，从容面对独立生活。上大学后，对准大学生来说最大的变化就是生活环境方面，没有了父母、长辈每日的悉心照料，许多事情需要独自处理，真正的独立生活开始了。另一方面，从单处一室的"独立王国"到多人"群居"的集体宿舍，这一生活环境和习惯的适应和磨合，对没有住校经历的同学来说，真的是一次考验。

其次，掌管好自己的"小金库"。刚入高校时，同学们都没有太多"理财"的经验，有的同学在最初的时间里大手大脚，逛街、旅游、聚餐……两个月就把钱花得差不多了，以后的日子只好节衣缩食或向父母索要。

在大学里不少同学因为不会理财，日子过得"前松后紧"，甚至到学期末要借债生活。因此，大学新生要树立"理财"观念。在刚入学的两三个月中，有计划地进行消费：在生活中，分清哪些开支是必需的，哪些开支是完全不必要的，哪些是可有可无的。钱要花在刀刃上，避免完全不必要的消费，可花可不花的尽量少花。尤其要根据父母的经济能力和自己"勤工俭学"的能力来进行日常消费，切不可盲目攀比。

大学新生理财的一个比较有效的方法是在每个月初制定一个切实可行的"消费计划"，并且要尽量按照计划执行，多余的钱可以存入银行，以备不时之需。

再次，按时作息有规律。很多同学都能感受到，刚入大学时感觉大学和高三简直是天壤之别：高三生活两点一线，写不完的作业、背不完的书，如同一只拧紧的陀螺，而大一新生学习压力很小，又没有家长和老师的监督，这种期待已久的自由，让很多同学最初感觉"不知所措"，生活一下子懒散了许多。

良好的生活习惯是确保顺利、成功度过大学阶段的一个重要基础。为了让大学生活过得充实，从一进大学起，就该切实重视这个问题，培养良好的生活习惯，并防止不良生活习惯的形成。

首先，按时作息，养成早睡早起的习惯。有的同学精力旺盛，习惯在晚上卧谈，深夜两三点钟仍毫无困意，结果第二天上课时非常疲惫，根本无心听课，有时干脆旷课，在宿舍里补足睡眠。长期如此，不仅影响课业，还容易引起失眠，还影响同宿舍的其他同学。晚睡的同学大都会晚起，一个直接的影响是饮食不规律，很多人早晨起床较晚，来不及吃早饭便去上课，有的索性取消了早饭，有的则在课间随便吃些零食，时间一长，身体肯定受到影响。所以，十一点前熄灯是保证各项学习生活正常开展的"铁纪律"。

第二，坚持体育锻炼。"文武之道，一张一弛"，学习之余参加一些文体活动，不但可以缓解刻板紧张的生活，还可以放松心情，有助于提高学习效率。听音乐、跑步、做广播体操、踢足球等都有助于增强体质，提高对疾病的抵抗力，这是一种积极的休息。大学里有丰富的运动设施，同学们千万不要浪费。

第三，远离不良生活方式。由于没有监督，有的同学一进大学就开始放松对自己的要求，沾染上吸烟、酗酒等不良生活习惯，其实大学并不是学习的终点，而是一个新的起点，这些不良行为将成为大学生求学道路上的一大障碍。

第四，课余时间开拓特长。大学校园与中学校园一个显著的区别就是大学的课余生活丰富多彩。除了日常的教学活动之外，还有各种各样的讲座、讨论会、学术报告、文娱活动、社团活动、公关活动等。这些活动对于大学新生来说，的确令人眼花缭乱，因此对于如何安排课余时间，大学新生常常心中没谱。

要合理地安排课余时间，首先对自己在近期内的活动要有一个理智的分析。看看自己近期内要达到哪些目标，各种活动对自己发展的意义又有多大等。然后做出最好的时间安排，并且在执行中不断地修正计划。大学新生要善于利用课余时间，开展一些有益的文娱活动，如唱歌、跳舞、下棋等；尽量培养自己多种兴趣爱好，陶冶情趣，使生活充实丰富。大学时最好拥有一项或多项自己有兴趣而又擅长的爱好，不仅有利于建立自信心，还能增强社会适应能力。

另外，最好能专门制定一份休闲计划，对一些较重大的节假日和休闲项目做出妥当的安排，使休闲和学习有条不紊地交叉进行，身心得到有效的放松和调适。

三、人际交往适应能力

人际关系也是造成大一新生困惑的一大原因。由于大学同学来自"五湖四海"，地区的差异使他们在思想观念、价值标准、生活方式、生活习惯等方面存在差异,在遇到实际问题时也容易发生冲突。大一新生别做校园"独行侠",要想处理好同学之间的关系,切忌以自我为中心,要对人宽,对己严,主动与同学打招呼,尊重同学。对于大学新生来说,同学之间的关系(尤其是同一寝室同学的关系)是困扰大家的一个比较严重的问题。不少学生刚入大学时就遇到了这样的问题,在入学后的第一个月,寝室里几个同学亲密无间,大家生活也整齐划一。到了第二个月,由于同学们分别来自不同的地域和不同的家庭,他们在思想观念、价值标准、生活方式、生活习惯等方面都存在着明显的差异,彼此之间出现了不少冲突。

人际关系是准大学生们必修的一课,即将走进高校的学生应该有意识地加强这方面的修养。

第一,学会包容别人。很多同学没有住校经历,上大学之前一个人生活自由自在,突然要和几个人共用一个寝室,就必须包容别人的生活方式。如果别人的生活方式有碍于你的生活,就需要委婉地提出意见,并适当地进行自我调整(如调整作息时间)。

第二,主动交往。要想处理好同学之间的关系,还要做到对人宽、对己严,切忌以自我为中心,在平时的生活中,主动与同学打招呼,主动和同学讲话,主动帮助别人。此外,要主动去做些公共工作,以增加同学们的好感。

第三,讲究技巧。在与同学相处时应坦诚相待,但在给同学提意见时,必须动脑筋,讲究方法和技巧。需要注意的一点是,给别人提意见一定不能当着众人的面,以免使对方难堪、丢面子。

在生命的旅程中,虽然离不开别人的指引,但自己才是真正决定该往何处去的人,无人能代替我们走完这段旅程。一路上或彷徨、或无助,但正是这种种遭遇使你在挑战的磨砺下,逐渐拨云见日,了解自己,找到自我的天空。大学生活应是绚丽多姿的美好天地,从磨炼中寻找希望,人生终将辉煌。

四、创新能力

创新即推陈出新,指从旧的系统或未形成系统的形态中创造出新的适应发展需求的系统形态。狭义的创造常指创造、发明和革新,如学术或技术上的新方法、新理论、新成果等。广义的创新,除了狭义创新所指之外,还包括对自身个体生命质量的再造,即能提高自身价值和生活质量的新想法、新发现、新行为。

概括地讲,创新能力包括创新思维能力、创新想象能力、创新实践能力。具体来说,创新能力包括观察力、记忆力、发散和复合思维能力、批判评论能力、探索实践能力。其中敏锐的观察力和准确的记忆力是创新能力发挥的基础,发散和复合思维能力是其核心。创新能力是个人能力为适应社会发展的升华。具有一定的社会价值、经济价值、生态价值。

创新对于大学生具有重要的意义。

首先,创新是当代大学生内在素质的核心。只有具备一定的创新意识和创新能力,才能学有所得、学能所用、学会所创,使大学时期的学习过程转化为真正吸收的过程、创造的过程。

其次,创新是当代大学生获取知识的关键。在知识经济时代,知识的增长率加快,知识的更新周期不断缩短,知识转化的速度猛增。在这种情形下,知识的接受变得并不重要,重要的是知识的选择、整合、转换和操作，通过主动"构建"和"再创造"而获得新的知识。

最后，创新是当代大学生终身学习的保证，是建设学习型社会的基础。随着高等教育规模的不断扩大，高等教育职能正在由精英教育向素质教育转化，在创新意识和创新能力的指引下，大学生有能力在毕业之后，利用各种有利条件，根据所从事的工作不断完善自身的知识和能力结构，走出一条前人未走的路，更好地达到完善自我和适应社会的目的，从而为终身学习打下坚实的基础，为建设社会主义和谐社会打下坚实的智力和人才基础。

当代大学生创新应具备以下理念。

知识的理念。学识广博是实现大学生创新的知识源泉，实现创新要建立在知识积累基础之上，知识本身蕴含丰富的创造力，没有渊博知识的积淀，创造力就失去了物质基础。

自信的理念。自信是实现创新的直接动力。对于当代大学生而言，如果失去自信，不仅无法自立，更无法肩负社会责任和使命。自信是一个人的立身之本，是一个国家和民族赖以生存和发展的内在动力，更是实现创新的不竭源泉。大学生有了自信就具备了创新的前提条件，也就会为了实现自己的理想，进行更加深入的社会实践、发明创造。它也能激发思维，引起创新冲动和激情，战胜困难，战胜自己，体现自身价值。

消化的理念。书上的知识只有通过不断地学习、思考，才能被吸收、转化为自身可用的营养元素。当代大学生首先要采取"拿来主义"的态度，创新就必须择旧。只有这样，大学生才能真正做到洋为中用、古为今用，皆为自己所用，真正做到继承和消化，从而实现创新。要破除死记硬背、"生吞活剥"；要边学习、边实践，通过实践使自己掌握的知识更加符合实际。要能够融会贯通，将学到的纷繁复杂的知识整理成具有一定条理性和综合性，横向能比、纵向能用的"活"知识，从而提升创新能力和水平。

怀疑的理念。怀疑论作为希腊哲学的一个流派，大约创立在公元前3世纪初，一直延续到公元3世纪。没有怀疑就没有创新。当代大学生要在具有坚实理论基础的前提下，不循规蹈矩，不束缚个性，不盲从于前人的经验和做法。要敢于怀疑、善于怀疑。只有时刻保持怀疑的思维，才会不断完善自己的创新思维，并通过不断推导提出新的理论观点，打破常规套路，不拘泥于一种格式，用摸索的新方法解决实践中的新问题。

五、表达能力

语言是人类用以表达思想，进行社会交往的最基本的方式。众所周知，现代社会要求公民具备良好的语言表达能力，而语言表达能力强更是许多用人单位对人才的一个基本要求，因此，提高大学生的语言表达能力极为关键。

表达能力是指运用语言文字阐明自己的观点、意见或抒发思想、感情的能力。包括口头表达能力、文字表达能力、数字表达能力、图示表达能力等几种形式。数字表达能力、图示表达能力属专业范围内修炼的基本技能，这里我们主要强调口头表达能力和文字表达能力。语言表达能力在现代社会对于大学生的就业发挥着极其重要的作用。

（一）大学生语言表达能力的普遍低下与用人单位的较高需求之间的矛盾

现代大学生的语言表达能力普遍低下，主要表现为如下几种情况：第一、口头表达能力差。口头表达能力，就是我们俗话所说的"口才"。一个人"口才"不佳，水壶里有饺子倒不出来，那对自己是非常不利的。大学生在求职过程中首先需要展示的才能就是"说话"。随着社会主义市场经济的深入发展，我国高校毕业生制度已逐渐转向少数毕业生由国家安排就业，多数学生通过市场进行"双向选择"的过程，即实际上用人单位与毕业生之间通过有计划、有目的的努力，达到互相沟通、互相了解的目的，并在此基础上，形成各自印象，完成"双向选择"的任务。

（二）表达能力对就业的直接影响

首先，表达能力的高低是大学生能否进入用人单位的直接、关键性因素。"表达能力"首次列为招聘要求之首，由此可见语言表达能力对于就业的重要性。

（三）提高大学生语言表达能力的有效对策

首先，改革传统的教学方式，大力推广启发式、讨论式教学模式。我国高校现在的教学模式陈旧，上课主要以老师的讲授为主，很少有学生参与的机会，上课完全变成了一种纯理论知识的传授。课堂上学生之间，或学生与教师之间通过讨论交流分享信息、提出建议、表达看法或共同致力于解决某一问题，是学生学习知识的主要方法。

其次，大学生要积极参加各种课外活动，如演讲比赛、辩论比赛、学术活动等，在这些活动中，锻炼自己的思维能力、表达能力。

最后，大学生要主动学习相关的思维训练、演讲与口才等知识，并在学习、生活中加以运用、训练，有意识地培养自己的表达能力。持之以恒地坚持下去，个人的思维、表达能力就会有较大的提高。

六、实践能力

实践能力是指人类能动地改造自然和变革社会的全部活动的本领。包括完成一定活动的具体方式，参与人的智力和体力支出以及顺利完成一定活动所必需的心理特征。实践能力是人的主观能动性在实践过程中汲取人民群众的智慧和经验并经过再加工才能形成与发展起来。

大学生的实践能力一般包括两方面。

一是在校就读期间依照学校法则所完成的教学实践环节中所表现出来的能力。这些能力包括应用所学的理论、观点、知识完成学业标准，动脑动手进行综合、实验、技能训练等自主学习能力以及拓展认知领域获取新知识、新技能完善知识结构和能力结构的初步能力，还有人际交流交往方面的能力。

二是在校就读期间借助学校提供的条件或者自己与同学合作创造的条件，向社会生产、生活领域拓展所获得和所表现出来的能力。诸如参与社会主体（工人、农民、军人、科学家、教育家、企业家以及其他阶层群体）改造自然或变革社会的某些活动中所获得的或在已有基础上新增长的独立分析问题和解决问题的能力等。

在高等教育中培养和增强大学生的实践能力的途径，通常是通过教学实践性环节和组织学生参加一定的社会性实践两个基本途径来实现的。此外还有组织学生以社会主体的角色直接参加社会实践，以及通过校园文化熏陶和养成大学生的实践能力等。

（一）通过教学实践性环节增强大学生的实践能力

实践性教学环节相对于理论性与知识性密集的课堂教学而言的，是课堂教学的组成部分或课堂教学在新的层次上的延伸。实践性教学有助于扩展深入认知领域，培养学生独立思考，大胆探索，勇于创新的科学精神。因此，注重实践性教学环节，提高实践性教学质量，是增强大学生实践能力的重要途径。

实践性教学包括两个部分：一是课堂教学的组成部分，主要是按本专业课程的教材章节体系由浅入深地对学生所学的理论、原理、知识、技能等进行验证性教育和训练，如实验操作、课堂讨论、课上或课后作业、课堂与课后的技术操作训练等。若干次由浅入深的教育和训练的叠加，则是学生的实践能力由低到高的养成过程；二是课堂教学在新的意义上的延伸，即在完成某一门课程或几门课程教学之后，以社会生产、生活的实践为依托对学生所学的理论、原理、知识、技能等进行综合性教育和训练。如工业见习、野外实习、教育实习、工程技术设计、撰写毕业论文、临摹写生或创作作品等。

实践性教学环节的两个组成部分中，前者是后者的基础，后者是前者在新的基础上的测试与提高。具有实践性强、验证性强和反馈性强的特点。实践性教学环节以学生活动为主，学生处于主角地位，能够充分发挥学生的独立思考和独立动手能力以及验证所学的能力。

（二）通过社会性实践培养和增强大学生的实践能力

社会性实践是学校为克服教育脱离社会实际而力求同社会发展相联系，使人才培养具有时代气息和时代特征而选择的育人育才的途径，是学校发展的本质要求。社会性实践不同于真正意义上的社会实践，因为学生不是社会实践主体，而是以受教育者身份参加的。社会性实践具有立体、生动、形象、感染力和说服力强的特点。有利于大学生实践能力的增强和稳定。

社会性实践包括两个方面：一是学生在校就读期间结合专业培养方向和专业特长志愿组织起来的面向社会服务于人民群众的一些实践性活动。诸如：利用假日或课余时间进行志愿服务的法律、医疗、"三下乡"、社区服务以及学生相约独立进行的社会调查、考证、探险等；二是学校根据社会需要或自身需要有计划组织的、集中时间、集中地点而进行的社会性实践活动，其活动指向不一定都同专业培养方向结合。如到部队当兵锻炼、参与定点支农、支工、支教等实践活动。学生参加社会性实践同社会主体（工人、农民、军人、科学家、教育家、企业家以及其他阶层群体）直接接触、通力配合完成某一项任务，所受到的影响是多方位、多层次的，因此，有助于大学生实践能力的培养和增强。

（三）学生以社会主体身份直接参加社会实践

时代的发展、社会的需要和办学的实践经验，使各高等学校除了通过教学实践性环节和组织学生参加一定的社会性实践活动外，还组织学生以社会主体的角色直接参加社会实践活动。如专科毕业或本科暂时停修学业，到边远地区或重点工程项目中参加的支农、支教、支工、支医等，待完成任务后回校继续学习、深造。这是增强大学生实践能力的一种尝试，也是学生全面发展的必然要求。

七、沟通能力

现代教育理论认为：沟通能力的培养和教育可以使一个人获得认知自我、理解和调节他人情绪以及与他人合作的能力。也就是说，新时代的大学生不仅要有深厚的基础理论知识、过硬的专业技术知识，更要有较强的沟通能力，这也是衡量大学能否培养对社会有用人才的重要尺度。如果一个大学生不会沟通，不善与他人合作，即使专业技能再优秀，也很难有用武之地。为此有必要对大学生沟通能力进行分析。

大学生沟通能力的现状，有如下几个特点：

一是对沟通重要性的认识和对沟通能力训练的需求比较强烈。由于大学生直接面向市场，找工作就业是大学生的头等任务，为了顺利就业，大学生对沟通能力训练的要求是非常强烈的。

二是沟通方式过于被动。由于大学生缺乏社会经验，学习压力较重，往往缺乏沟通的主动性。

三是沟通过程有庸俗化倾向。受市场经济的冲击和影响，社会上的不良风气也侵入校园，部分大学生不愿意参加健康的、有意义的集体活动。

随着人们对沟通能力的重视，对大学生沟通能力的培养教育也引起社会和学校的重视，那么如何培养大学生的沟通能力，可以重点考虑以下几个方面的工作。

（一）开设管理沟通的相关课程，确定合理的教学内容

高校是传授知识的殿堂，当然也要传授沟通方面的知识，针对目前大学生沟通理论缺乏、沟通能力不足的现实，高校必须开设管理沟通的相关课程，并合理设计教学内容，制订教学计划。通过管理沟通课程的学习，增强大学生对管理沟通的认识，为提高大学生的沟通能力奠定雄厚的理论基础，也为大学生今后适应社会做必要的准备。

（二）加强心理教育，使大学生克服沟通中的心理障碍

心理健康是大学生健康必不可少的一部分，当前部分大学生正是由于心理不健康而影响到其沟通能力的提高。因此，高校应该对大学生进行心理教育，培养大学生良好的心态，克服大学生之间的沟通障碍，实现大学生之间的良好沟通。通过心理教育，消除大学生的各种心理疾病，培养大学生自信、宽容、理解、合作、助人的品格，成为受社会广泛欢迎的人。

（三）培养集体意识，淡化独生子女观念

有无集体观念是衡量大学生是否合群的重要指标。行为科学理论认为，人不仅是自然人，而且还是社会人，每个人都不可能与世隔绝、独立生活。大学生是社会活动的一个大群体，因此培养大学生的集体意识势在必行。其中最重要的是树立集体观念，克服以自我为中心的观念，增强合作意识和团队精神。大学生通过参加集体活动，寻找知心朋友，向同学敞开心扉、倾诉心声，既可以消除他人对自己的偏见，也可以消除自己对他人的偏见。

（四）加大沟通能力的训练力度

管理沟通是一门实践性很强的学问和艺术，沟通能力的提高仅靠书本上的知识是远远不够的，必须通过实践经验的总结不断提高。因此，高校要在不放松基础理论培养的前提下，加大沟通能力训练力度。① 帮助大学生正确认识自我，努力实现自我超越，使大学生能够找准自己的位置，根据自己的实际情况设计自己的成长路线，并战胜各种困难，实现自己的目标；② 加大实践教学力度，为大学生进行外部沟通提供条件和机会。教学人员选择一定的背景和场景，设计具体的沟通问题，给出特定的沟通对象，让大学生深入第一现场，扮演不同的角色，以提高实际沟通能力；③ 鼓励大学生加强自我训练。沟通能力的提高是日积月累的，不是一蹴而就的，自我训练非常重要，因此要鼓励大学生利用一切可以利用的机会和条件，自觉地进行自我训练，促使沟通能力的快速提升。

八、就业竞争力

就业竞争力，是一个综合的要求。大学生要提高就业竞争力，要做到以下几点。

首先，要树立正确的职业理想。大学生一旦确定自己理想的职业，就会依据职业目标规划自己的学习和实践，并为获得理想的职业积极准备相关事宜。其次，正确进行自我分析和职业分析。自我分析即通过科学认知的方法和手段，对自己的兴趣、气质、性格和能力等进行全面分析，认识自己的优势与特长、劣势与不足。职业分析是指在进行职业生涯规划时，充分考虑职业的区域性、行业性和岗位性等特性，比如职业所在的行业现状和发展前景，职业岗位对求职者的自身素质和能力的要求等。再次，构建合理的知识结构。要根据职业和社会发展的具体要求，将已有知识科学地重组，建构合理的知识结构，最大限度地发挥知识的整体效能。最后，培养职业需要的实践能力。除了构建合理的知识结构外，还需具备从事本行业岗位的基本能力和专业能力。大学生只有将合理的知识结构和适应社会需要的各种能力统一起来，才能立于不败之地。

从具体实施来看，职业生涯规划应从大一做起，并根据自己的长期目标，在不同阶段采取不同的行动计划。比如，一年级为试探期，这一时期要初步了解职业，特别是自己未来希望从事的职业或与自己所学专业对口的职业，但由于学习任务繁重，不宜过多参加实践活动；二年级为定向期，要通过参加各种社会活动，锻炼自己的实际工作能力，最好能在课余时间寻求与自己未来职业或本专业有关的工作进行社会实践，以检验自己的知识和技能，并根据个人兴趣与能力修订和调整职业生涯规划设计；三年级为冲刺期，在加强专业学习、寻求工作的同时，把目标锁定在与实现自己的目标有关的各种信息上。

（一）掌握专业技能，扎实基础知识

在大学期间，一定要学好基础知识。如果没有打下好的基础，大学生们也很难真正理解高深的应用技术。专业技能是一个大学生就业的最基本的素质，没有过硬的专业技能，用人单位就不可能聘用你，特别是在现在大学生就业形势如此严峻的情况之下。掌握一门技能，就等于掌握了一种在这个竞争激烈的社会中生存的本领。一个大学生有了过硬的专业技能，就等于在以后的就业过程中多了一个选择的机会，这个机会在某种情况下对一个刚毕业的大学生来说是至关重要的。所以，在大学三年期间，我们应该努力学习，努力掌握自己的专业知识，扎实基础。

（二）培养敬业精神，养成良好的工作态度

敬业精神是人类最伟大的精神之一，大学生要想在企业立足、发展，没有敬业精神是万万不行的。一个工作态度认真、热情、尽责，工作行动快捷、有序、高效，工作作风踏实、严谨、进取的大学生是会受到用人单位青睐的，相反，那些工作态度马虎、冷漠、敷衍，工作行动迟缓、无序、低效，工作作风浮躁、轻率、消极的大学生，在企业将是很难立足的。总之，缺乏敬业精神的大学生注定会被企业淘汰。因此，大学生应当在修炼敬业精神上下功夫，这是大学生能否在企业获得发展的治本之道。对此，大学生应当引起高度重视。大学生如果被企业录用，就应尽早进入岗位角色，如从观念、心态、知识、能力、行为等方面进入岗位角色，了解岗位工作内容，熟悉岗位工作程序，掌握岗位工作要求，履行岗位工作职责等，并在从事岗位工作过程中，逐渐积累工作经验，这对于大学生来说才是最有价值的。大学生一旦适应了岗位工作，并创造了不俗的工作业绩，届时，受到企业重用将是迟早的事情。反之，那些已经在企业工作、但在观念、心态、知识、能力、行为等方面尚未进入岗位角色的大学生，他们在企业的发展空间将是很有限的。

（三）提升处事能力，积累社会经验

人际关系包括在社会交往中的影响力、倾听力与沟通的能力，处理冲突的能力，建立关系、合作与协调的能力，说服与影响的能力等。有些人在人际关系中的影响力是与生俱来的，他们在参加酒会或是聚会的时候，只要很短的时间就能和所有人交上朋友。但也有些人并不具有这样的天赋，他们在社交活动中常常比较内向，宁愿一个人躲在角落里也不愿主动与别人交谈。

当代大学生在面对如此严峻的就业形势的情况下，必须努力提升自己的全面素质。其中，交际能力就是非常重要的一个方面。一个不会与别人交谈或是不能自如地与别人交谈的人，是不会受到用人单位的认可的，他的就业也必将是失败的。

大学阶段是一个人能力培养的最重要的阶段，也是最容易的阶段，所以，我们都必须抓住这个机会努力培养自己的能力，提升自己的能力。大学期间，在保证不影响到自己课程的条件下，可以积极地参加一些集体活动，社团、学生会等都是一个可以锻炼自己的平台。在参与这些集体活动的时候，你需要与他人交往，而在这个交往的过程中，你就会不断提升自己的人际关系能力。而且，参加这些活动，可以让你认识更多的人，结识更多的朋友，能够从朋友那里学到很多有用的东西，这些都将使你受益终身。

（四）正确的择业心态：提升就业能力的保证

首先，要积极、主动寻求就业，而不能被动的"等、靠、要"。很多毕业生把希望寄托在社会关系资源上，出现了求职"全家总动员"的现象；一些毕业生则期求依靠学校解决就业问题。事实上，在市场经济条件下，我国已经实现用工制度的双向选择，大学生主动"推销"自己是一个非常重要的实现就业的途径，因为能否胜任工作还是要靠自己的能力说话。

其次，要破除传统就业观念，实现多元化就业。大学生在择业时往往承受着来自社会和家庭中传统观念和传统心理的压力，仍然把留在大城市、端上"铁饭碗"作为首要选择，也有不少大学生倾向于选择外企、合资企业等薪酬较高的职业，但很少有人选择西部和基层，这就使就业成了过"独木桥"。其实，很多岗位还是非常需要大学生的。

最后，避免盲目追求，正确认识自我。我国的高等教育正处于从"精英教育"向"大众教育"转变的过渡期，一些当代大学生缺乏应有的危机意识，"眼高手低"，盲目追求就业中的高层次、高薪酬，在择业类型和择业区域上出现"扎堆"现象，造成了供求脱节，这也是造成大学生就业难的原因之一。

九、团队精神

加强素质教育，培养大学生的团队精神已成为当代教育者们所形成的共识。社会也把"是否具有团队精神"作为人员是否录用的重要指标。在现代社会，个人的力量显得非常渺小，单靠个人能力来解决重大问题的可能性已微乎其微，更多的成果是靠"集体大脑"，而创新人才将以一种团队的形式体现出来。也就是说，时代要求个体在具备必要的自身能力之外还必须具备与他人合作的协作能力。为此，培养受社会欢迎的、具有良好团队精神的大学毕业生，必将是高校教育的职责和神圣使命。

（一）大学生团队精神的内涵

所谓团队精神，就是团队成员共同认可的一种集体意识，是显现团队所有成员的工作心

理状态和士气，是团队成员共同价值观和理想信念的体现，是凝聚团队，推动团队发展的精神力量。从这一概念出发，大学生团队精神包含三个层面的内容：

首先是团队的凝聚力。团队精神表现为团队强烈的归属感和一体性，每个成员都能强烈感受到自己是团队当中的一分子，自觉地把个人与团队目标联系在一起。

其次是团队的合作意识。团队成员间相互帮助、互相关怀，大家彼此共同提高，在一个团队中，只有每个成员都最大限度地发挥自己的潜力，并在共同目标的基础上协调一致，才能发挥团队的整体威力，产生整体大于各部分之和的协同效应。

最后是团队的高昂士气。它体现了团队成员对团队事务的态度，表现为团队成员对团队事务的尽心尽力及全面投入。

（二）培育大学生团队精神的重要性

作为集体成员之一的大学生常常表现出合作、团结不够，纪律观念不强，个人主义至上，造成了不少班级和宿舍的凝聚力不强；有的同学把市场经济的金钱原则与竞争原则盲目扩大化，在与同学之间、师生之间的交往上不注意感情的培养，轻义重利，缺少互帮互助的热情，交往关系上过于淡漠；相当多的大学生对活动的参与意识不够，使文艺演出、体育比赛、演讲比赛、科技大赛等活动组织的难度增大；大学生在成长、发展历程中，比较注意自己的个性张扬，从依赖性逐步转向独立性和自主性，喜欢我行我素，习惯于自我奋斗，不大会主动与他人合作，对自己应付的社会责任缺乏负责的态度，等等。

目前在校的大学生，基本上是九十年代出生的，基本上是独生子女。独生子女在成长的过程中受到较多的关爱，基本处于家庭的中心地位，往往使得自我中心意识膨胀，很容易缺乏与人团结协作的主动性。为此，培养大学生的团队精神对于作为独生子女的这部分大学生尤为有意义。

我们再来看看调查，在《大学生团队精神调查问卷》中，共有26个问题。75.1%的同学认为团队精神在学习领域中较重要，71%的同学认为在生活领域中较重要，77.4%的同学认为在科学研究领域中较重要。令人深思的是：仍有12.6%的同学认为团队精神是一种不承认个人利益，抹杀个性的精神。并且，随着年级的增长，越来越多的人认为在社会主义市场经济条件下，强调团队精神会吃亏。特别是三年级的大学生中有这样看法的人多达到23.4%。我们更能从中看出：对毕业班同学更要有效地加强团队精神的教育，我们的德育教育实效性还有待加强；大学生们对培养团队精神的认识不足；大学生应具有的团队精神素质与社会对他们应具备的团队精神素质之间还存在着较大差距。

国际21世纪教育委员会于1996年4月向联合国教科文组织提交了报告《教育——财富蕴藏其中》。报告认为，为了实现人的全面发展，教育必须围绕四种基本的学习过程来重新设计、组织。即：学会求知、学会做事、学会共处和学会做人。学会共处就是指培养在人类活动中的参与和合作精神，就是要培养学生的团队精神。

培育大学生的团队精神不仅可以丰富学生的心灵，而且也推动了学校长效有序地发展：

1. 团队精神能带动学校校风的良好运作和发展

在团队精神的作用下，大学生能够主动意识到学会与他人合作是基本能力，了解自己和他人的长处、短处才是有效合作的基本前提。如在各种体育活动中、在采取团队形式的各种教学活动和竞赛活动中，充分体现学生在团队协作基础上的团队竞争力，认识到合作比竞争更重要。团队成员产生了互相关心、互相帮助的交互行为，显现了关心团队的主人翁责任感,并努力自觉地维护团队的集体荣誉,自觉地以团队的整体声誉为重来约束自己的行为,从而推动了校风自由而全面的发展。

2. 团队精神能够营造师生的"精神家园",助其建立归属感

一个具有团队精神的团队,能使每个团队成员显示出高涨的士气,有利于激发成员工作、学习的主动性。团队一旦形成了集体意识、共同的价值观,便具有高涨的士气、能够团结友爱,成员会自愿将聪明才智贡献给团队,同时也使自己得到更全面的发展。为了达到这样的效果,学校可营造积极对话的精神平台,如教学平台、学生博客、政务通、即时通、意见反馈箱等建立对话关系,师生之间、管理者与师生之间就可以进行自由平等的心灵交流,从而实现价值认同和境界提升,并营造了一个融洽关爱的心灵空间。

3. 团队精神有利于提高组织整体效能

由于多年的学校生活都是在各自为战的学业排名竞争中度过的,学生们体验最多的是个人之间的竞争,因而他们只具有单兵作战的经验。从个性心理角度来看,他们所欠缺的还不仅仅是合作能力。由于学校的教学活动多竞争、少合作,这种教育环境容易促使学生形成狭隘的、生怕别人超过自己而互相倾轧等病态心理,缺乏宽容大度的心胸。大学教育基于团队合作的竞争模式培养,是以每个成员的优势组合来提升团队的合作成效,由此带来的人际关系必然是互相协作并互通有无,所形成的心态则是宽宏大量,而每个人不仅能对自己的长处自信,同时也能欣赏他人的优势,这样,在加强团队建设时能进一步减少内耗。

(三)培育大学生团队精神的措施与途径

集体主义是大学生团队精神素质的价值底蕴。通过团队精神的教育,可以让大学生更加关心集体利益。在弘扬和谐主旋律的前提下,大学教育应倡导宽容的人文精神。团队精神素质只有在宽容的人文精神的土壤中才能得以发展。

1. 通过教学活动,特别是"两课",充分发挥思想政治理论课对团队精神的培育

目前,部分大学生由于缺乏团队精神的培养,要么仅仅注重个人的发展,忽视团队的作用,要么缺乏个性,随波逐流,在竞争中被淘汰。这种现象在近年来更加明显的摆在了人们的面前。我们也意识到,知识经济步伐加快,科技发展日新月异,呈现出各种学科、知识、信息、文化的交叉化,任何一个项目的完成单靠个人的力量是不可能得以实现的,它需要各种英才的汇集,发挥团队的智慧,同时辩证地处理好合作与竞争、个体意识与团队意识的关系。

良好的团队精神是思想政治工作的基础,为思想政治工作提供了有效途径,使学生的思想观念、道德标准和行为方式受到潜移默化,良好的团队精神还是思想政治工作的一项重要目标;高校思想政治教育对培养大学生团队精神的重要作用,也主要体现在思想政治教育的目标和内容等方面。因此,如何在进行教学、课外活动中逐渐培养学生的团队精神,使学生由较低的认知水平提高为较强的行为表现,从而适应社会的发展,关系到一个学校的教育是否真正"以学生为本",为每一个学生的充分发展而努力。

为了进一步加强高校的思想政治工作,中共中央下发了《中共中央国务院关于进一步加强和改进大学生思想政治教育的意见》,并明确指出,加强和改进大学生思想政治教育的主要任务是:以理想信念教育为核心,深入进行树立正确的世界观、人生观和价值观教育;以爱国主义教育为重点,深入进行弘扬和培育民族精神教育;以基本道德规范为基础,深入

进行公民道德教育；以大学生全面发展为目标，深入进行素质教育。这些任务的实现，都离不开大学生团队精神的培养。

1）了解当前大学生的新特点，理解大学生的情感，信任大学生。经过20多年的改革开放，整个社会的活力和动态性空前增强，代际传递年限不断缩短，大学生越来越具有丰富性、矛盾性和变动性。当前大学生，政治认同度更高、党员数量更多、维权意识更强、信息渠道更广、心理压力更大、团队精神更差、社会责任更弱、自我感觉更好。当前大学生虽然有明显的不足和缺点，但总体上是积极向上、可信赖的。应根据当今世界和中国的发展变化，承认大学生的发展变化，做好教育、引导大学生的工作。

2）高校思想政治理论课教学内容不仅是党和国家的意识形态的体现，同时也是大学生成才的内在要求。这是因为大学生是时代发展和社会进步的重要力量，大学生学习思想政治理论，特别是中国化的马克思主义的新成果，能更清楚地认识当前中国发展的大局，更准确地把握未来发展的大势，提高自己的政治素质、理论素质、思想水平和实际能力，从而为自己的成才奠定扎实的基础，确立体现时代精神的精神支柱。

所有的老师都担任着教书育人的职责，教师的知识、人格、做事方法以及对事物的态度都对学生有很大的影响，因此教师应注意自己的言行，并在教学过程中自觉地加强对学生团队精神的培养，使学生在学习科学文化的过程中，自觉地学会如何做人及如何做事。政治理论课是对大学生开展思想政治教育的主渠道，内容全面、系统，理论性强，其内容的设定，是针对大学生的思想现状和我国高等教育的实际情况来制定的，因此，在课改的进程中，必须本着与时俱进的精神，加强教育理念的转变，通过生动活泼、内容丰富的课堂教育培育大学生的团队精神。

另外，还可邀请校内外成功人士为学生开设讲座（如知名教授、企业家、工程师等），以他们成功的案例及丰富的社会阅历启迪大学生的思维，为大学生树立学习的榜样，增强大学生培育团队精神的自觉性。

2. 引导学生从日常学习生活做起，从点点滴滴做起，培育团队精神

大学校园中，一项集体活动从发起到结束的过程，往往是亲密人际关系的形成过程，在日常的学习、生活中，同学之间得以经常交换思想、交流情感、相互关心，在交往中共同体验合作的快乐。团队精神归根结底就是互助精神，只有通过日常生活中经常性的互助活动才能使学生深刻领悟"我为人人，人人为我"的集体主义内涵，从而自觉摒弃自私自利、唯我独尊的个人主义作风。例如，大学生创业团队内部可能对成员的生活起居时间不作任何要求，但是，团队对于召开讨论会的时间、对成员完成各自承担任务的时间是会作明确的、严格的要求的，不会容许开会迟到、中途无故早退的现象，不会容许对承担的工作任务讨价还价或拖拖拉拉。一个优良团队总是会通过协商来制订一些规章制度或公约，在内部营造一种讲究信用、遵守秩序的文化氛围。在这种团队活动中，在团员之间的相互监督下，大学生的纪律与规范观念可以得到加强，点点滴滴中孕育着团队精神的凝聚。

3. 通过班会，加强班级建设，有效地凝聚大学生的团队精神

班级是大学生成长的重要单位，也是最基本的集体单位。为了班级共同目标的实现，需经常或定期开班会。在班会中，同学们对思想、学习、参加社团或项目实践的体会以及如何搞好各项活动等内容交流心得、畅所欲言，使得班级成员之间在心理上彼此认同，产生一体感和归属感，集体意识增强，同时，也易促进班级全体成员迸发行动的力量，最大限度地为

集体目标共同努力，从而有效地培养了团队精神，加强了与人协作的能力。

4. 依托社团、项目小组建设，激发学习兴趣，培养团队精神

社团是微观的社会，参与社团活动是步入社会前最好的磨炼。在社团中，可以培养团队合作的能力、领导才能，也可以发挥学生专业特长，避免课堂教学的拘谨，增加了趣味性。

社团偏重于管理方面知识的运用，项目小组则是相对比较专业化，具有一定的技术含量。学生可以根据自己的特长和兴趣加入校园综合系统项目组、政务通实训项目组、ADS项目组、校务通开发项目组、思维空间项目组、视平线项目组、无线移动终端应用设计项目组和办公室自化项目组、数字化校园等，通过实训，动手的能力增强了，专业技能知识的理解加深了，更能体会到做项目单枪匹马是绝对不行的，要依靠团队，要有协作精神，分工合作才能完成。项目的跟进学习过程，就是一个学习合作、学习沟通、学习交流的过程，在实践的过程中就是认识规范、了解规范、应用规范、做到规范的过程。

第五章 保持健康良好的心理状态

第一节 大学新生常见心理困惑及调适

刚入学的大学生往往会出现各种心理问题，心理学上将这段心理问题高发期称为"大学新生心理失衡期"。

相关研究表明，导致心理失衡的因素首先是新生心目中的大学与现实中的大学有差距，产生心理落差。其次是新生对新环境，尤其是复杂的人际关系、不同的教学模式不适应，产生困惑而导致心理失调。另外，新生作为大学中普通的一员，与他们以前作为佼佼者的优越感冲突，也导致问题产生。

新生不适应新环境，如不及时调整，会产生诸如失落、自卑、焦虑、抑郁等心理问题。一般来说，这种因心理不适应而导致的心理失衡，持续的时间因新生心理素质的好坏而有长有短。有些新生因心理素质较差，又得不到外部支持，很可能需要长期调适才能度过心理失衡期。有的还可能因长期不能适应，而导致一些心理问题和疾病的产生，甚至因此而退学。所以，应注重对新生入学后的心理调适和心理健康教育。

一、大学新生常见的心理问题

（一）自我地位改变导致自卑心理

大学新生中多数人在中学时是学习尖子，进入大学后，不少人在学习上的优势感会削弱或消失，由此就会导致个体自我认知失调。一些学生心灰意冷，产生强烈的自卑感，甚至开始怀疑自己的能力。

（二）从依赖到独立带来焦虑心理

进入大学后，新生从中学时代那种被家长、老师管束状态下解放出来，强化了独立意识。然而，从依赖到完全自立却有一个过渡阶段，在这个阶段中，个体会感到许多困惑，陷入苦恼、焦虑之中，个别新生甚至想回家、想退学。

（三）人际关系适应不良导致孤独抑郁心理

大学新生一入学，就马上面临重新结识他人，与他们确立人际关系的过程。但他们与大学里面的新同学接触时，总习惯拿高中时的好友为标准来加以衡量。由于有老朋友的存在，常常会觉得新面孔不太合意，因此阻碍了相互间的沟通和交流。

（四）理想与现实的落差导致失落心理

进入大学以前，许多学生把大学生活描绘得过于理想化，抱有不切实际的幻想和过高的期望。一旦进入大学，就会发现现实生活中有许多不完善、不尽如人意的地方，从而使他们感到困惑、迷惘、失望，情绪消极低落。

（五）失去奋斗目标导致的迷惘心理

高中时期高度紧张的生活体验是学子们终生难忘的。经过高考的激烈竞争，很多学生感到筋疲力尽，这类歇歇脚的心理在大学新生当中很普遍。失去了目标和动力，大学生活便显得失落和茫然，缺乏学习的主动性。

二、如何达成健康心理

（一）尽快实现从中学生到大学生的转变

1）生活方式的转变，从他律到自律。
2）学习方式的转变，从被动到自觉。
3）人生目标的转变，从盲目到清晰，设计好自己的职业生涯。
4）心理的转变和成长，从单纯到成熟。

（二）从大一开始走好职业之路

1）就业指导从大一开始，就业准备从大一开始。
2）没有准备就是在准备失败。
3）如何准备：过好每一年，走好每一步。
4）通过3~4年的努力，增加自己的就业机会。
5）人生就是自助餐，你不自助谁助你？

（三）应该具备的心理品质和综合能力

1）心理品质：自信、乐观、坚毅、有恒心、务实、开放。
2）综合能力：专业能力、合作能力、交往能力、谋事与成事能力。

（四）作为大一新生我们应该具体怎么做

1）新生要正确认识、评价自我，对自己重新进行角色定位，扬长避短。
2）新生入学后要有目标，经常要问自己"我来上大学干什么？"，"我今后应该成为一个什么样的人？"，这样有利于角色定位，适应新环境。
3）新生在认识、评价自我时，也应对心目中的大学进行调整，使其回归到现实中，以减少理想大学与现实大学间的冲突而导致的心理落差和失衡。同时新定位的角色也只有建立在现实大学的基础上，才可能正确。
4）要学会与人相处，调整人际关系。

5）培养独立学习、生活的能力。
6）面对学习、生活的不适应，新生除了自己调适外，还可积极寻求外部支持。
7）学会自我调节。
8）正确认识心理咨询和进行心理咨询。

三、学会自我调节

合理的宣泄、运动调节、音乐调节、倾诉调节和寻求专业帮助都是我们能够用到的调节方式。

具体的调节方法：

（一）哭——适当的哭一场

在悲痛欲绝时大哭一场，可使情绪平静。哭是解除紧张、烦恼、痛苦的好方法。美国专家威费雷认为，眼泪能把有机体在应激反应过程中产生的某种毒素排出去。从这个角度来讲，遇到该哭的事情忍住不哭就意味着慢性中毒。

（二）喊——痛快地喊一回

当受到不良情绪困扰时，不妨痛快地喊一回。通过急促的、强烈的、无拘无束的喊叫，将内心的积郁发泄出来，也是一种方法。

（三）动——进行剧烈的运动

当一个人情绪低落时，往往不爱动，越不动注意力就越不易转移，情绪就越低落，容易形成恶性循环。因此可以通过跑步、打球等体育活动改变不良情绪。

（四）找人倾诉

俗话说"快乐，友人分享，是更大的快乐；痛苦，友人分担，就可以减轻痛苦"，不愉快的事情隐藏在心里，会增加心理负担。如找人倾吐烦恼，心情就会顿感舒畅。还可以找心理咨询员进行咨询，让他们帮助消解烦恼。

（五）转移注意力

转移注意力就是把注意力从引起不良情绪的事情转移到其他事情上，可以做一些自己平时感兴趣的事，做一些自己感兴趣的活动。如游戏、打球、下棋、听音乐、看电影、读报纸等，还可以外出旅游，到风景优美的环境中玩一玩，这样就可以使人从消极情绪中解脱出来，从而激发积极、愉快的情绪反应。

（六）纠正认知偏差

"人受困扰，不是由于发生的事实，而是由于对事实的观念。"决定情绪的是人的认知，主动调整自己对事情的看法，纠正认识上的偏差，多从光明面看问题，就可减弱或消除不良情绪，变阴暗为晴朗。

部分大学新生在刚进校的一段时间内，往往不能很好适应学校新环境。这种不适感会对大学新生的生活、学习及交往等各方面产生直接影响，甚至还会影响到他们大学生活乃至工作后的生活和发展。对此，有必要从心理辅导的角度加以心理调适。

第二节　积极心态做情绪的主人

一、情绪管理的意义

（一）情绪、情绪健康、情绪管理的含义

1. 情绪的含义

一般把情感中像愤怒、悲哀、恐惧等这种短暂地、急剧地发生的强烈的情感称为情绪，也包含那种即使程度不强，但相同症候反复呈现的状态或一般情感状态。人类的情绪状态是复杂多样的。一般而言，按照情绪持续时间长短、强弱程度和紧张深度可分为三种基本状态，即心境、激情和应激。

2. 情绪健康的标准

世界卫生组织认为健康是指人体生理、心理及社会适应的完满状态，并制定了健康的10项标准。情绪健康者又可以称为情绪成熟者。所谓情绪成熟，张春兴在《张氏心理学辞典》中定义为："情绪表达不再带有幼稚的、冲动的特征，在言行举止上表达情意时，均能臻于社会规范的地步。"健康情绪是指人能表现出与环境协调一致的情绪反应。这种情绪反应不仅要符合当时的场合、氛围，还要符合人的年龄、身份、文化特点。

3. 情绪管理的概念

情绪管理是社会发展到一定阶段出现的一种新的管理理念和管理方式，即在了解自己情绪特征的基础上，有意识地培养健康积极的情绪体验，建立科学的情绪宣泄和调控机制，自觉克服和消除负面情绪的影响，保持积极的人生态度。

（二）良好的情绪，对学生和谐心灵的塑造有着非常积极的意义

1. 有利于强化大学生的积极行为

情绪是人对外界客观事物是否符合自己的需要而产生的态度体验及外在表现形式，加强大学生的情绪管理，对于提高学生的思想认识，强化学生的积极行为，杜绝不良事故的发生有着极其重要的作用。

2. 有利于大学生的身心健康

情绪与心理健康关系密切，情绪是心理健康的重要标志之一。积极的情绪状态，对个体的身心健康有促进作用，能为人的神经系统的功能增添新的力量，使之充分发挥机体的潜能。而消极的情绪活动，则会对机体产生有害的影响。

3. 有利于学校的和谐发展

情绪管理的核心是将人本原理作为最重要的管理原理，使人性、人的情绪得到充分发展，人的价值得到充分体现。情绪管理的目标是追求现代教育管理全新理念之一的"和谐管理"，形成管理中各事物间协调地生存与发展的状态，满足人的情感需要，突出情绪的健康表达，在管理中做到人与人的和谐——人际和谐，人与社会的和谐——群己和谐，人与自然的和谐——天人和谐。

二、引起不良情绪的不合理认知

在现实生活中，人们会被许多事情所困扰，但并不一定由于某个特定的诱发事件直接引起，而是因为对经历事件的不合理认识或评价才形成心中的困扰。所以，合理的认识有助于产生合理的情绪和行为反应。例如，同样是工作失败，甲、乙两人的想法不同，甲认为准备得不够充分，尽管也会感到难过，但甲很快在工作中恢复了正常心态。乙想的却是：我本来是应该成功的，工作都做不好，我真是太无能了，乙的情绪反应就会变得比较消极。

调整认识主要可从以下三个方面来进行：

1. 调整对自身不正确的认识

即使在某件事上取得了成功，也不可能得到所有人的赞赏，不会在任何事上都得到他人的赞赏。善于控制情绪者会努力在自己原有的基础上做好每件事情，不是急着去和他人比较，而是会把别人的话当作参考，学习怎样把事情办得更好，而不是试图做一个完美的人。有情绪困扰的人应该摆脱那种以某事的成败为标准，对自己进行整体评价的不正确思维方式，不能因为一件事而否定一个人的整体价值。

2. 调整对他人不正确的认识

正确的认识应是：人们无权对他人提出绝对的要求，一味要求别人按照自己的意愿来行事是不可能实现的。善于控制情绪者会尊重他人，不要求他人按自己的意志行事，受到别人指责后，他们会设法认识和改正自己的错误。如果发现自己没有做错，也会体谅别人的情绪性责备；若是别人犯了错误，就会尽量地理解和接纳他人，并帮助其纠正错误。

3. 调整对周围环境及事物的不正确认识

遇到问题，善于控制情绪者往往会尝试改善周围的环境，如果无法做到，就要学会接受这种现实。当你产生焦虑、抑郁、愤怒、不满、不愉快、敌对、挫折感等情绪时，不妨尝试着从以上三个方面调整自己的认识，改善自己的情绪状态。

三、保持良好情绪的基本方法

在日常生活中如何调节情绪？要提倡心理卫生，学会自我心理调节，以保持良好的精神状态。

具体来说，希望能做到以下几点：

1）要对自然事物保持兴趣。像孩子一样，对环境中的色彩、声、光、香味、美景等自然万物保持兴趣，使人生变成一段趣味无穷的旅程。

2）广交朋友，积极处世。与朋友一起，积极参与一些有意义的活动，克服顾影自怜、郁郁寡欢的自卑心理。

3）乐观开朗的人生态度。无论在学校里或家庭中，避免过多的抱怨、挑剔和指责。遇事不忘超脱，放弃一切成见。尤其在用餐时切忌苦恼、害怕、焦灼或责难。

4）做事情当机立断，不要左思右想，犹豫不决。方案一经决定，不要再去多想。

5）珍惜时光。不要热衷于空想未来、追忆从前而使自己陷入苦思冥想的深渊，应该以最有效的方法来从事现在的工作和生活。

6）从事适度的文娱、体育活动。

7）必要时可运用"心理防御机制"进行自我调节。不良情绪的体验会影响人们形成健康的情绪状态，也可能会导致不同程度的心理障碍。

四、情绪调节的方法

情绪是以个体的愿望和需要为中介的一种体验性心理活动。情绪是心理活动的组织者，一般来说，正性情绪起协调的、组织的作用；负性情绪起破坏的、瓦解或阻断的作用。情绪困扰或不适不是诱发事件本身引起的，而是由自己的信念引起的，因此我们要对自己的情绪和行为反应负有责任，只有改变了不合理信念，才能减轻或消除目前存在的情绪困扰。以下我们将介绍三种情绪调节的方法：

（一）自我暗示法

自我暗示法的原理是主动给自己输送积极的信号，来调整自己的心态和情绪状态。

1）早上起床时就开始自我暗示：今天我心情很好！今天我很高兴！今天我办事一定很顺利！类似这样的话，要不断给自己暗示，从而使自己的潜意识接受这些信号。这将对个人一天的情绪都有很大影响，使他能够心情愉快、精神饱满地去从事各项工作。

2）早上出门前，对着镜子微笑。出门前，先对着镜子笑一笑，自问"我对自己满意吗？"如果自己认为不满意，继续对着镜子微笑，一直笑到自己感觉满意为止。自己满意了，好情绪才会从内心产生。

3）有人对你发脾气时，就立即暗示自己：我不能发脾气！我的忍耐力很强！我的修养很好！我能控制自己！

采用暗示方法，来保持自我的心态平衡和维持自己的情绪稳定。

（二）深度腹式呼吸法

深度腹式呼吸法可以让自己静下心来，排除杂念，是一种放松精神的自我调节方法，很简单实用。

1）吸气时，想象着宇宙中一股新鲜的空气慢慢的吸入，吸气要深、满，肚子慢慢被吸的很饱满，双手配合呼吸慢慢握紧，让每个神经都紧张起来。

2）吐气时，想象这股气流慢慢地从丹田中被排除，排除的很干净彻底，直至腹部变扁，双手配合呼吸慢慢松开。然后慢慢吐长气，吐气要慢、匀，直至全身全部放松下来。这样可以使血液循环减慢、心神安定下来，全身有一种轻松感。

3）这样一吸一呼，周而复始，反复进行。由于集中了全部的注意力，就能够使人内心逐渐排除一切杂念，从而消除紧张，达到自我放松的效果。

（三）自助式认知观念记录表法

"自助式认知观念记录表"，是对自我非理性观念进行识别和矫正。

1）情景是指导致不良情绪的事件，各种想法，白日梦或回忆。

2）情绪描述是指明伤心、焦虑、生气等，可按1%~100%评定情绪严重程度。

3）自动思维或想法。

4）理性反应，对自动思维的理性反应，也可以看作是变换视角或角度，特别是更为客观、理智地来考虑问题，它是保持情绪稳定和乐观的重要手段。

5）结果按照0%~100%重新评定自动思维（想法），并按0%~100%指出和评定相应的情绪。

第三节　塑造健康人格

一、健康人格特征

(一) 健康人格的内涵

健康人格是指人格和谐、全面、健康的发展，与社会环境相适应，为其他社会成员所接受而又充分展现主体个性特征的人格模式。健康人格是一种在结构上和动力上向崇高人性发展的特征，它表现出人格的完整性、统一性、稳定性等特点，是人格特征的完美结合，是人格所应达到的最高境界。其核心是个体身心的和谐以及个人与社会的和谐。具有健康人格的人，其最显著的特征就是能够正确认识自我、能够保持身心平衡，能够有意识地调节自己的行为以适应社会生活。

(二) 大学生健康人格的基本特征

健康人格的最核心内容就是要具备完整统一的人格品质，使自己的身心达到协调和统一，使自身能够适应社会，实现人生价值。具体而言，健康人格应具备以下几个基本特征：

1. 能正确地认识评价自我

"我是谁"这个问题是人类亘古不变的困惑。现代人生活在信息爆炸时代，每天都接受着来自四面八方的信息，可以说是文化经验、科学知识，无所不知，但是面对这个问题同样感到茫然无知。一句话，就是缺乏自知。而自知乃是一个人自我意识发展的基础。大学是自我同一性进一步发展的关键时期，大学生关于自己是谁，将来要成为什么样的人，如何为自己正确定位，必须有一个明确的概念。然而，大学也是一个令人困惑的时期，大学生很容易在纷繁的世界中迷失自己，随波逐流。因此，要拥有健康的人格，首先就必须能够将自我客体化，对自己的所有及所缺、所长及所短有较清楚、明确的认识，以便正确定位自己，扬长避短。对自我有了正确的认识之后，才能够给自己恰如其分的评价，既不自视清高、妄自尊大，也不自轻自贱、妄自菲薄；才能够认可自我，悦纳自己，接受属于自己的一切，从而形成对自己较积极的看法，在日常生活中有效地调节自己的行为与环境保持协调。

2. 具有良好的情绪、情感调控能力

大学生面对着各种各样的压力，有学业的压力、就业的压力、恋爱的压力，等等。情绪容易波动，情感不够成熟，容易走向极端，因此，必须具备有良好的情绪、情感调节能力。一个人只有能够自如地驾驭自己的情感，他才能保持内心的平和，泰然自若地面对生活，才有勇气和毅力去迎接生活的挑战。

3. 具有健全而合理的智能结构

健全而合理的智能结构是大学生健康人格的一个重要方面。健全的智能结构包括：良好的观察力、记忆力、思维力、注意力、创造力、想象力和表达能力等。现代社会，信息知识时时刻刻都在更新，人们必须不断地接受来自各个方面的信息，不断地更新自己的头脑，才能适应社会,大学生作为社会发展的未来,必须具备科学合理处理信息的能力。因此,整个智能结构的健全发展是大学生立足于新型社会的根本,大学生只有将各种认识能力有机结合并发挥其应有的作用,才能够较好地适应社会。

4. 具有和谐的人际关系

大学生生活在学校中,同时也参与一定的社会活动,必然要与他人联系。这就涉及人际关系的问题。如今的社会,想要完成一件事情,成就一番事业,没有他人的帮助,几乎是寸步难行的,因为现代社会已不再是一个木匠就能自主完成一张凳子的制作的社会。作为社会的一个成员,你所能做的可能只是凳子的一条腿,甚至不过是一个木栓。因此,必须学会合作,在合作当中求得生存,求得人生的快乐和价值,此时,能够与他人融洽地相处、愉快的合作就显得非常重要。另外,和谐的人际关系,能够给人归属感,避免使人产生孤独感、无助感等,能够促使人格向着更加健全的方向发展。

5. 具有远大的人生理想

"人无志而不立"。人生理想是一个人活着的追求,没有了人生追求,生活将变得枯燥而乏味。生活不可能一帆风顺,总会有风吹浪打,坎坷起伏,这时候必定要有一种乐观向上的生活态度,来让自己释怀,要有一定的信仰,坚定生活的信心,相信前途是无限光明的,这样才不至于被一时的迷雾迷糊了双眼,消极颓废。远大的人生理想,在健全人格中,就如同明亮的航标灯一样,激励着我们不断前进。

6. 具有强烈的社会道德责任感

大学生接受了高等教育,相对社会大多数的人群来说,其知识水平明显比较高。但是知识水平高并不代表一个人的道德水平也高。正如一本书中描述的那样:"一个掌握知识的人,其对社会和人类的破坏力是一个文盲所无法企及的。如果知识缺少了人格的驾驭,好比一列有着极好动力系统的火车,却没有安装相应的控制驾驶系统,一旦启动将可能横冲直撞,带来的只能是灾害。"因此,大学生在提高自身知识水平的同时,也应该注重社会道德责任感的培养,使自己做到品学兼优,德才兼备。

7. 具有乐观的生活态度和良好的意志品质

大学阶段,是大学生心理上的"断奶期",这时候,有很多事情需要自己独立去面对和处理。由于青年人的幻想性比较高,而实际生活经验却又相对贫乏,大学生往往会在理想与现实之间感受到一种"失落感",甚至经常有"处处碰壁,四面楚歌"的痛苦体验。这是一个在成长中困惑,在困惑中成长的过程,是难以避免的,它要求我们必须具备良好的意志品质和乐观的生活态度。无论是在大学期间,还是在往后的生活中,具备良好的意志品质和乐观的生活态度都是非常重要的。在某种程度上,它决定了我们的命运和人生。它是大学生健康人格不可或缺的一部分。

8. 具有健康合理的审美情趣

具有健康高尚的审美情趣、高品位的鉴赏力和高境界体味是健康人格的一个方面,它与人的认识能力和道德理性能力共同作用,使人进入一种高级精神境界,使人格臻于完善。健康的审美情趣对大学生树立审美观、人生观、世界观,塑造健康人格结构具有重要作用。具有高尚、健康的审美情趣,才能提高自身的修养,自觉抵制各种不健康思想的侵蚀,追求更高的人生价值,实现自我完善和提升。现代社会,是一个倡导个性化的社会,什么是

"美",已经没有明确的标准。追求个性化早已成为年轻人的一种时尚。但是由于对"美"缺乏深刻的认识,他们往往认为独特就是美,奇异就是美,在这物欲横流的社会,他们难免会因为追求所谓的独特美而遭受到各种各样的迷惑。大学生要深刻认识到美的真正含义,培养健康合理的审美观,在日常生活中处处反思自己的行为,力求符合健康高尚的审美标准,以美引善,以美导真,进而实现人格的完善。

二、大学生常见的人格缺陷

(一)自卑

自卑感是对自己不满、鄙视、否定的情感。进入大学后,有些大学生发现"山外有山",尤其是当学习、社交、文体方面显露出某些不足时就会陷入怀疑自己、否定自己的情绪之中,产生自卑心理。因此,自卑往往是自尊心受挫的结果,没有自尊心也就不会有自卑感,过强的自卑感往往又以过强的自尊心表现出来。有些大学生的敏感脆弱,经不起批评,原因即在于此。

如何才能走出自卑的阴影?对大学生来说,首先,要正确认识自己、悦纳自己,人有所长也有所短,有所短也有所长,不要为自己的所短而自卑。其次,要进行自信心磨炼,将目标定得小些,切合实际些,多积累成功的愉悦体验。再次,要确立合理的评价参照系和立足点,若以强者为标准则可能自卑,因而寻找适合自己的评价标准就显得很重要。俗话说:"人比人,气死人",理性的比较方式是多与自己做纵向比较而不是一味地与别人做横向比较。有了足够的自信心,自卑感就会悄然而退。

(二)害羞

害羞在大学生中并不少见。比如不敢在大众场合发表意见,害怕与陌生人打交道,路上见到异性同学会手足无措,见到老师会难为情,说话感到紧张等等。

害羞是一个人自我防御心理过强的结果,他们常常过于胆小被动,过于谨小慎微,过于关注自己,自信心不足。他们特别注意自己在别人心目中的形象,总觉得自己时时处在众目睽睽之下,于是敏感拘束,一句话要在喉咙口反复多次,一件事总要左思右想,为此搞得神经紧张,坐立不安。

害羞之心人皆有之,但过分的害羞、不该害羞时害羞,尤其当害羞成了一种习惯,则是有害的,它会导致压抑、孤独、焦虑等不良心理状态,还会阻碍人际交往,影响一个人才能的正常发挥。因此可通过有意识的调节来改变:

1) 要增强自信心。许多害羞者在知识才能和仪表方面并不比别人差。美国心理学家J·可奇和W·利布曼的一项研究表明,怕羞的女大学生自以为长得不美,但不相识的男生凭照片都认为她们与那些社交活跃的女生一样动人。因此要正确评价自己,多看到自己的长处。

2) 放下思想包袱,不要过于计较别人的议论。

3) 要有意识地锻炼自己。胆量和能力都是锻炼的结果,要敢于说第一句话,敢于迈第一步。上课、开会时尽管坐到前排去;走路时抬头挺胸,把速度提高四分之一;主动大胆地和别人尤其是陌生人、异性、老师讲话;与人说话时,正视对方的眼睛;在高兴时开怀大笑,等等。

（三）怯懦

怯懦主要表现为缺乏勇气和信心，害怕可能面临的困难和挫折，在挫折、困难面前常常知难而退，甚至不战而败。有些大学生过去的经历一帆风顺，因而特别害怕失败。"只能成功，不能失败"的非理性信念是造成一些大学生怯懦的原因。

有些大学生由于胆怯，不敢与人讲话，不敢出头露面，也不敢表明自己的态度，甚至不敢向老师提问题。有些大学生由于软弱不敢冒风险，不敢担重任，不敢与坏人坏事作斗争，不敢坚持自己正确的观点。但越是这样回避矛盾、躲避失败，越是容易体验到强烈的挫折感。

在挑战与机遇并存的现代社会，怯懦者会失去很多成功的机会，并可能成为落伍者。积极迎接挑战，争做生活的强者才是明智的选择。改变怯懦的最好办法是要敢于抓住机遇，积极锻炼，不怕失败，不怕丢面子，不怕担子重，多给自己鼓励和加压，在生活的词典中去掉"不敢"二字。

（四）懒惰

青年大学生本应是充满朝气和活力、开拓进取的群体，但事实并不总是如此。大学校园内曾经流行着这样的打油诗："人生本该 HAPPY，何必整天 STUDY，只要考试 PASS，拿到文凭 GO AWAY"，这从一个侧面反映了他们疲疲沓沓、得过且过、做一天和尚撞一天钟、缺乏进取精神的懒惰心理。

懒惰是不少大学生为之感到苦恼又难以克服的一种人格发展缺陷，是意志活动无力的表现，懒惰是影响大学生积极进取、张扬青春活力的天敌，尤其是在改革开放、日新月异的今天，它与时代是那么格格不入，必须予以改变，否则会有被时代淘汰的危险。

处于懒惰状态的大学生也常因此感到内疚、自责、后悔，但又觉得无力自拔，心有余而力不足，这主要是因为他们往往想得多而做得少，缺乏毅力所致。要克服懒惰，应充分认识到其危害性，自己对自己负责，振作精神，"起而行之"，从日常小事做起，并努力做到不给自己找借口，不原谅自己的偷懒，力争今日事今日毕，多与人交往，多关心外部世界，多参加有益身心的社会活动，而要做到这一切，有一个坚定而有价值的理想是非常重要的。

（五）狭隘

受功利主义影响，大学生中的"狭隘"现象有增无减。凡事斤斤计较、耿耿于怀、好嫉妒、好挑剔、容不得人等，都是心胸狭隘的表现，即日常说的"气量小"。心胸狭隘往往影响人际关系，伤害他人感情，也常给自己带来烦闷、苦恼，影响自己的情绪和在他人心目中的形象，因此，于人于己有百害而无一利。

克服狭隘，一要胸怀宽广坦荡，一切向前看，正如歌德所言，比海洋更广阔的是天空，比天空更广阔的是心灵。二要丰富自己，一个人的视野越开阔，就越不会陷入狭隘之中，这就是所谓的"站得高，看得远"。三要学会宽容，宽以待人。

（六）拖拉

拖拉是不少大学生的通病。拖拉是指可以完成的事而不及时完成，从今天推到明天，从明天推到后天，正是："春天不是读书天，夏日炎炎正好眠，秋多蚊虫冬又冷，一心收拾待明年。"导致拖拉的原因，一是试图逃避困难的事，二是目标不明确，三是惰性作用。拖拉一方面耽误学习、工作，另一方面并没有使人因此而轻松些，相反往往会导致心理压力，引起焦虑，总觉得有事情没完成，干别的事也难以安心，还会贻误时机。

改变拖拉，首先要充分认识其危害性，找到自己拖拉的原因，下决心改变。其次，要科学安排时间，凡事有轻重缓急，要一件一件地完成，还要讲究科学的学习和工作方法。最后，要敢于做不合心意或者需要花大力气的工作，必须完成的事，与其拖着、欠着，还不如及早动手干，完成后会有一种如释重负的感觉，会有一种欣喜感、满足感、成就感，而拖拖拉拉只会带来疲惫、松垮及焦虑。

（七）抑郁

抑郁是大学生常见的情绪困扰，是一种感到无力应付外界压力而产生的消极情绪，常伴有厌恶、痛苦、羞愧、自卑等情绪体验。抑郁人皆有之，对于大多数人来说，抑郁只是偶尔出现，时过境迁，很快会消失；但那些性格内向，多疑多虑，不爱交际，生活中遭遇意外挫折的人更容易长期处于抑郁状态，甚至导致抑郁症。

抑郁的大学生的主要表现是：情绪低落，郁郁寡欢，闷闷不乐，思维迟缓，兴趣丧失，缺乏活力，反应迟钝，干什么都打不起精神，体验不到快乐。抑郁在低年级大学生中更为普遍。所谓的"周末综合征"在很大程度上即是抑郁的体现。

要避免抑郁或从抑郁中解脱出来，就需要正确地评价自己，看清自己的长处，建立自尊，增强自信；调整认知方式，建立理性认知，不把事物看成非黑即白；扩大人际交往，多与人沟通，多交朋友。如果抑郁情绪较严重，应寻求心理咨询帮助。

（八）焦虑

焦虑是个体主观上预料将会有某种不良后果产生或模糊的威胁出现时的一种不安感，并伴有忧虑、烦恼、害怕、紧张等情绪体验。在这个紧张刺激不断增多、竞争不断增强的社会里，每个人都可能处于一定的焦虑状态。适度的焦虑对于保持生命活力是必要的，这里所说的焦虑主要是指不适当的高度焦虑。

被焦虑困扰的大学生常表现出烦躁不安，思维受阻，行动不灵活，身体不舒服等症状。大学生焦虑主要集中在考试和人际关系两个方面。我国大学生的考试焦虑是对考试的紧张感、自信心缺乏、对考试结果过于担忧、认知障碍等因素造成的，而且女生比男生更易焦虑。一般认为，大学生对人际关系的焦虑与缺乏自信、交往技能差（或自认为差）、自尊心过强等密切相关。

不适当的高度焦虑对身心健康是不利的。为此，应增强自信，相信车到山前必有路，总会有办法的；应不怕困难、磨炼意志，无所谓的担忧正是焦虑之本质；应当机立断，积极行动。总之，凡事尽最大的努力，把注意力从担心失败转移到积极行动、争取成功上来。

（九）虚荣

可以说，虚荣心普遍存在于每一位大学生身上，尤其是女生身上，这是正常的，但一旦过分，则会有害无益。

虚荣心往往与自尊心、自卑感联系在一起，没有自尊心，就没有虚荣心，而没有自卑感，也就不必用虚荣心来表现自尊心，虚荣心是自尊心和自卑感的混合物。虚荣心强的大学生一般性格内向、情感脆弱、多愁善感，虽然自惭形秽，却又害怕别人伤害自己的尊严，过分介意别人的评论与批评,与人交往时总有一种防御心理,不允许有稍微侵犯,且常会千方百计地抬高自己的形象。他们捍卫的往往是虚假的、脆弱的、不健康的自我,以致无暇来丰富、壮大真实的自我。

防止或改变过强的虚荣心,首先要对其危害性有清醒的认识,有勇气、有决心改变自己。其次应当努力认识自己,了解自己的长处与短处,扬长避短。再次,要树立自信和健康的荣誉心,正确表现自己,不卑不亢。最后,不为外界的议论所左右,正确对待个人得失。

(十)自我中心

随着自我意识的发展,大学生越来越感到自己内心世界的千变万化、独一无二,他们越来越多地把关注的重心投向自我,尤其是那些有较强自信心、自尊心、优越感、独立感的学生就比较容易出现自我中心的倾向。当这种倾向与一些不健康的思想意识(如个人主义、自私自利思想)和心理特征(如过强的自尊心、唯我独尊等)结合时,就会表现出过分的、扭曲的自我中心。过多自我中心的人往往以自我为核心想问题、做事情,从"我"出发,不能设身处地进行客观思考,颐指气使,盛气凌人,不允许别人批评,"老虎屁股摸不得"。这种人往往见好就上,见困难就让,有错误就推,总认为对的是自己、错的是别人,因而他们常不能赢得他人的好感和信任,人际关系多不和谐。

克服过分自我中心的途径包括:第一,树立健康的人生观,自觉地将自己和他人、集体结合起来,走出自己的小天地;第二,恰当地评价自己,既不低估也不高估,既不妄自菲薄,也不自高自大;第三,尊重他人,只有尊重和信任才能获得友谊;第四,设身处地地从他人的角度思考问题,将心比心,真诚地关爱他人,从而做到"我爱人人,人人爱我"。

三、塑造健康人格

我们对那些我们无法改变的事情无能为力,但我们并非生来就人格失衡,无论我们是否拥有强健的心灵,我们都可以通过不断努力来完善自己的人格,从而获得更加美好的生活。"种下行为,收获习惯,种下习惯,收获性格,种下性格,收获命运"。正直的人格是从生活中的一点一滴积累起来的。

(一)认识自我,优化人格整合

我们要认识自己,包括自己的优点和缺点。无论在寂寞地独处,还是在喧闹的人群中,我们都能看到真正的自我,只要留心,我们会慢慢了解自己,也了解自己的潜能和局限,进而明确自己的目标和即将为之付出的努力,而不会因高估或低估自己而痛苦。我们的人格存在美好的一面,也有阴暗的角落,因此我们要注意优取劣汰,也就是要不断加强我们优秀的一面,比如正直、乐观、坚强、富有爱心等,克服劣质的一面,如自卑、虚荣、悲观、怨天尤人等。

(二)努力学习科学文化知识

荣格有句名言:"文化的最后成果是人格",培根也有名言:"知识就是力量"。学习科学文化知识,增长智慧的过程也是优化人格整合的过程。事实上,有不少人格发展缺陷源于无知,如无知容易使人自卑、粗鲁,而丰富的知识则使人自信、坚强、理智。

各学科的全面发展是人格健全发展的智力基础,因为各学科的知识同处于一个庞大的系统中，其间既相互联系，又能在各自的发展中相互迁移、相互促进，可以说，有了智力基础，人格发展的速度与质量才有保证。对此，培根的论述很深刻："读史使人明智，读诗使人灵秀，数学使人周密，科学使人深刻，伦理学使人庄重，逻辑修辞之学使人善辩，凡有所学，皆成性格。"受应试教育影响，许多理工科大学生缺乏人文知识，文科大学生缺乏科学精神，这对于人格的健全发展是不利的，当代大学生应做到科学与人文并重。

重理轻文，是我们目前学校教育的现状，也是整个社会的倾向，可是人文精神的缺失很可能导致大学生精神的空虚，致使他们难以走出心灵的困境，导致人格品质的失衡。大学的教育功能不仅是教育培训、培养专门人才，更在于造就人，养成健全的人格、训练独立思考的能力，让大学生的思维能够与人类文明所取得的共同成果保持同一方向的联系。一位大学教授说过："人文就是审思人生，对生命进行终极意义的叩寻，对人类的生存状态与命运进行全方位的深层观照。人文精神本质上是一种自由、自觉、批判的精神。大学是人文精神的一面旗帜，是大学生'精神成人'的摇篮。"

（三）积极参加实践活动，从小事做起

实践是人格发展的必由之路。无论是知识的获取、能力的形成，还是意志的磨炼都离不开实践。诸如一个人的勤奋、坚韧、乐观、细致等人格特征都是长期实践锻炼的结果。大学生应积极参加各种有益身心健康的实践活动，如近年来校园内兴起的青年志愿者活动对于大学生人格的发展与塑造就很有意义。一个人的一言一行往往是其人格的外化，反过来一个人日常言行的积淀成为习惯就是人格，例如个人有刷牙、梳头、洗手、勤换衣服、常剪指甲等习惯，就反映了他具有"清洁"这一人格特质。因此，优化人格整合要从眼前的小事做起，无数良好的小事可"积沙成塔"，最终构建成优良的人格大厦。

（四）发展良好的人际关系，融入集体

人格发展、塑造的过程是个体实现社会化的过程，是个体与他人、集体、社会相互作用的过程。人格是在行为中表现的，健全的人格也只有在与人交往中才能体现出来。塑造健全人格，必须发展良好的人际关系——尊重社会习俗、关心他人的需要、真诚地赞美、不做无建设性的批评、多与他人沟通意见、保持自尊和独立等。

（五）锻炼身体，强健体魄

人格发展的过程是体质、心理因素与智力因素协同作用、相互促进的过程，健康的体质是人格健全发展的物质基础。一个体弱多病的人是难以发展健全的人格的，拖拉、懒惰、急躁、怯懦等人格发展缺陷与不坚持体育锻炼明显有关。

（六）防止"过犹不及"

凡事都有"度"，人格发展和表现的"度"是十分重要的，人格塑造过程中应把握辩证法，掌握好度，否则就会"过犹不及"，适得其反。具体说来，应该是自信而不自负，自谦而不自卑，勇敢而不鲁莽，果断而不冒失，稳重而不犹豫，谨慎而不怯懦，豪放而不粗俗；好强而不逞强，活泼而不轻浮，机敏而不多疑，忠厚而不愚昧，干练而不世故，等等。

（七）学会自我调节

包括调节自己的情绪、自我教育、自我约束，通过自我暗示、转移注意力等方法调节好自己的情绪。

（八）加强思想教育

高校应当加强思想道德教育，介绍西方先进的人格理论和人格失衡的矫正途径，塑造健全人格人文氛围，引导学生形成积极乐观的人生态度。另外，可成立心理辅导中心，及时解决学生的心理问题，帮助学生找到自己健康的心灵空间。

以上只是一些建议，我们认为人格塑造是一个长远的过程，"心诚则灵"，只要我们意识到培养健康人格的重要性，而且用心去感受，用心去做，多多提高自己的人文素养，就一定能找到适合自己的途径，踏踏实实地去做，终有一天能找到自己，为自己塑造一个健全的人格，构建一颗纯真的心灵，最终拥有生命中难得的幸福。

知识拓展

马斯洛归纳出如下 16 条理想的人格特征：
1）了解并认识现实，持有较为实际的人生观。
2）悦纳自己、别人以及周围的世界。
3）在情绪与思想表达上较为自然。
4）有较广阔的视野，就事论事，较少考虑个人利害。
5）能享受自己的私人生活。
6）有独立自主的性格。
7）对平凡事物不觉厌烦，对日常生活永感新鲜。
8）在生命中曾有过引起心灵震撼的高峰体验。
9）爱人类并认同自己为全人类之一员。
10）有至深的知交、有亲密的家人。
11）有民主风范，尊重别人的意见。
12）有伦理观念，能区别手段与目的，绝不为达到目的而不择手段。
13）带有哲学气质，有幽默感。
14）有创见，不墨守成规。
15）对世俗和而不同。
16）对生活环境有改造的意愿和能力。

第四节 培养健康的心理，做阳光大学生

一、大学生心理健康的标准

理论研究与实践证明，人是生理、心理与社会层面的统一。人不仅仅是一个生物体，而且是有复杂的心理活动、生活在一定的社会环境中的完整的人。世界卫生组织（WHO）提出，健康是一种生理、心理与社会适应都趋于完满的状态，而不仅是没有疾病和虚弱的状态。健康是生理健康与心理健康的统一，二者是相互联系、密不可分的。生理产生疾病时，其心理也必然受到影响，会导致情绪低落、烦躁不安、容易发怒，从而引起心理不适；同样

那些长期心情抑郁、精神负担重、焦虑的人易产生身体不适，因此，健全的心理有赖于健康的身体，而健康的身体有赖于健全的心理。在实践中，我们认为，大学生心理健康应从以下几个方面把握：

（一）智力正常

这是大学生学习、生活与工作的基本心理条件，也是适应周围环境变化所必需的心理保证。因此在衡量时，关键在于是否正常地、充分地发挥了效能，即是否有强烈的求知欲，是否乐于学习，能否积极参与学习活动等。

（二）情绪健康

其标志是情绪稳定和心情愉快。包括的内容有：愉快情绪多于负性情绪，乐观开朗，富有朝气，对生活充满希望；情绪较稳定，善于控制与调节自己的情绪，既能克制又能合理宣泄；情绪反应与环境相适应。

（三）意志健全

意志是人在完成一种有目的的活动时，所进行的选择、决定与执行的心理过程。意志健全者在行动的自觉性、果断性、顽强性和自制力等方面都表现出较高的水平。意志健全的大学生在各种活动中都有自觉的目的性，能适时地做出决定并运用切实有准备的方式解决所遇到的问题，在困难和挫折面前，能采取合理的反应方式，能在行动中控制情绪和言行，而不是行动盲目、畏惧困难、顽固执拗。

（四）人格完整

人格指的是个体比较稳定的心理特征的总和。人格完善就是指有健全统一的人格，即个人的所想、所说、所做都是协调一致的。人格结构的各要素完整统一；具有正确的自我意识，不产生自我同一性混乱，以积极进取的人生观作为人格的核心，并以此为中心把自己的需要、目标和行动统一起来。

（五）自我评价正确

正确的自我评价是大学生心理健康的重要条件，大学生通过自我观察、自我认定、自我判断和自我评价，做到自知，恰如其分地认识自己，摆正自己的位置，既不以自己在某些方面高于别人而自傲，也不以某些方面低于别人而自惭，能够自我悦纳，喜欢自己，接受自己，自尊、自强、自制、自爱适度，正视现实，积极进取。

（六）人际关系和谐

良好而深厚的人际关系，是事业成功与生活幸福的前提。其表现为：乐于与人交往，既有广泛而深厚的人际关系，又有知心朋友；在交往中保持独立而完整的人格，有自知之明，不卑不亢；能客观评价别人和自己，善取人之长补己之短，宽以待人，乐于助人，积极的交往态度多于消极态度，交往动机端正。

（七）社会适应正常

个体与客观现实环境保持良好秩序。通过客观观察取得正确认识，以有效的办法应对环境中的各种困难，不退缩，还要根据环境的特点和自我意识的情况努力进行协调，改变环境适应个体需要或改造自我适应环境。

（八）心理行为符合大学生的年龄特征

大学生是处于特定年龄阶段的特殊群体，大学生应具有与年龄、与角色相应的心理行为特征。

二、大学生培养健康心理的方法

（一）掌握一定的心理卫生知识

大学生已经开始走向成熟，自我意识已基本建立，这时最重要的是自我教育。因此，每个大学生都应增强心理卫生意识，了解心理卫生的知识，这就等于拿到了通往健康心理的钥匙，在必要的时候就可以进行自我调节了。

（二）树立正确的人生观和世界观

人都有其复杂、丰富的主观内心世界，其核心部分就是一个人的人生观和世界观。有了对人生、社会的正确认识，并采取适当的态度和行为去把握和对待，就能使人站得高、看得远，正确地体察和分析客观事物，做到冷静而稳妥地处理事情。同时也能胸怀开阔，保持乐观主义精神，决不会为细微得失、个人恩怨乃至鸡毛蒜皮的小事所困惑，从而可以有效地防止心理问题的发生，有利于保持心理健康。

（三）建立合理的生活秩序

许多大学生是头一次离家独自生活，一时间似乎得到了许多的"自由"。不过，如果滥用这种"自由"，或随心所欲，或负担过重，不顾自己的身体状况和生理节奏，都会导致精神损伤。所以，尽快建立合理的生活秩序乃当务之急。

1. 学习负担适量

大学生的主要任务是学习，他们的很多心理活动都与学习有关。大学生的学习应有一定的压力，这种压力对心理健康发展及学业的完成是必要的，但不能过分加重负担。许多新生入学，容易出现两种倾向：一是觉得苦读这么多年，好不容易进了大学，可以轻松一下了。二是不太适应大学的学习方式，压力较大，产生高度焦虑，这种状况又导致学习上疲于应付，进而影响其自信心。这两种不良倾向，最终都可能导致学业上的挫折，带来苦恼及自我否认等心理问题。

2. 生活节奏合理，有张有弛

大学校园生活是丰富多彩的，这为合理安排生活节奏，积极参加多种多样的文体活动提供了十分有利的外在条件。这样既可以调剂紧张的学习生活，又可以开阔视野、广交朋友，发现自己在各个方面的潜力，积累与他人相处的经验，从而产生愉悦的体验。这种平稳的积极状态，能充分发挥潜能，增强自信，使自己的生活富有节奏感，从而劳逸结合，提高学习效率，达到最佳的适应状态。

3. 学会科学用脑

首先，要勤于用脑，合理用脑。所谓合理，一是用脑时间不宜过长，以一个半小时为宜；二是学习内容要合理安排，如从事计算、分析等智力活动后听听音乐、学学绘画可以减轻大脑左半球负担过重的现象。其次，要适时用脑，即讲究最佳用脑时间。由于大脑细胞的活动有一定的时间节奏，只有在最佳时间用脑，学习效率才会提高。对于大学生来说，在一天中，学生的大脑皮层技能会出现几次高潮，第一次是清晨，第二次是上午开始上课，第三次是中午午休后，第四次是晚饭后。最后，还要有节律地用脑。一方面，大学生要自觉遵守作息制度，养成良好的生活习惯；另一方面，要做到劳逸结合，只有这样，才能使大脑得到适当的休息。如果大脑过度疲劳、紧张，不仅会降低学习效率，而且极易引起各种身心疾病。

（四）保持健康的情绪

情绪对于心理健康来说，是至关重要的。几乎每一种心理疾病都有其情绪上的表现。稳定而良好的情绪状态，使人心情开朗、轻松安定、精力充沛，对生活充满乐趣与信心；相反，如果一个人情绪波动不稳，患得患失、喜怒无常，处于不良的情绪状态中，而自己又不会调节和控制，就会导致心理失衡和心理危机，甚至精神错乱。大学生情感丰富而冲动，就更应学会保持健康的情绪。首先，学会合理宣泄，找到充分表达自己情绪的方法，同时不要放纵自己。每个大学生都应意识到，任何一种情绪，都是由一定原因引起的。正视这种原因，接受这种情绪，并让其适当地表达出来，才会有益健康。在生活中，人们难免会遇到不良刺激而出现负面的情绪反应。然而，剧烈的情绪会降低人的理智水平，一旦失去了控制，会带来许多不良后果。所以，一个人应在自己情绪剧烈变化的过程中，及时给予控制，以避免愤怒情绪在任何场合下的爆发。其次，对于消极情绪，要学会几种自我疏导、自我排遣的方式。当遇到忧愁、不平和烦恼时，应把它发泄出来，长期压抑情绪是有害于身心健康的。在忧郁的时候，找知心朋友或亲人倾诉，使不良情绪得以发泄，压抑的心境就可能得到缓解，甚至大哭一场也不失为一种调整机体平衡的方式。在倾诉郁闷的过程中，还可能获得更多的情感支持和理解，获得认识和解决问题的新思路，增强克服困难的信心。也可用转移的方式，对一件令人沮丧的事，可分散注意力，把自己的注意力转移到别的事物上去，暂时离开这件不愉快的事情，这样便可使郁闷排遣出来。还有一种很好的调节方式就是幽默。幽默能使紧张的精神放松，摆脱困窘的场面，消除身心的某些痛苦，从而达到心理健康。

（五）建立良好的人际关系，学会去爱

和谐的人际关系可以增强自信和理解，减少心理上的不适感，实现心理平衡。健康的心理需要丰富的营养，最重要的营养就是爱。爱不是抽象的，它有着十分丰富的内涵，包括关怀、帮助、支持、理解、宽容、鼓励、安慰、惦念等，这一切都可以从良好的人际关系中学到，反过来，这些内容又可以使人际关系更为和谐。

（六）树立符合实际的奋斗目标

每个人都有成功的欲望，但是每个人的能力又有一定的限度，都有自己的优势和劣势。因此要对自己的能力做出客观的评价。这对于保护个体少受挫折并充分发挥才能都是非常重要的。因此，不要对自己过分苛求，把奋斗目标确定在自己能力所及的范围以内，通过努力最终实现这一目标。成功的体验，对于维持心理健康是极为重要的。与此相反，如果只凭良好的愿望和热情，盲目地制定宏伟目标，结果往往是目标落空，使个人心理蒙受打击，产生挫折体验，不仅白白耗费了精力，也给自信心和心境造成不良的影响，而且还会影响到今后的进一步发展。

（七）学会自娱

人不可能总是工作和学习，在业余时间，积极开展娱乐活动，可以消除烦闷忧虑，排遣孤独寂寞，缓解紧张和压力等，从而使自己得到放松和休整。这样对个体的身心保健是极有好处的。因此，每个大学生应根据自己的性格特点和条件，培养和发展一些个人兴趣和爱

好，学会自我娱乐。

三、提高自己的心理素质

（一）提高大学生心理素质的方法

大学生的心理虽然尚未完全成熟和定型，但可塑性很强，只要方法得当，良好的心理素质完全可以凭借自身的努力而形成。

1. 要培养良好的求知欲和浓厚的探索兴趣

大学生的主要任务是学习知识，包括文化知识和社会知识。学习文化知识是为了掌握一定的文化技能，为将来走向社会并能够立足社会打下良好的基础。大学的学习方法和内容与中学有着很大的不同，因此进入大学校门首先要适应大学的学习方法和内容，尽快掌握学习要领，培养浓厚的学习兴趣和求知欲。学习社会知识是为了更好地适应社会发展的需要，当今社会需要的是复合型、多方位的人才。大学生活，文化课的学习固然重要，但是同学之间、朋友之间和师生之间的人际交往能力、组织协调能力、动手实践能力以及应付各种困难、处理各种问题的能力都是不可或缺乃至应该掌握的。因为大学阶段是一个人的世界观、人生观和价值观定型的时期，因此，只有培养旺盛的求知欲和探索兴趣，掌握更多的文化知识和社会知识，才能树立正确的世界观、人生观和价值观，才能成为一个对社会有意义的人。

2. 要有正确和谐的自我认知

大学生对自己要有一个良好、准确的定位和认知，社会称我们是"天之骄子"，但我们却不能总以此自居，骄傲自大，不虚心学习，过高地评价自己。当然也不能因为遇到一些挫折和困难而妄自菲薄，过低地评价自己。而应当把"自尊、自强、自信、自立、自制、自爱"作为自我认知的具体指标，把"真诚、理解、信任、体贴、热情、友善、幽默、开朗"作为自我完善的具体指标，从而客观地认识自我，正确地评价自我。

3. 要有健全的意志品质，敢于面对各种挫折

人生之路不可能是一帆风顺的，难免会遇到一些挫折和困难，大学生要想成为社会的有用之才，就要不断提高自身抗挫折的能力，保持健康向上的心理，提高心理素质，要正确面对挫折并主动适应和战胜它。这就要求一是要加强自身素质的修养，不断丰富和完善自己；二是要学会控制和调节自己的情绪，不断优化自己的心理素质，增强适应能力；三是要有坚强的意志品质，俗话说"有志者事竟成"，大学生要想成才，就必须优化自身的意志品质，做一个意志坚强的人。

4. 要有健康的情绪体验，提高情绪调节与控制的能力

情绪是心理素质教育中的重要内容，一个人的情绪在一定的周期里都有高潮和低潮，把握高潮和控制低潮是调节情绪的关键所在。但是一个人过分的情绪化是心理不成熟的表现，处理问题和解决矛盾不是理性的去对待，而是感情用事，这样不仅不利于解决问题，反而会使矛盾更加激化。大学里出现的各种矛盾与社会中的相比，并不是什么大的矛盾，因此作为一名大学生，在大学的学习和生活中，在处理各种矛盾和问题的时候就要学会调节和控制自己的情绪，学习情绪理论的相关知识，掌握自我情绪调节和控制的技巧，培养积极健康的情绪，排除消极不健康的情绪；保持情绪的稳定，为以后走向社会打下良好的基础，因为在职

业成功的道路上，最大的困难往往并不是缺少机会或资历浅薄，而是缺乏对自己情绪的控制。心理素质的高低好坏不是先天的，而是在于后天的学习、实践和锻炼。积极参加心理素质的教育活动，听取心理素质的教育报告，学习心理素质的常识、积极参加课外社团活动，参加学校组织的各种校园文化体育活动，参加社会实践活动等等，这些都有助于提高大学生的心理素质。

（二）提高心理素质的具体方法

1）树立正确的人生观，始终保持开阔的心胸，提高对心理冲突和挫折的忍受能力，热爱生活，热爱学习。

2）充分认识自己，正确评价自己，有自知之明，不自卑、不自负。

3）积极交友，宽容待人，善于与他人交流思想、感情，相互帮助，相互学习。

4）积极培养自己的各种兴趣爱好，如琴棋书画，参加有益的娱乐活动，积极参加各种体育活动。

5）多读优秀的文学、艺术作品，如《钢铁是怎样炼成的》《红岩》等，陶冶情操，树立远大的理想。

6）学会思考，多动脑筋，学会全面分析复杂问题，要有遭受挫折的思想准备。

7）要积极参加劳动，在劳动中吸取教训，接受艰苦的磨炼。

8）学生首先从尊敬长辈、尊敬老师做起，懂得尊重他人的劳动成果，爱护财物，养成勤俭节约的品质。

第六章 就业与深造

第一节 就业形势与环境

一、大学生就业环境和就业形势现状分析

高校连续几年的扩招,使中国高等教育迅速迈入大众化,造成了高校毕业生高存量、高膨胀,使得高校毕业生的就业压力和难度也越来越大。来自教育部的数据显示,2014年全国高校毕业生722万人,2015年达到749万人,2016年达到了765万人。

(一)大学生就业由"精英"走向"大众",初次失业率相对较高

随着高等教育进入大众化教育阶段,大学生不再是人才"精英",不再是计划经济体制下的"宠儿",高校学生的就业方式发生了极大变化——从"包当干部"到"双向选择"再到"自主择业"。在这种情况下,大学毕业生就要积极迎接新的挑战,公平地参与社会竞争。于是,有一部分优秀的大学生通过竞争进入了社会精英岗位,而大部分将从事一线工作。而在由精英教育向大众化教育转变的阶段,一方面由于用人单位用人门槛仍然居高不下,另一方面毕业生择业时不综合考虑社会就业大环境和个人条件,盲目求高求大,以致大学生毕业后几年内失业人数较多,失业率有时甚至高于社会平均失业率。我国近几年高校毕业生的初次就业率约为70%,而随着毕业生数量的增多,近几年内,大学生待业人数将会逐渐增加。

(二)需求结构性失衡矛盾突出,就业向第三产业倾斜

近年来,虽然社会各界对毕业生的需求从总体上看供求基本平衡,但仍然在学科专业、学历层次、地区、院校、用人单位及性别之间存在突出的失衡问题。计算机、电子、通讯、土建、机械、自动化等学科专业毕业生需求旺盛,而法学、哲学、社会学、经济学等学科的社会需求较少;社会对毕业生学历层次要求较高,研究生以上学历供不应求,高职、高专生供大于求,造成低学历者就业难上加难;东部沿海发达地区需求多且毕业生趋之若鹜。

用人单位和院校也都呈现出"名牌"优势；女生在就业中受到性别歧视，出现男女就业机会不均等。

随着我国市场经济体制的建立健全，第三产业以及三资、私营和个体经济越来越成为就业主渠道，而公有制企业的职业需求量将逐渐下降。我国目前第三产业从业者还不到30%，而发达国家均已超过50%，所以我国今后的第三产业发展必将突飞猛进。在第三产业以及三资、私营和个体经济行业中，从业人员多数是在第一线工作的，由此大大拓宽了高校毕业生就业渠道。

（三）就业市场由"卖方"走向"买方"，就业竞争激烈

精英教育阶段时期，是在计划经济调控下，高校毕业生就业由国家统包统分，高等学校是"卖方市场"。随着大众化教育的来临，大学毕业生供求关系发生根本性变化，就业也基本趋于市场化，在今后很长一段时间内，毕业生的数量不断增加，而社会的有效需求却在短期内增加有限，因而供大于求的高校毕业生就业将处于"买方市场"。尤其是当前所谓的"热门"职业，"热门"岗位，在毕业生层次间、相近专业间共同竞争一个岗位的现象仍将明显存在。另一方面，学校之间、用人单位之间也存在着激烈的竞争。好多学校特别是高职类院校提出了"学生就业第一"的办学理念，采取各种措施与用人单位加强联系，拓宽就业渠道，力求学生高就业率高质量就业；作为用人单位，为了在激烈的竞争中选拔到优秀的毕业生，也不仅局限于人才招聘会，而是经常与学校联系，用各种方式与学生直接接触，随时物色合适人选。

（四）社会对毕业生素质要求提高，复合型、应用型人才受欢迎

就业的竞争实质上就是人才的竞争，用人单位对毕业生的素质要求越来越高，已从"数量型"转为"质量型"，用人观不再固守"用人所学与学有所用"，而是逐步形成了"不求所有，但求所用"的用人新模式。因为只要综合素质高，璞玉可琢，专业知识可以到企业进行有针对性的培养。从众多用人单位的招聘条件来看，看重的综合素质包括：较高的政治身心素质和高尚的道德、强烈的事业心和责任感、踏实肯干和吃苦耐劳的创业精神、扎实的基础知识和宽广的知识面、较强的动手能力和实践能力及工作经历、较强的适应能力和团队精神等等。因此，综合素质高的毕业生受到青睐，就业面宽，机会多，选择机会大；而综合素质低者就出现了"就业难，难就业"的现象。

（五）就业市场日臻完善

大学生就业市场是毕业生和用人单位供需见面、双向交流、双向选择的场所，毕业生有择业自主权，用人单位有择人自主权。现阶段，我国与市场经济体制相适应、以政府为主导、以高等学校为基础的毕业生就业市场体系正日臻完善。第一，各地政府定期或不定期地组织就业洽谈会、人才招聘会，实行了人才储备库和就业信息网制度，方便了用人单位随时挑选人才。第二，以学校为主体的就业市场，由于与用人单位联系更加密切，供需双方专业对口，学生签约率高，效益优势明显凸现。第三，公平竞争、优胜劣汰得以充分体现，公开、公平、公正的择业氛围正在逐步形成。第四，就业关系更加制度化、法制化，录用毕业生需签订聘用合同，劳动关系有了保证。

（六）经济形势和科学技术的大发展带来更多就业空间

解决高校毕业生的就业问题，归根结底还得依靠经济的拉动和促进。近年来，我国经济发展一直保持较高的增长率，已经成为世界经济增长的"火车头"。经济的发展需要大批人才，我国经济的持续健康快速发展和建设和谐社会、创新型国家，坚持走自主创新道路，对缓解高校毕业生的就业压力起到了决定性作用，将直接拉动和促进高校毕业生就业。同时，经济增长方式的根本转变，经济结构的优化升级和我国工业化、信息化、城镇化、市场化进程的不断加快，将为高校毕业生创造更多施展才华的空间。科学技术的进步和发展，为就业提供了更多的机会。当今世界，科学技术飞速发展，日新月异，它已经渗透到我们生活的方方面面，并对经济发展起着越来越重要的促进作用。每一次新科技革命都给人类带来了巨大财富，都会引起社会经济的重大变化和发展，同时也是缓解就业压力，增加就业机会的重要举措之一。

二、现行高职生的就业方针分析

近几年，高等职业教育发展迅猛，高职毕业生数量逐年增加，成为了我国人力资源的重要组成部分。实现高职毕业生充分就业，充分发挥他们的作用，是全面建设小康社会，开创中国特色社会主义事业新局面的客观要求，对于促进经济发展和社会进步具有十分重要的意义。随着市场经济体制的进一步建立，为保证毕业生就业工作的顺利开展，政府宏观调控、学校推荐、毕业生和用人单位双向选择、毕业生自主择业的就业体制逐步建立起来，鼓励毕业生就业的系列政策日益完善。

（一）高职毕业生的就业方针明确

与高职生的培养目标相一致，党和国家对高职毕业生的就业方针是：统筹安排，合理使用，加强重点，兼顾一般，面向基层，适应和满足生产、建设、管理、服务第一线的岗位需要。在保证第一线岗位需要的前提下，贯彻学以致用，人尽其才的原则。目前，在我国生产、建设、管理、服务第一线，高职生的比例还比较低，因此还需要补充高职毕业生，不断提高第一线劳动者的素质。

（二）国家十分重视大学生的就业工作

国家领导人多次作出重要指示，要求各级党委、政府全力做好大学生就业创业工作，并多次在有关会议上强调做好大学生就业工作的重要性。各级党委、政府也把高校毕业生就业工作摆在了重要位置，采取了多种措施积极推动和促进大学生就业。随着改革的进一步深入，我国和地方政府不断明确和完善就业政策和措施，积极拓宽其就业渠道。根据目前就业市场和我国国情，国家出台了促进大学生就业的优惠政策：吸引应届大学生到西部地区、到基层和艰苦地区建功立业；鼓励并积极扶持大学生自主创业；到非公有制单位就业，放宽建立集体户口的审批条件；跨省就业享受优惠政策等等。各地方为了解决大学生就业难的问题，也根据实际情况出台了一些促进大学生就业的政策措施。

（三）政策环境更加宽松、更加有利

近年来，国家出台的系列方针政策为毕业生充分就业提供了制度保障、政策保障和工作保障，对于推定和促进大学生就业起到了积极的作用。在自主择业方面，部门限制和地区限制逐渐破除，可在全国范围内自由流动；鼓励自主创业，免除创办企业的有关行政事业性收

费项目,并可提供小额贷款资助;对于下基层工作的毕业生,一方面给了一定生活补助,另一方面在户口、职称、考研、考公务员等方面享受优惠政策;双向选择期为两年,两年内找到工作,按正常毕业办理一切手续;对于就业弱势群体,也可以办理失业登记,并可享受多方面支持。可以说,现在的就业政策已经基本完善,对广大毕业生是非常有利的。

三、高职特点带来的就业优势影响分析

高等职业教育的办学宗旨就是为一线服务。特别是目前各高等职业院校实施的一些产学合作模式,如"订单式"人才培养模式、"2+1"人才培养模式、"学工交替"人才培养模式等等,与企业紧密合作,共同培育人才,对学生实现"预就业"和真正就业起到了积极的作用。

(一)促进了学生角色向社会角色的转化

学生在学校和企业的共同教育、呵护下,在企业环境的熏陶下,完成了由"孩子"和"学生"到"职业人"、"社会人"的角色转变过程,毕业后即能承担起社会人、职业人的职责,缩短了学生在校的学习时间,缩短了毕业生走上工作岗位的适应期。而通过调查发现没有参加一年"顶岗实习"的学生(例如本科生),毕业后依靠自己适应社会,则要经历2~5年的时间才能完成上述"角色"的转变。

(二)提高了学生的就业能力

高职教育加强了动手能力的培养,通过校内学习与校外实习,学生不但学到了理论知识,而且锻炼了专业技能和实践动手能力,毕业时已经具有相当熟练的某种技艺和技能,掌握了相关文化及专业知识,使学生在校期间初步完成了社会角色的转变,实现了与企业岗位的"无缝对接"。学生在校期间即已完成了进入社会和企业的"岗前培训"。

(三)提高了就业的竞争力

学生在学校和企业这两种育人环境中受到敬业精神、团队精神的熏陶,拓展了眼界,企业"顶岗实习"既是实践锻炼,同时又往往是创业的开始,极大地提高了就业的竞争力。高职生经过学校的培养教育和在企业实际工作岗位的锻炼,大都能够正确定位,因而在求职时能上能下,既能胜任技术性较高的工作,也能从事基层工作。因此,技能好、敬业精神强的高职学生很容易实现"预就业",在就业市场抢占先机。

(四)提高了学生的综合素质

就业的竞争实质上就是人才的竞争,用人单位对毕业生的素质要求越来越高,已从"数量型"转为"质量型",用人观不再固守"用人所学与学有所用",而是逐步形成了"不求所有,但求所用"的用人新模式。从众多用人单位的招聘条件来看,综合素质高,动手能力强的实用型高职毕业生受到青睐。

(五)拓宽了学生的就业渠道

企业参与学生的培养过程,实现了学校培养目标与企业在用人标准上的零距离接轨,满足了企业对人才的需求。高职生凭着自己在产学合作教育中,特别是在企业的顶岗实习学到的本领,有了一定的工作经历,综合能力明显提高,能自信地面对不同企业的挑选,就业选择余地大,就业渠道宽,就业成功率大大提高。

第二节 深造

一、专升本

专升本是中国高等专科学生升本科考试的简称,是中国教育体制中专科层次学生升本科学校或者专业继续学习的考试制度。这一考试在大多数有专升本教学系统的高等教育学校举行,一般每年举行一次。现在的专升本考试范围扩展,包含了成人教育专升本,自考学历专升本(也叫独立本科段),还有网络教育专升本,电大专升本。这些学历为专科提供了晋升之路,解决了很多人的本科学历问题。

(一)专升本和种类及难度

1. 普高专升本

普高专升本难就难在考试录取上,只要考上,几乎都能拿到本科证和学士学位证。近几年从国家、从学校、从学生本人角度看来,举办普通专升本考试是解决专科生现实社会问题的一个理想的途径,虽然从 2006 年起,国家规定普通专升本录取名额控制在当年应届专科生的 5%~10%,但是只要准备的好还是可以被录取的,拟参加专升本的同学们要提前做好准备。

2. 自考专升本

自考专升本是所有专升本途径中最难的一种,全国每年有一千多万人报自考,拿到毕业证的不到 1/3,其原因在于,自考是全国考试,考试时从试题库随机抽题,而且一般没人讲课,没人领着复习,没人给划重点,更重要的是自考中有很多门,不管是理论考试课、还是实践课、还是毕业论文,只要有一门不及格,就拿不到毕业证。所以,虽然有许多人报自考,也考及格了许多门课,却往往因为个别课考不及格,一直拿不到毕业证,参加工作后一忙,也就不会顾得上了,很多人考很多年也拿不到毕业证,加上对许多政策环节也不是很懂,不得不中途就放弃了自考。

3. 成考专升本

入学全国统一考试,但考试相对容易,录取率较高,录取后学习较容易,一般都可拿到毕业证,目前已有不少成人学校开始实行注册入学,不用考试,但是社会认可度不高。

4. 远程教育专升本

只要具有国民教育专科学历都可入学,较为简单,但国家为改变办学混乱局面,要求必须通过教育部规定的英语和计算机基础统考才能毕业,相对增加了一些难度。

(二)各种专升本毕业证及含金量

1. 普高专升本

属普通高等毕业证书,根据我国近几年举办普通专升本的经验,从国家、从学校、从学生本人角度看来,是一条非常理想的途径,教育部政策允许专科生毕业时再考入其他本科学校。专科学校领导都很重视教育部的文件,支持专科生考入其他本科学校。况且考上后,学生就可以享受与该本科学校学生一样的待遇，发的毕业证也和普通本科生的毕业证几乎一样，对学校和学生都是好事。并且从近三年大学生就业情况来看，用人单位一般会对专科有一些偏见，同等条件不招专科，所以在同等条件下，社会上通常会认为这种专升本含金量相对优于其他几种。

2. 自考专升本

全国统考，毕业证盖主考大学章和省自考委的章，国家承认，文凭认可度相对还比较高，在工资、人事待遇、考研究生、考证、考公务员、出国留学、职称评定以及其他方面与普通本科具有同等效力，同等条件下，社会上通常认为自考毕业证还是优于成考毕业证和远程教育毕业证的。

3. 成考专升本

毕业证盖所学习高校章，证书上显示"成人教育脱产或函授"字样，国家承认，通常认为同等情况下，社会认可度低于普高本科和自考本科。

4. 远程教育专升本

毕业证盖所学习高校章，证书上显示"网络教育"字样，国家承认，电子注册，通常认为同等情况下，社会认可度低于普高本科和自考本科。

（三）各种专升本如何选择专业

1. 普高专升本

专科毕业当年可以报普高专升本，往届生可以报考社会类专升本。

2. 自考专升本

自考主考学校和专业虽然很多，但考试科目太多，有的自考本科需考试一二十门左右，有的甚至超过30门。

3. 成考专升本

报考成人高校，学校可以在招生计划中自主选择，本省、外省均可，所有招生的专业都可以报，当然报什么专业还要根据专业难易度和个人的兴趣。

4. 远程教育专升本

远程教育可以选择60多所高校，专业可以在现有的专业中自主选择。当然报什么专业还要考虑专业难易度和个人的兴趣。

（四）针对在校大专生的建议

拿到国家承认的本科学历，在今后的人生中无疑很重要。普考考取难度较大，自考难过关，成考及远程教育文凭认可度低，建议大家在选择时慎重考虑，以免耽误了自己宝贵的时间。

二、考取研究生

（一）报考条件

符合下列条件的，可以报名参加国家组织的全国统一招生考试：

1) 中华人民共和国公民。

2）拥护中国共产党的领导，愿为社会主义现代化建设服务，品德良好，遵纪守法。

3）考生的学历必须符合下列条件之一：

① 国家承认学历的应往届本科毕业生；

② 具有国家承认的大学本科毕业学历的人员；

③ 获得国家承认的高职高专毕业学历后，经2年或2年以上，达到与大学本科毕业生同等学力，且符合招生单位根据本单位的培养目标对考生提出的具体业务要求的人员；

④ 国家承认学历的本科结业生和成人高校应届本科毕业生，按本科毕业生同等学力身份报考；

⑤ 已获硕士学位或博士学位的人员，可以再次报考硕士生，但只能报考委托培养或自筹经费的硕士。

自考生和网络教育学生须在报名现场确认截止日期前取得国家承认的大学本科毕业证书方可报考。

在校研究生报考需在报名前征得所在培养单位同意。

4）年龄一般不超过40周岁，报考委托培养和自筹经费的考生年龄不限。

5）身体健康状况符合国家和招生单位规定的体检要求。

（二）报考的程序

1. 与学校联系

如果确定了报考，确定了报考的大致学校和专业范围后，要和学校联系，获得最新的招生信息，并最后确定下报考的学校和专业。获得有关专业方面信息的途径有以下几个：

（1）招生简章

一般在7~8月份初，由各个学校的研究生招生主管部门（研究生院和研究生处）公布。上面会列出：招生单位名称、代码、通讯地址、邮政编码、联系电话；招生的专业人数（有的以系、所、院、中心等整个具体招生单位为单位，有的具体到每一个专业）；导师（有的不刊登，多属于集体培养）；有的还会列出委培、自费等人数，但保送、保留学籍的名额一般不列出来（但这对于考生确实是非常关键的信息）；考试科目；使用的参考书（很多学校也不列出，即使列出，经常列出的书目太多，或太少）。因此可以看出，大部分招生单位的招生简章上的信息对于考生是远远不够的，这些可以说都是最基本的信息，而关键的信息，却没有列出。

（2）系办印发的说明和专业课试题集

为了弥补招生简章的不足，应付考生不停地打电话询问一些有关信息，有的招生单位（一般都是具体的招生单位如系、院、所和中心等）特别公布一些说明，比如：历年报名人数、录取人数、录取比例、录取分数、参考书目等等，但保送人数、保留学籍人数仍无法公布，因为他们一般要到11月份左右研究生报名之前才能确定。如果系里能公布最近几年的专业课试卷，那对于考生是莫大的福音了，要是没有看到以前的这些试题，复习准备无异是盲人摸象。但遗憾的是，公布试题的单位相比较还是很少的，不过现在有一些考研的网站收集了不少专业课试题，为考生提供了很大的方便。

（3）导师

能和导师联系上，得到他的一两点指点，无疑会如虎添翼。但这并不容易，因为导师一般都很忙，即使联系上也要注意打交道的方式。还有一点很有意思，很多研究生反映，越是好的学校，和导师联系的必要性也越小。好的学校一般信息比较透明，黑箱操作比较少，出题也比较规范，很少有偏题、怪题。

（4）在读研究生

和导师相比，在读研究生要好找一些，能提供的信息也更"实用"，说的话更实在一些。

（5）各种平面媒体刊登的考研信息

（6）网站

现在有很多考研的网站，能提供很多信息。

2. 先期准备

获得了充分的专业课信息，找到了完备的复习资料后，就该踏实看书复习了。关于如何复习，每个人都有自己的方法，也有一些大家经过摸索共同认可的方法。至于具体如何复习，比如：何时开始复习，公共课如何复习，专业课如何复习，是否要上辅导班等等诸多问题，要根据自己的实际情况，及早着手准备。

3. 报名

考研报名包括网上报名和现场报名确认两个阶段。

网上报名一般在每年的10月，现场报名确认在每年11月，应届本科毕业生考研可提前报名，一般在9月，具体时间可看教育部通知。

网上报名填写报考信息时，有如下注意事项：

1）考生只填报一个招生单位的一个专业。待考试结束，教育部公布进入复试基本分数要求后，考生可通过"中国研究生招生信息网"调剂服务系统了解招生单位的生源缺额信息并根据自己的成绩再填报调剂志愿。

2）应试的外国语语种按招生单位的规定任选一种。

3）同等学力的报考人员，应按招生单位要求如实填写学习情况和提供真实材料。国家按照一区、二区、三区确定考生参加复试基本分数要求，一区包括北京、天津、上海、江苏、浙江、福建、山东、河南、湖北、湖南、广东等11省（市）；二区包括河北、山西、辽宁、吉林、黑龙江、安徽、江西、重庆、四川、陕西等10省（市）；三区包括内蒙古、广西、海南、贵州、云南、西藏、甘肃、青海、宁夏、新疆等10省（区）。报考地处二、三区招生单位且毕业后在国务院公布的民族区域自治地方就业的少数民族普通高校应届本科毕业生，或者工作单位在民族区域自治地方范围的少数民族在职人员考生（在网上报名时须如实填写少数民族身份，且申请为少数民族地区的定向或委托培养方式），方可按规定享受少数民族照顾政策。已被招生单位接收的推免生，不得再报名参加统考。否则，将取消推免生资格，列为统考生。

现场确认程序如下：

1）考生持本人身份证（现役军人持"军官证"、"文职干部证"等部队有效身份证件）、学历证书（普通高校和成人高校应届本科毕业生持学生证）和网上报名编号，由报考点工作人员核对，考生确认本人网报信息。

2）考生按规定缴纳报考费。

3）报考点按规定采集考生本人图像信息。

在职人员报考时经常遇到的问题是：在职人员中很多人遇到的问题是同等学力问题，即大专生和大专生以下的考生如何报考研究生考试的问题。按照规定，同等学力报考的考生在入校读研究生时必须有两年工作经历。比如一位大专学生2009年7月毕业，他可以在2011年9月入校读研究生，这样的话，他在2011年1月可以参加研究生入学考试，2010年11月就可以报名。他应该在此前很长时间，甚至一毕业就开始准备复习。

还有一个问题，很多学校对同等学力的考生还有一些其他的规定，比如要求有四级英语成绩单，或者要发表过相关领域的论文等等。考生在确定报考哪一个学校时，一定要事先看看最新的招生简章，以免白花功夫。

4. 初试

初试一般在1、2月份，春节前1、2个星期。考试要持续2天，进行4门考试，每门考试3个小时，也有进行两天半的考试专业。考试地点一般在地市一级教委高招办设立的考点，或者招生的高校，考生在报名时可以选择这两种考点。

5. 调剂

大约在寒假过后，春季开学后1、2周，专业课成绩差不多就出来了，可以打电话向系里和研招办询问。再过1、2周，公共课的成绩也出来了。这以后到发复试通知的一段时间是很关键的，如果名次不是特别理想，录取在两可之间，就要多和报考单位（系里）和导师多联系，实在不行看有无可能读自费和委培，或者调剂到别的学校。

6. 复试

复试一般在五一前后，一般是等额面试，少数热门的专业会选择差额复试。对以同等学力资格报考的考生，学校一般还要书面测试本专业的核心课程。近两年国家还在较好的学校，比如清华、北大进行了复试时测试英语口语的试验。但一般而言，绝大部分学校都是等额面试，可以说非常轻松，主要是聊一些学习兴趣，读过哪些书，对哪些方面比较感兴趣，本科时老师都怎么教的等等，所问的专业知识也都是最基本的内容。对绝大多数学校来说，接到复试通知，只要你不是替考的，在复试时一问三不知，录取一般都没有问题。

7. 复试调剂

调剂的主要渠道有三条：第一条是网上渠道。不少大学的研究生部网页都有网上调剂信息登记系统，大家可以通过登陆系统提出调剂申请，请注意，一定要准确、完整填写个人信息。首次登录时一般要用准考证和身份证号码登录。在填写时还应注意：① 所填写的基本信息应与原始报名信息卡一致；② 待4月份国家分数线下达后，符合该校调剂条件的考生，学院将与考生本人联系，请及时将调剂材料（原始报名材料）寄交所选择的学院。第二条是电话渠道。调剂要尽早并且准确。一旦自己的分数达不到报考院校录取分数线的要求，除了上网查询并申请调剂外，还可以选定几所有可能录取自己的学校，向他们的研究生院打电话获得最新信息，并最好联系上该学院相关专业的导师，往往导师的肯定在这时能起到关键性的作用。第三条是人情渠道。这条渠道要求你和报考专业的导师有比较良好的关系。尽量不要坐着等学校来调剂你，调剂也是一个残酷竞争的过程，你晚去一步，位置就可能被别人占了，一定要尽早行动，从速从早。

8. 录取

复试通过后，学校将发函到你的档案所在单位，将你的档案调往学校，审查没有重大问题后（主要是政治性问题），将会发放录取通知书，将你所有的关系，包括组织、户口、工资关系，转往学校（委培培养除外）。

（三）研究生的种类

按照专业和用途的不同，分为普通研究生和特殊类研究生。

1. 普通研究生

根据我国的有关规定，普通硕士教育以培养教学和科研人才为主，授予学位的类型主要是学术型学位。

目前，我国学术型学位按招生学科门类分为哲学、经济学、法学、教育学、文学、历史学、理学、工学、农学、医学、军事学、管理学等12大类，12大类下面再分为88个一级学科，88个一级学科下面再细分为300多个二级学科，同时还有招生单位自行设立的760多个二级学科。普通硕士的招生考试主要是年初的全国硕士研究生统一入学考试（简称"统考"），被录取后，获得研究生学籍。毕业时，若课程学习和论文答辩均符合学位条例的规定，可获毕业证书和学位证书。

2. 特殊类研究生

特殊类研究生，即专业学位研究生。目前，我国经批准设置的专业学位已达15类。专业学位教育是我国研究生教育的一种形式。区别于一般意义上侧重理论、学术研究的研究生教育，专业学位教育旨在针对一定的职业背景、培养高层次、应用型人才。

（1）专业学位和通常所说的"硕士、博士学位"的异同

我国于1981年实施《中华人民共和国学位条例》，当初以培养教学和科研人才为主，授予学位的类型主要是学术型学位。就研究生的学位而言，就是大家通常所说的"硕士、博士学位"。20世纪90年代初，为了加速培养经济建设和社会发展所需的高层应用型专门人才，设置了专业学位。

专业学位的职业指向性非常明确。国务院学位委员会第十四次会议审议通过的《专业学位设置审批暂行办法》规定，专业学位为具有职业背景的学位，为培养特定职业高层次专门人才而设置。

专业学位分为学士、硕士和博士三级，但大多只设置硕士一级。各级专业学位与对应的我国现行各级学位处于同一层次。专业学位的名称表示为"××（职业领域）硕士（学士、博士）专业学位"。

（2）专业学位教育的学习方式

专业学位教育的学习方式比较灵活，大体可以分为在职攻读和全日制学习两类。

比较简单的区分办法是：招收在职人员、以业余时间学习为主的专业学位考试通常在每年的10月份进行，名为"在职人员攻读硕士学位全国联考"，简称"联考"；招收全日制学习学生的专业学位考试与每年年初举行的"全国硕士研究生统一入学考试"（简称"统考"）一起举行。

（3）专业学位的招生条件

专业学位招生条件的最大特点是，要求报考者有一定年限的工作经历，一般要求本科毕业，有的专业要求报考者具有学士学位。绝大多数专业学位要求在职人员报考需经所在单位或相应管理部门的同意，有的甚至要求所在单位推荐等。但也有例外，比如工程硕士专业学

位中的软件工程领域也面向应届大学毕业生招生。

（4）专业学位的招生考试

专业学位的招生考试有10月份的"联考"和年初的"统考"。两大国家级别的考试都有规定的考试科目，各专业学位的考试科目有所不同。对此，教育部和国务院学位办每年都会在发布报名信息时公布相关方案。联考以外的科目，由各招生单位自行命题、阅卷，其中有的考试是与联考科目同时进行的。

（5）专业学位的招生名额

不管是10月"联考"这一批，还是年初"统考"的这一批，招生单位的招生名额都必须报上级主管部门审批。

相对来说，10月"联考"的招生名额更加宽裕些，有的甚至是由招生单位自定。但由于要保证教育质量，因此拥有自定招生名额权利的招生单位并不会来者不拒，而是根据自身的教育资源和生源情况来确定招生名额。

另外，有的专业学位招生对于来自某些领域的学生有一定的招生额度限制，比如公共管理硕士，《关于2004年招收在职人员攻读硕士学位工作的通知》明确规定，非政府部门人员的录取比例一般不超过本校当年录取限额的20%。

"统考"的招生名额则是被纳入高校每年的研究生招生总计划中。

（6）专业学位的录取分数线的划定

10月"联考"的录取工作由各招生单位自行组织，录取分数线由各招生单位自行划定，统一公布。各招生单位根据考生入学考试成绩（含面试），择优录取。

1月"统考"的录取工作，则是先由国家教育部划定统一的复试分数线（按地区和专业），参加招生单位组织的复试的人员绝大多数是过线者。

（7）专业学位教育证书

由于攻读方式不同，大多数专业学位教育只授予学位证书，没有学历证书（以下简称"单证"），但也有例外，例如工商管理硕士、法律硕士、临床医学硕士和博士、建筑学学士和硕士等，存在既有学位证书，又有学历证书的"双证"情况。大体来说，"统考"生是"双证"，"联考"生是"单证"。

（四）同等学力条件报名

研究生的报名资格，本科生可以直接报考。

据教育部规定，大专生报考研究生，须在获得大专毕业后经两年或两年以上，达到与大学本科生同等学力，并符合研究生招生单位的其他要求。如，北京大学2007年硕士研究生招生简章中对此规定为："获得国家承认的大专毕业学历后，经过两年或两年以上（从大专毕业到录取为硕士生当年的9月1日）学习或工作的人员（只能以同等学力资格报考）"、"以同等学力资格报考的考生，须在国家核心期刊上发表一篇以上与所报考专业相关的学术论文（署名前2位），通过初试后，须加试两门本科专业基础课，部分专业还将加试实验等科目。"中国人民大学2007年招收攻读硕士学位研究生简章中对此规定为："同等学力者报考我校，须具备以下条件：获得国家承认的大专毕业学历后，经两年（从大专毕业到2007年9月1日）或两年以上，达到与大学本科毕业生同等学力；报名时外语应达到国家四级水平；复试时加试两门所报考专业大学本科主干课程；复试时提交相当于学士学位水平的论文（字数不少于1万字）或在报刊上发表的三篇文章。"

即将自考本科毕业的考生，因在现场确认时未能取得本科毕业证，可以同等学力报考。但这类考生在考研复试时一般能取得本科毕业证，建议考生到所在省市自考办开具相关证明，待初试成绩合格进入复试后，再提交证明，出示本科毕业证书原件，看能否以本科毕业生身份复试及录取。对此各高校规定不尽相同，考生一定要先咨询报考院校研招部门。

以同等学力报研，限制较多，考研难度较大，建议考生最好拿下自考本科毕业证和学位再考。在学习本科段期间，最好能结合专业，多实践，多积累。即便基础较好的考生，以同等学力报考，也要据自身实力，量力而行。

自考本科在报考方面与统招本科待遇等同。但有一点不同，自考本科一般要求在取得本科毕业证后才能报考，自考没有应届一说。这可能是因为自考对自主性要求很高，无法确保在研究生入学时能取得毕业证。这就是为什么很多学校在考生报考资格上同等学力考生说明时"自考生除外"的原因。

（五）考研必备的几种素质

1. 公共课和专业课文化素质

2. 必备的其他五种素质

体力。大多数最后成功的考研者都有过披星戴月上辅导班、挑灯夜战作模拟题的体验。要是没有强健的体魄，最好不要轻易尝试考研，否则可能得不偿失。

毅力。考研是打场持久战，备考时间至少也需要半年。也就是说，至少半年时间里你要远离几乎一切娱乐，抵制所有舒适生活的诱惑。这对于一个人的毅力来说绝对是次严酷的考验。

定力。对于应届考生来，当场接场的校园招聘会举行的时候，当周围的同学忙着做简历找工作的时候，心里最容易荡起涟漪。这时候，能否心无杂念，不受干扰，专心致志，定力显得尤其重要。

魄力。僧多粥少的现实注定了名落孙山到最后难免伤心。你能保证在付出了那么多以后不会后悔吗，背水一战的魄力你有吗？

动力。没有足够的动力支持，上面的4种力量恐怕难以维持。必须有个能够说服你自己的考研动机，才会有排除万难的勇气。

三、出国留学

（一）出国留学的好处

随着国际化和我国经济的发展，今时今日的"大学生出国留学"已经是一个相对平民的话题，出国门槛的降低已经使很多想走出国门的人梦想成真，更多的家长也有经济能力支持孩子出国留学。出国留学作为继升学、就业之后的第三条出路在迅速扩容。据教育部国际合作与交流司透露，留学回国人员每3年增长1倍多。

1) 出国留学能够开阔眼界，有机会了解世界，融入世界，有机会融入当地社会，了解多元文化、价值观、思维模式和行为方式，开阔视野，拓宽知识面。可以领略国外的优美风光并开阔眼界，而且在国外生活工作几年之后你可能就有了西方国家的先进思想理念，这种理念毫无疑问会对你的生活和工作有很深远的影响。

2) 出国继续深造能够缩短学习时间，提高文凭含金量。目前我国国内一般本科4年，硕士 2~3 年，而在西方国家，如澳大利亚、英国等，本科仅需要 3 年，硕士 1 年，这无疑大大地降低了学习成本，缩短了学习时间，早一步开始职业规划，积累经验。在目前就业市场，"海归"们更多地受到用人单位的青睐，留学使他们获得研究能力、创新能力、开拓能力、科学精神，甚至是团队技能上的个人提升。而这些综合能力的获得将有助于人们提升全球化的就业竞争力，在竞争激烈的职场上迅速脱颖而出。

3）出国留学对学生的独立生活能力和毅力都是一种极好的锻炼。留学生大多数需要与人同住，自己做饭，照顾自己，能够很好地培养吃苦精神，也许出国几年能够锻炼出一辈子都用得上的顽强品质。很多的留学生都有打零工的经历，增强了与人交往的能力，对个人的成长也具有很多的帮助。

4）一般情况下出国留学对学生的英语能力或其他语言沟通能力，都有很大的提升。一方面，出国前需要进行英语测试，另一方面，语言环境使得留学生有机会锻炼口语，提高语言的实际运用和与人沟通的能力。随着我国对外开放的加深和加入全球化进程的加快，留学生毕业回国发展的语言优势更加明显。而且对于部分家庭条件较好的同学而言，出国留学是一个比较不错的机会。

（二）出国留学的弊端

值得注意的是，任何事情都是矛盾统一、一分为二的，出国留学也是如此，并不是所有人都适合出国留学。出国留学的弊端包括：

1. 容易形成奢侈消费的观念

在我国，能够出国留学的学生一般家庭条件较为优越，养尊处优，而出国后人生地不熟，开始所能交流的只有手中的金钱，使得他们在国外很容易养成追求名牌、奢侈浪费的习惯。

2. 出国留学名不副实，外语能力不一定得到提升

很多留学生尽管确实居住学习在国外，但是他们住在华人社区或者留学生聚集的地方，说的是华语，吃的是中国饭，交结的大多也是中国朋友，出国留学只是换了个地方过日子而已。如此一来，也就谈不上外语水平的提高、能力的增强。

3. 孤独感和种族歧视可能影响心理的健康发展

家庭条件较为优越的学生自小备受宠爱，出国后大多数问题需要自理，尽管在国内他们也读过一年半载的专科，也结交了专科院校的一帮同学、朋友，但是，出国后，他们会发现，一切是那么的不适应。孤独感和种族歧视可能会影响心理的健康发展。

而且近些年来，海归这一国家建设人才库中的"香饽饽"，身价却大跌，也是值得我们关注和思考的。

（三）高职生出国留学的优劣势

近年来，由于国外出生率的急剧降低，大学走向普及，高等教育资源出现过剩甚至闲置；而中国虽然每年大学都在扩招，但仍无法满足所有适龄学生均能进入大学接受高等教育的愿望。再则，中国人由于受传统思想"学而优则仕"的影响，学历观念根深蒂固。所以，一些国内高职高专生毕业后在国内就业时不可避免地遭遇瓶颈。虽然政策一再强调要重视职业教育，不可歧视，但有些企业还是唯学历是才，将高职高专毕业生排挤在企业大门之外。

从另一方面来讲，随着产业技术的升级，生产过程中技术含量越来越高，工艺越来越复

杂，一些职业岗位对劳动者的技术水平要求越来越高，生产一线迫切需要既掌握新技术，又掌握复杂工艺的人员。服务业、商业与工业贸易、旅游服务等领域对具有综合性知识和较高综合职业能力的复合型人才的需求增加。所以从业者整体学历的提高是一个必然的趋势。

社会的需求及本人的渴求，促使一些高职高专学生想选择出国留学来改变自身处境，走出瓶颈，这不失为一条可行之途，许多成功的案例亦对这类学生产生了极大的鼓舞。那么，作为高职高专学生在选择出国留学时，如何避重就轻，抑或这类学生在选择出国留学时都有哪些优势与劣势？

1. 优势

（1）心理优势

较之应届高中生成熟，在国内时已通过技能培训的学习接触社会，能够依据自己所形成的人生观、价值观来判断事物，适时做出各类抉择。所以，这类学生出国后生活自理能力、适应能力普遍较强，不会出现太大的波动。自控力强，基本能够把握自身的行为。

（2）技能优势

由于较早地开始接受专业技能训练，所以在选择专业时可凭借自身的专业技能，更利于专业课程的学习，尤其是在选择一些实用性、技能性专业方面将更具优势。

（3）工作优势

一些在国内已具备一定技术能力、拥有某些特殊资质或资格（证书）的学生，在国外，打工中一般会被优先录用。更易半工半读完成学业，从而增加自身成就感。

（4）学制优势

高职高专生的大专学历可以说是一柄双刃剑。一方面，利用国内的大专学历，可直接选择专升本插班进入国外普通大学，2年到3年完成大学本科教育。一些国家针对此类学生招收插班生，但不是很普遍。以日本为例，目前700余所大学中仅有200余所设有插班制度。有些国家一些大学根据对学生的考核水平来确认是从2年级插班还是从3年级插班。各国规定不同，在此建议留学之前要做充分确认。

2. 劣势

（1）基础学力偏低

高职高专教育，为高等教育的重要组成部分，是职业技术教育的高等阶段，但毕竟是属于职业技术教育，是以适应社会需要为目标，以培养技术应用能力为主线来设计学生的知识、能力、素质结构和培养方案。所以在课程设置方面更多强调的是实践训练。这点上不同于普通高中升学教育。所以学生在升入大学教科方面的学力水平普遍偏低。如果出国后与一些普通高中毕业生一起参加大学入学考试势必会处于弱势。所以，在此希望一些毕业后有意于出国留学的同学，在校学习阶段，在重视职业能力培养的同时，加强自身基础课程的学习。

（2）语言基础较弱

出国留学最为关键的便是语言的运用能力。国际化社会，对外语能力的要求日益提高。近年来，随着国内对外语的日益重视，一些普通高中学生外语水平得以大幅度的提升，但令人遗憾的是，高职高专生似乎提高不大，在这方面水平普遍偏低。所以，国内高职高专学生在校期间一定要重视自己的外语能力，将至少精通一门外语作为自己的首要目标。

（3）年级尴尬选择

高职高专学生在国内从学制上来讲一般以3年制较为普遍，现在虽然一些高职高专将上面的学制由3年缩短至2年。但选择出国时相对于普通应届高中毕业生年龄方面仍然偏大。这势必会导致在选择上面临一个尴尬局面。即是从大学1年级读起还是以插班生的身份进入大学2年级或者3年级。目前这已成为困扰诸多此类学生的一个老大难问题。特别是对于高职高专生中自身学力水平相对较高的学生。在此建议：如果家庭经济情况许可，本人又有极强的求知欲，那么从大学一年级读起不失为一个好的选择。反之，可选择专升本插班。目前国外一些名牌顶级大学一般不招收外国留学生插班，即使有些学校招收亦是名额有限，甚至有的大学要求与本国学生一起参加考试，无形中录取的概率极低。所以，如果从时间、留学费用等方面综合考虑，建议高职高专生还是选择插班，以最短的时间、最少的投入完成本科教育为上佳。如果有些学生在国外完成本科还想继续升学，那么可以选择研究生教育。相对于本科教育，国外的研究生教育一般在入学考试方面，更侧重于对学生研究能力等综合素质的考查，成功概率相对较高。而且，各国研究生教育阶段，在学费、奖学金等方面对外国留学生所采取的各类优惠措施要普遍高于本科生阶段。另外，一些大学也招收专升硕，不妨作尝试，但这类学校一般数量较少，且以私立院校为主。

第三节　就业与创业

一、就业存在问题和对策

（一）毕业生就业存在的主要问题

1. 毕业生就业竞争能力不够

大学毕业生虽然经过了几年的学习生活，掌握了一定的专业知识，但有的大学生综合素质较差，生活自理能力、心理素质等方面存在较多的问题，承受不起挫折和失败；有的大学生缺乏社会实践知识，应变能力差，不能满足用人单位的要求；这就使得在就业过程中失去了许多良好的机遇。

2. 高职毕业生及其家庭在择业观念和行为上出现偏差

受家庭和社会环境的影响，毕业生的择业观念和行为存在一定偏差。一是择业期望"急功近利"，重在考虑单位性质、地理位置、工作条件、各种待遇等等，脱离市场实际和国家、社会发展的要求。攀比、从众、盲目崇拜大城市、外资企业等心态，造成毕业生就业中地区流向和单位流向的失衡，不利于实现人才资源的合理配置。二是择业行为浮躁，缺乏"诚信"的自我约束。一些应聘毕业生在签约的同时还在另觅他求，或以签约单位为跳板，一旦有更合意的单位录用，便毫无顾忌地毁约在先。

3. 高校毕业生专业结构供求错位

毕业生就业率虽然居高位，但某些专业的毕业生就业压力逐渐加大，造成这一状况的主要原因有两点：一是在高职院校专业设置趋同化、集中化的现象仍在按其惯性延续，这不适应目前用人单位人才需求小批量、多样化发展的趋势；二是有些专业课程设置和课程内容与就业岗位实际要求不符，从而增大了就业难度。

4. 各个专业发展不平衡，技术类专业学生的就业率明显高于文科类学生的就业率

高职院校具有较显著的行业特征，本行业的经济效益现状与发展前景直接影响到学生的就业数量和质量。由于高职教育重点培养实践创新型人才，因此特别重视实践教学。理工类专业都配备了先进的实验室、实训基地，供学生实践练习，加强学生的实践能力，足不出"户"就得到了锻炼。毕业时学生们已经掌握了上岗的基本技术，减去了用人单位的培训费用，因此深受用人单位的欢迎。所以，相比较能力强、实践条件优良的技术类专业的学生就业情况比文科类的要好。

5. 就业指导缺乏针对性和实际效用

主要体现在三方面：一是就业指导的方法和手段单一，缺乏针对学生个体特点的专门咨询和有效指导。缺少主动与社会、与用人单位的联系和沟通，使就业指导工作缺乏有效性和针对性；二是在职业道德的教育、在培养创新精神，树立创业意识、在职业生涯设计和职业能力测评等等方面着力较少；三是就业指导人员的素质参差不齐，不能提供贴近市场实际的高水平指导。

6. 用人单位录用高校毕业生的条件与毕业生实际脱节

目前，用人单位录用高校毕业生的自主空间较大，自行制定的录用标准和条件不切合毕业生实际的现象比较普遍。高校和毕业生反映最强烈的问题，是用人单位不切合毕业生的实际情况，提出过高的招聘附加要求，如"工作经历"、"试用期"等。用人单位附加的这类不切实际的条件，迫使高校毕业生在毕业前就匆忙寻找单位接受"试用"，学校从学生的就业大计考虑，也不得不默许这一现象，由此冲击了高校正常教学秩序，大学生毕业环节的学业要求也受到影响。

7. 高校毕业生就业市场中的违规现象时有发生

用人单位对毕业生的侵权现象比较多的是发生在签订劳动合同、试用期规定等方面违背劳动法规。而对毕业生伤害更大的是一些用人单位利用毕业生求职心切和有关法律法规不完善，有意设套侵害毕业生权益的行为。如以招聘试用等名义，低价甚至无偿攫取毕业生的劳动成果。有些社会职业中介，擅自对高校毕业生有偿提供不实、不全的就业信息。这类侵权行为隐患甚重，一旦毕业生就业不尽如人意，这类现象就有可能成为突发事件的导火索。

8. 初次就业率较低

我国高职教育历史还比较短暂，经验比较缺乏，高职教育基本上都属于专科层次，因此高职学生受学历层次、知识层次的限制使得学生在就业中处于劣势，用人单位提供的也大多是从事技术应用、生产组织、工艺实施、各类管理及具有较高技能的操作人员职位。再加上部分企业、公司盲目追求高学历，造成人才高消费，使得用人需求越来越向重点大学和高学历集中，这也使得一些高职院校毕业生的初次就业率较低。

9. 就业呈现性别差异

除了专业差异，高校就业市场还呈现了明显的性别差异，女生的就业难度远远大于男生。调查问卷显示，男生的正式签约率为14.5%，已有意向但未签约的比例为35.5%；女生的正式签约率只有5%，有意向未签约的比例也只有21.7%。两相比较，可以发现女生的签约率和意向率都远远低于男生。面对残酷的就业市场，有 15% 的女生表示"不想马上就业"或者"继续考研"，有 21.7% 的女生认为用人单位选拔不公导致自己求职遇挫。例如，湖南城建职业技术学院男女比例约为 3∶1，但是建筑行业都倾向于录用男生，女生就业成为学校的棘手问题。

10. 大学毕业生就业情况稳定

2015 届大学生毕业半年后的就业率（91.7%）比 2014 届（92.1%）略低，比 2013 届（91.4%）略高。其中，本科院校 2015 届毕业生半年后的就业率为 92.2%，比 2014 届（92.6%）略低，比 2013 届（91.8%）略高；高职高专院校 2015 届毕业生半年后的就业率为 91.2%，比 2014 届（91.5%）略低，比 2013 届（90.9%）略高。从近三届的趋势可以看出，大学毕业生半年后就业率呈现平稳态势。

（二）导致大学生就业难的原因分析

大学生就业难已成为一种严重的社会综合征，其形成原因是相当复杂的，既有深层次的经济结构带来的隐患，又有浅表性的就业市场供需矛盾；既有高校教育的痼疾，也有学生素质的缺失；既有用人选材的偏见，更有择业求职的误区。

1. 外贸依存过高的隐忧

改革开放以来，我国经济连年保持高速增长，已经成为名副其实的"世界工厂"，"MADE IN CHINA"遍布全球，商务部部长高虎城曾透露，全世界每人每年要穿一双中国制造的鞋、买两米中国产的布，穿的衣服中有 3 件来自中国。加入世界贸易组织以后，中国经济已全盘进入国际分工体系，中国现在的经济体制，是一个高度对外依赖的加工型经济，对外贸易依存达到惊人的程度。据统计，1980—2007 年，我国外贸依存度从 12.5% 上升到 66.2%，大大高于美、日 20% 左右的水平，2008 年由于人民币升值等因素，我国外贸依存度才下降了约 6 个百分点。

众所周知，任何一个经济体系，都由资金、技术、服务等方面的因素组成。而每一个因素，都有大量的事务和就业需求。如果是一个自力更生、自主性很高的经济体系（譬如 1976 年时的中国工业体系），那么在这个体系中，因为资金、技术、服务等因素都以自力更生为主，所以完成这些方面的各种任务和途径，也以自身消化为主。因而，就产生了对内的大量人才需要，且对人才的需求呈现橄榄型特征。大头集中在大学生这一中间层，而中学教育和研究生教育则位于两端，对大学生起补充作用。

作为一个对外依赖程度过高的经济体系，资金、技术、服务等因素主要以对外依赖为主。资金主要由外部注入，技术服务由外部提供。本国所提供的，主要集中在资源、加工用劳动力以及空间等基础层面。对人才的需要，主要集中在初级的普通劳动者以及少数高级尖端实用型的管理人才，即所谓的社会"精英"，而对理论知识和实践经验协调统一的中高层人才的需求量则因为这方面的需求主要由外部输入而大大缩减，从而呈现"沙漏型"而非"橄榄型"模型的人才需求。大学生工作难找，但初中生、高中生却能轻松地找到工作，专科、高职毕业生也比本科生就业率高，就是因为对外依赖型的经济体系，对基层劳动者有巨大的甚至是无限的需求。

从另一个方面看，因为我国经济对外贸依存过高，也使我国国际分工地位处于国际分工的底部，虽然我国经济已经取得了可喜的成果，但同时也造成了我国产业结构的严重失衡。

具体表现在，制造业（尤其是劳动密集型产业）发展过快，而服务业（尤其是知识性服务业）则相对落后。这种失衡反映在劳动力的需求结构上，就是知识型服务业岗位（基本上属于我们所谓的白领岗位）需求相对不足，而对蓝领型甚至技术含量很低的纯操作型岗位却出现了异常火爆需求，因此社会上才会出现了大量大学生工资不如中专生甚至不如农民工的新"脑体倒挂"现象。经济学家郎咸平曾说过："大学生毕业找不到工作，错不在家长，错在中国的产业链定位。在以制造业为主的国家，找不到工作是正常的。"

除了在国际分工中处于不利地位，我国企业普遍存在自主产权意识薄弱，热衷于引进国外先进生产线和生产技术，而忽视自主知识产权的研发，核心技术缺失，因此高端就业岗位越来越少，工程师和管理人员的需求量都严重不足。由于缺乏自主品牌和核心技术，廉价劳动力便成为企业唯一可以利用的资源，于是走上了加工贸易的依附性道路，大量的低技术操作工便成为就业市场上的"香饽饽"。大量依附型企业没有资源进行技术研发，很大程度上遏制了社会对大学生的需求数量。

2. 就业市场供需的矛盾

（1）高校扩招增加了就业压力

我国从1999年开始了大规模的高校扩招，大学教育由"精英教育"向"大众教育"转变，大学毕业生人数急剧增加，2001年全国普通高校毕业生已达到115万人，而到2009年高校毕业生猛增到611万人，8年增幅高达431.3%。由于解决国有企业下岗失业人员等历史遗留问题的任务仍然很重，新成长的劳动力也已进入高峰期，特别是近年高校毕业生数量猛增，就业压力大，整个就业市场需求岗位的总体情况相对趋紧。

（2）金融危机紧缩了就业需求

随着金融危机影响的日益扩散，首先是跨国公司业务萎缩，减少了用人数量；其次是国内为国外多种产业提供零部件、原材料、半成品的制造业、出口型企业也受到影响；再次是影响到能源工业。我国金融、地产、外贸类企业以及位于珠三角、长三角的加工制造类企业的招聘岗位锐减，保险、汽车、航空、旅游、广告等行业也遭遇"寒流"，用人需求明显减少。金融危机一方面使失业人员数量大大增加，一方面使企业招聘岗位减少甚至取消，使高校毕业生就业形势更加严峻。

（3）传统渠道降低了吸纳能力

政府机关和国有企事业单位长期以来是接收大学毕业生的主渠道。但近年来，政府机构大幅度精简，因此不可能大量吸收毕业生；同时，从中央到地方的历次机构调整中，分流人员基本上是在事业单位任职，且事业单位由于经费紧张等原因本身也面临着精简问题。另一方面，国有企业由于企业改制和产业结构调整，本身需要分流出大量下岗人员，招聘岗位也是逐年递减，吸纳大学生数量有限。

3. 用人单位选材的误区

（1）过分看重经验

网络上流传着这样一句语录："诸葛亮出山前也没带过兵，你们凭啥要求我有工作经验！"，引起了很多大学生的共鸣，被奉为经典，这也从一个侧面反映出当今用人单位在招聘时过于看重工作经验。随便拿一份报纸看招聘广告，随处可见就业单位提出"数年工作经验"这样不合理的要求。一个常识是,一个理工科毕业的大学生,要成长为一个合格的工程师,需要在毕业后的工作岗位上经过一段时间的继续学习,才能完成这一转变。但是现在由于大学生供求关系发生变化,大学生在择业方面的谈判地位急剧下降,许多用人单位有条件拒绝承担大学生就业后的"在岗培训"费用,并提出不承担大学生社会保障费用、任意延长试用期、不签订规范的就业合同等不合理要求,严重妨碍了大学生就业。

(2) 过分关注文凭

不少用人机构认为,学历越高越好。选人学历化,造成受聘人员水平和能力与岗位不相适应,或人才浪费。有些单位招聘计算机研究生仅用于本单位的打字等简单文字处理,有些中小学招聘教师也要求研究生学历,实际上,如果不是专业性很强的理论研究工作,不少本科生或是大专学生的职业水平并不比研究生的职业水平低。

(3) 存在性别歧视

由于女性的生理特征,使得用人单位在聘用女职员时要付出更高的劳动成本,造成很多用人单位歧视女大学生:第一,从劳动时间来说,女性有一个男性所没有的断裂带,即生育哺乳期,而这一阶段的工资、福利仍需单位负担;第二,从退休金的负担来看,女性要比男性早5~10年,而且由于期望寿命的性别差异,女性雇员一般会比男性雇员领取更多更长的退休金。由于用人机构的性别观念,一般来说,女大学生就业机会比男生客观上要少,而且很多单位在相貌上对女生的要求更为苛刻,很多单位在招聘时注明应聘女性的身高、体重、年龄,只录用年轻貌美的女性,这也是一种变相的性别歧视。

(4) 生源地域歧视

很多民营中小企业考虑到本单位的业务情况与当地联系紧密,希望招聘的大学生熟悉当地方言及风俗习惯,甚至有一定的人际关系网,只选用本地人才。有些单位和部门从自身利益出发,在社会上毕业生需求日益下降的情况下,明令只接收本地区生源,对外地生源严格控制;有的行业(尤其是效益好的行业,如信用合作社、铁路等)也只接收本系统、本行业院校的毕业生以及属于本系统职工子女的毕业生,把外系统的毕业生,尤其是一般院校的毕业生拒之门外。有些事业单位甚至是一些地方政府招聘公务员时也存在生源地域歧视,实行地区保护主义,不利于大学生公平竞争和就业。

4. 高校教育潜在的问题

(1) 专业课程设置错位

在大学生就业已经市场化的情况下,大学的专业设置和调整却显得十分滞后,致使毕业生专业结构与市场供求出现了错位。由于没有能够以市场需求为导向及时调整课程设置,以及专业设置的盲目性,造成供求结构失衡。不少院校专业划分过细,难以跟上市场变化;一些高职、专科教育专业缺乏特色,培养出的学生没有竞争优势。有些学校的专业设置和专业调整不是以市场为导向,而是单纯立足于自身师资条件等,造成学校无特色、学生无特长,结构性矛盾更突出。

(2) 教学知识更新缓慢

知识经济时代,知识生产率已经逐步代替了劳动生产率,知识的时效性也在快速缩短,据统计,50年代大学生知识能用30年,90年代大学生知识能用10年,2003年,大学生所学知识能用3年,我国加入WTO后,这种趋势更加明显。调查中,很多学生反映,学校教材内容陈旧，教学方法落后，很多教师的知识结构也非常陈旧，授课内容政治化、空洞化，在校学习的知识比较陈旧，想要掌握本专业的前沿知识，还得通过自己上网、买书、进图书馆、听讲座来补充。

(3) 社会实践重视不够

我国高校在扩招后为节约成本，设置的专业大多不强调动手能力，很少考虑到学生在未来的工作中所需要的实际操作能力。由于高校没有投入成本购买设备，为学生提供实际操作机会，并且高校和企业联系也不紧密，数量最多的工科毕业生实际上去企业实习的也很少，因此现阶段我国高校培养的大学生都掌握了一定的理论，但是实践相对缺乏。

大量理论课程让学生在专业技能的提升上是有限的，缺乏实践能力的大学生只是纸上谈兵的高手。譬如金融专业毕业生不懂金融租赁、担保的具体流程，物流专业的毕业生不知道怎么跟单、怎么报关，学生毕业后，不能直接接手工作。但现实是企业尤其是吸纳力强的民营中小型企业，是追求利润最大化的经济实体，需要的人是能够给企业带来业绩的人，而擅长理论的大学生并不能马上给企业带来效益，并需要老员工的辅导，影响了企业的整体绩效，因而很多企业明确拒绝没有实践经验的毕业生。

(4) 就业指导存在硬伤

在调查中，有13.2%的毕业生将"学校就业指导不够（包括就业信息不足）"列为"在求职过程中最困扰你的问题"，有63.2%的学生认为"学校提供的就业指导对自己的就业帮助不大或者没有帮助"。由于我国高校真正意义上的就业指导工作尚处于起步和摸索阶段，与社会经济发达国家相比，还存在一定的差距，因此效果很不理想。具体表现在：

1) 缺乏针对性。大多数高校的就业指导工作内容常常限定于介绍就业形式，传授求职技巧、面试技巧、联系用人单位和推荐学生，以及完成就业率指标。由于缺乏对就业指导工作的全局考虑和总体安排，就业指导工作功能单一，内容狭窄，在对大学生就业观念和价值取向的引导，在职业判断和选择能力的培养以及职业道德教育方面着力较少，难以适应变化多端的就业形势。很多高校的大学生就业指导工作存在应付上级检查，指导内容空洞、肤浅、缺乏针对性的情况，指导效用差。

2) 缺乏专业性。一方面，我国的大学生就业指导机构专业人员配备不足，专职指导人员数量较少，不少指导人员自身分管高校的其他学生工作。由于缺乏长期系统的业务培训，就业指导人员的素质参差不齐。另一方面，缺乏相应的专业机构。尽管目前我国的大学组织体制中，分设了管理毕业生工作的机构，但是这些机构很难代替就业指导的职能。在实际生活中，由于高校毕业生工作机构忙于应付大量与毕业有关的事务性工作，难以有固定的时间和精力开展针对性的就业指导工作，无论是在知识储备方面，还是在信息占有方面，均难以达到就业指导的效果。在调查中，我们发现，很多学生甚至是毕业生不清楚本校的就业指导机构的职能和办公地点，从中可以看到高校就业指导工作的缺失。面对一个专业化程度较高的劳动力市场，与市场不相匹配的非专业化指导的效果可想而知。

3) 缺乏系统性。就业指导工作应该是一个系统化的职业指导、培训、咨询与信息反馈的一体化流程，但是我国高校的就业指导机构没有与公共就业机构建立必要的信息交流制度，高校和不同地区招聘会的组织机构也未能建立起紧密联系。另外，高校也未能建立起与用人单位之间的学生求职材料证明机制，在一定程度上引发了信任危机。有些职业学校在与用人单位之间建立供需基地在深度和广度上还有所欠缺，没能很好地发挥作用。

5. 学生自身求职的差距

当前大学生的就业理念仍存在一些偏差，如"宁要东部一张床，不要西部一套房"、"就业难不如再考研"等等。近几年还涌现出很多考公务员的"专业户"，即毕业后不积极就业，而是全心全意以考上公务员为目标，一年失败来年再考，"不抛弃不放弃"，认为考上公务员才有出路。当然，就学生个体而言，影响大学生顺利就业的因素主要还在于以下几个方面：

（1）就业能力不强

这里所说的就业能力包括大学生进入人才市场的社会实践能力、自我表达能力、求职技巧等。在调查中，60.3%的大学生将缺乏工作经验视为求职过程中最大的困扰。针对用人单位的访谈也表明，缺乏工作经验是大学生与其他就业群体相比一个明显的劣势。大学生对自身劣势的认识与用人单位的评价契合，也反映了大学生的自我认识越来越理性、客观。

此外，认为个人能力不足和缺乏求职技巧是最大的困扰的人也分别占29.4%和19.1%。在回答求职过程中遇到的与自身能力相关的主要问题时，答案分别有专业能力（43.4%）、自我表达能力（44.9%）、外语能力（24.3%）、人际交往能力（33.8%）、环境适应能力（15.4%）。

（2）人际关系不畅

中国社会是一个熟人社会，人际关系在就业过程中往往发挥着极为重要的作用。尽管特定的社会关系网络影响了社会用人环境的公正、公平，但就个体而言，它仍不失为进入就业市场、寻找就业机会的有效途径。调查中，32.4%的大学生表示"缺乏社会关系"是求职过程中最大的困扰，有57.4%的学生认为"通过家庭和个人社会关系、托熟人"是最有效的求职途径。但是，有家庭关系背景的学生毕竟是少数，而大多数学生在大学期间也不注重人脉关系的拓展，从而在人际关系和社会关系方面处于不利地位。

（3）求职途径单调

目前大学生的就业渠道无非是学校推荐、熟人介绍、校园和社会的招聘会、人才或就业网站、报考公务员、服务西部等等。但是，学校推荐一般是干部或是成绩突出者才有机会，比例很小；而报考公务员受专业、志趣、地域、特长、工作经验，甚至是否为党员等等限制，更为严峻的是，随着报考大军的日益壮大，公务员考试已成为竞争最为激烈的考试之一。对于大多数人来说，网站和招聘会才是最主要的就业渠道，但远不能满足毕业生的需求。不少大学生参加各种各样的人才交流会"广泛撒网"，但是没有针对自己的实际优势推销自己，没有通过重点了解用人单位的实际需求情况提高就业率。

（4）职业规划缺乏

很多大学生在校期间对于以后的就业只有模糊的打算，甚至有一部分人没有任何打算，真正有明确规划的人只占很少的一部分。大多数学生并不了解自己想要进入的单位发展前景、用人制度、企业文化、人际关系等等，有一部分学生对自己以后将在一个什么样的平台迈出人生的第一步只有模糊的概念，甚至根本没有目标。

（5）家庭压力影响

现在大学生上学的成本很高，许多父母将毕生积蓄投入到子女的教育之中，希冀子女能在毕业后找到一份好点的工作。特别是很多贫困地区的农家子弟，举家借贷供出一个大学生,这些大学生往往被视为村庄年轻一代的榜样,"跳出农门"的典范,不但有庞大的债务需要其将来偿还,在感情上也背负着沉重的包袱。在家庭为之做出了很大牺牲的情况下,大学生就业条件如果不如没有接受高等教育的同龄人,甚至只能跟农民工抢饭碗,大学生及其家人不但在经济上难以承受,在感情上对他们也是一个巨大的伤害。因此,在没有适合的工作时,部分学生宁愿选择在家待业。

6. 大学生的应对措施

(1) 注重专业学习

专业强、基础实、理论深、技能佳,是每个用人单位渴望的人才标准。大学期间的专业学习是学生走上工作岗位,实现人生价值的重要基础,大学生在校期间必须注重加强专业知识的系统学习,苦练内功,提升素质,培养能力,掌握技巧,为顺利就业打基础、创条件、做准备。

(2) 加强实践锻炼

从进入大学起就要有意识地进行就业规划,通过各种途径寻求实践机会,为将来的就业竞争增加砝码。要在加强专业学习的基础上,重视校内和校外的社会活动,这些活动特别是社会兼职可以引导大学生走向社会,加强实践学习,熟悉工作流程,丰富社会经验,拓宽人际关系,是大学生进行能力锻炼、施展个人才华的重要舞台。

(3) 调整就业心态

对于大学生自身来说,首先要有一个健康的心理直面压力和挑战。"物竞天择,适者生存",是亘古不变的真理,特别是在我国现阶段,社会的转型和转变都不可能一蹴而就,在不能改变社会的情况下,要逐步调整自己的心态,适应社会的要求。改变过去那种"一步到位"的就业心理,放弃"宁为玉碎,不为瓦全"的旧知识分子偏激心理,不把考研、考公务员当成"救命稻草"(毕竟能如愿的只是极少数),树立"先就业,再择业"的健康观念,先争取工作岗位,为社会和家庭"减负",再在工作中磨炼自己,寻找机会进行突破。

(三) 高职学生的就业对策

1. 加强就业教育和学习,树立正确的择业观和成才观

高等职业学校要从学生入校时,就加强正确的世界观、人生观、价值观和择业观的教育,大力宣传优秀高职毕业生艰苦奋斗、自主创业、扎根基层的成才之路和成功经验,激发广大高职毕业生到基层事业的热情,使广大高职毕业生牢固树立自主择业、勤奋创业、终生学习的观念;树立根据社会需要就业,到基层建功立业、到祖国需要的地方做一番事业的观念;树立自强自立、自主创业、灵活就业、勇于到市场经济的人潮中拼搏奋斗的观念,并根据需要安排就业指导课程,帮助毕业生加强职业生涯规划设计,降低就业失败的可能性。

2. 积极参加校企合作实践

高职院校联合企业办学的校企合作中,企业对高职教育可以产生促进作用。企业积累了大量的生产、建设、经营、管理技术人才,他们可以直接为高职教育所用,高职院校所需的"双师型"教师资源是丰富的。企业可以为院校提供经验丰富的兼职指导教师,提供专业建设指导和课程教学改革的具体意见和实施方案。学校联合企业,走集团化办学的模式可以有效地解决高职毕业生就业难的问题,提高院校毕业生的就业率。

3. 了解职业需要，合理自我定位

学校应该帮助高职生明确当前所学专业与未来所从事职业的关系，引导学生全方位地获取职业需要的动态信息，了解各种职业的性质、任务、待遇以及从业人员应该具备的素质，并让高职生了解将来自己所从事的职业，所需要的知识储备、能力结构和发展前景，从而帮助学生对自己的学习能力、职业兴趣、职业能力、个性特征进行合理评估和定位，以便在今后的学习过程中，充分挖掘自己的学习潜能，为今后自己职业理想的实现做准备。

4. 积极搜集相关就业信息

在校生要积极搜集相关的就业信息，了解用人单位的需求，及早做好准备。

二、考公务员

（一）公务员和公务员考试

公务员，依照2005年4月27日第十届全国人民代表大会常务委员会第十五次会议通过，2006年1月1日开始实行的《中华人民共和国公务员法》的规定，"是指依法履行公职，纳入国家行政编制，由国家财政负担工资福利的工作人员"。它主要包括以下七类人员：中国共产党的各级机关、人大各级机关、各级政府机关、审判机关、检察机关、政协机关和民主党派机关中具备上述三个条件的工作人员。参照实施，共青团、工会、妇联等人民团体的各级机关中除工勤人员以外的工作人员；法律法规授权的具有公共事务管理职能的事业单位中除去工勤人员以外的工作人员，经批准参照实行。

公务员考试，是国家为了吸引人才而采用的统一录用考试，它有一套严格的程序，首先要发布招考公告，然后报名、笔试、面试及心理测评、体检、考核、审批、录用。一旦经过统一考试录用的公务员都必须履行公职，纳入国家行政编制，由国家负担工资福利。公务员应有的各种保险，医保、社保、住房公积金都一样不少，这等优厚的待遇自然对于当今的大学生们有很大的吸引力。

据新华社电，2011年度国家公务员考试共有110余万人报考，提供16万个岗位来计算，考录比为875∶1。公务员考录坚持"公开、平等、竞争、择优"的原则，为各方面人才提供了公平竞争机会，大家都相信和支持这个制度，积极参与考录选拔，希望通过考录实现理想。统计发现，"国考"报名最后通过审核人数已连续三年超过100万人。如今被称为"国字号第一考"的公务员考试真可谓火爆，几年来公务员考试报名人员数量众多，报考公务员俨然已经成为一种流行趋势，成为一种追求安逸的出路。然而，是什么原因导致公务员考试热呢？当今大学生的就业压力大是个不争的事实，作为青年人是只求稳定还是敢于接受挑战呢？

（二）报考公务员热的原因

1. 公务员工作轻松、薪水高、福利待遇好

公务员工作轻松、薪水高、福利待遇好：在大多数人看来，公务员就是稳定、高薪、社会地位高、福利待遇好且很悠闲的工作。确实，公务员的工资每月有财政按时足额发放，也就是人们通常所说的经济相对稳定。而其他职业的人却是拿自己的劳动所得，有的时候还得看上级或者老板的脸色，而且工资的发放还不一定能有一个固定的时间。公务员的福利好，除了正常的工资和津贴外，该有的保险一样不差，每年都有公休假和探亲假，而且退休后每

月还可以领一定比例的退休工资。除了住房公积金外，单位好的甚至还有集资房。这些都是其他职业难以媲美的。

2. 职业稳定

进入公务员行业后，如果没有特殊原因，是不能被轻易辞退的；这也就是人们通常所说的职业相对稳定，不像其他职业人一样，今天做这项工作，明天由于种种原因又改行做其他了，而且公务员的工作环境相对其他职业而言相对地轻松。

3. 低迷的就业形势

当前，大学生的就业形势十分严峻，找份工作难，找份好工作更难，面对这样的就业形势，大学生们都有些失望情绪，曾经的美好计划感觉难以实现了。一提到什么是好工作，百分之九十的人都会说公务员工作稳定、福利待遇好、社会地位也高。

4. 扩招后高校毕业生大增

自高校扩招之后，高校毕业生的数据就突飞猛进，《2006 中国发展报告》显示，2004 年普通高等院校毕业生 239.1 万人，2005 年普通高等院校毕业生 306.8 万人，到 2010 年 631 万，涨幅一倍。试想，这么多的高校毕业生要就业，将面临的是何等的竞争与压力。在这种形势之下，高校毕业生们也希望找一份稳定的工作，最好就是高薪、福利待遇好的，当然，公务员就成为了首选。

（三）认识公务员的工作

公务员也存在以下实实在在的问题和压力。

1. 工作压力大

虽然公务员没有失去工作的压力，但是他们跟其他所有的行业一样，面临晋升等方面的压力。现在的情况是，入职要考试，任职要竞聘，升职要考核，平时还要应付繁重的公务和大堆的工作，不称职的还可能换岗甚至是下岗，在公务员中曾经流传过这样的一句话：不换脑筋就换人。

2. 工作时间长

虽然我国的各级政府部门目前基本上都实行每周五天工作制和每天八小时工作制，但由于种种原因，公务员常常需要加班加点，主动或被动延长工作时间的情况十分普遍，有时甚至要每天工作十几个小时，因工作繁重而累倒在工作岗位的先进典型不时可以在媒体上看到。

3. 人际关系复杂

公务员所面对的人际关系普遍来说比较复杂，打交道的人既有领导、同事、不同部门的工作人员，还有社会各个阶层的办事对象。因此，要处理好各种关系，就要求公务员长袖善舞、八面玲珑，方方面面都要照顾到。处理各种复杂的人际关系需要一定的技艺，时间长了就会产生心理压力，烦躁、抑郁、焦虑等心理问题也会随之出现。

4. 特殊工种的公务员更是承担了常人无法想象的压力

比如各种人民警察、公安边防、监狱警察等，他们的工作环境单调紧张，工作的时候要随时保持高度警惕，稍微出点差错就会造成难以弥补的国家和个人损失；他们节假日不能照常休息，甚至加班加点，春节等团圆的节日也不能和家人团聚，这些都是很多人未曾了解的。以上便是众多公务员在工作中的不利因素,这是局外人无法体会和理解的。现实生活中的人们往往以点带面,看到单位好的公务员,就认为所有的公务员都是那样。然而公务员的工种和岗位多种多样,职务和职位千差万别,工作性质和工作方式也各有不同。如果你进入到比较特殊的公务员行业,或许你就不会认为公务员是"肥差"了。

(四)公务员考试内容和报考条件

目前,国家公务员考试笔试科目分为行政职业能力测验和申论两科。两科考试在同一天进行,上午考查行测,120分钟,下午考查申论,150分钟。一般来说都是在10月中下旬发布招考信息,考试在11月的最后一个星期日进行。

公务员报考条件如下。

1) 具有中华人民共和国国籍。
2) 年龄为十八周岁以上,三十五周岁以下。
3) 拥护中华人民共和国宪法。
4) 具有良好的品行。
5) 具有正常履行职责的身体条件。
6) 具有符合职位要求的写作能力。
7) 具有大专以上文化程度。
8) 具备省级以上公务员主管部门规定的拟任职位所要求的资格条件。

(五)对大学生的意见和建议

面对持续走热的报考公务员现象,对大学生提出以下建议:

1) 青年人不要怕困难,勇于接受挑战,敢于奋斗,开创人生的新局面。公务员职位特殊,较企业相比更加稳定,一旦进入编制,就可以不为生活发愁。然而,年轻人本应敢于创业,探索新领域,尝试新事物,而现在却只求稳定。从小处讲,这对本人的发展是不利的;从大处讲,青年人只求稳定,这也是国家的损失。基层工作经历门槛提高后,有助于应届生毕业后更加踏踏实实地深入基层、戒骄戒躁、安心工作。今后,一些把基层工作当"跳板"的考生,风险和成本就会增大。而有些"等不起"的人,则会放弃考公务员的想法,通过寻找其他机会,往往也能较好地实现自身价值。

2) 应届毕业的大学生,应树立正确的择业观,理智参加公务员考试。事实上,并不是所有的人都适合做公务员。一些不善于人际交往、社交能力差的人;级别观念淡薄的人;看重自由发挥、看重创新能力,喜欢挑战自我的人,显然就会在那种场合举步维艰。公务员考试热实则是人心所向,这里饱含着奋斗的艰辛,也夹杂着些许无奈。冷静思考,我们就会发现,只有不满足于现状,敢于腾飞,不把安逸的生活当唯一目标的人,往往才会创造出非同一般的传奇。

三、自主创业

(一)什么是创业

创业都被学者们描述为:新颖的、创新的、灵活的、有活力的、有创造性的,以及能承担风险的。

许多学者认为:发现并把握机遇是创业的一个重要部分。创业包括创造价值、创建并经营一家新的盈利型企业的过程，通过个人或一个群体投资组建公司，来提供新产品或服务，以及有意识的创造价值的过程。

创业需要投入必要的时间和付出一定的努力，承担相应的金融、心理和社会风险，并能在金钱和个人成就感方面得到回报。

综上所述，我们可把创业定义为：创业是这样的一种过程，在这个过程中，某一个人或一个团队，使用组织力量去寻求机遇、去创造价值和谋求发展，并通过创新和特立独行来满足愿望和需求。

考虑到大学生自主创业中受到资金、人员成本、场地费用等因素的影响，以下五种执照类型，因其创办投资少、开办费用低等特点，比较适合大学生自主创业的要求。

1. 个体工商户

是指生产资料归劳动者个人所有，以自己个人的劳动为基础，劳动成果由劳动者个人占有和支配的市场经营主体。

2. 个人独资企业

是指依照《个人独资企业法》在中国境内设立的，由一个自然人投资，财产为投资人个人所有，投资人以其个人财产对企业的债务承担无限责任的经营实体。

3. 合伙企业

是指自然人、法人和其他组织依照《中华人民共和国合伙企业法》在中国境内设立的普通合伙企业和有限合伙企业。普通合伙企业由普通合伙人组成，合伙人对合伙企业债务承担无限连带责任；有限合伙企业由普通合伙人和有限合伙人组成，普通合伙人对合伙企业债务承担无限连带责任，有限合伙人以其认缴的出资额为限对合伙企业债务承担责任。

4. 集体所有制（股份合作）企业

是以合作制为基础实行以劳动合作与资本合作相结合，按劳分配与按股分红相结合，职工共同劳动，共同占有生产资料，利益共享，风险共担，股权平等，民主管理的企业法人组织。

5. 有限责任公司

是依照《中华人民共和国公司法》设立，股东以其出资额为限对公司承担责任，公司以其全部财产对公司债务承担责任的企业法人。

（二）大学生自主创业现状

大学生创业目前的现状可以总结为以下几点。

1. 激情涨，能力低

良好的创业能力和素质是大学生自主创业成功的关键所在，创业能力包括专业技术能力、经营管理能力、社交沟通能力、风险承受能力、创新求变能力等，具有很强的综合性。现如今，高校大学生有着强烈的创业激情，但对于创业所需要的能力和素质几乎是一无所知。在我们调查的人群中，只有6%的人对创业所需要的能力和素质表示很熟悉，绝大多数的大学生对于创业所需的能力和素质都是一知半解。他们没有意识到，激情不等同于能力，仅靠激情，不可能克服创业路上的所有难题。

2. 科技含量低，经营范围窄

据了解，大部分创业学生所从事的行业与自己所学专业无关，忽视技术创新能力，没有发挥出专业特长。大部分学生创业范围主要包括上网开店、推销零售、管理咨询、饮食行业、娱乐业、服装生意等等，一般都局限于服务行业，而且由于在校读书不能脱离学校专门从事创业，他们所进行的创业地点都局限在学校内或学校周围，扩展到其他地方去有一定的难度。

3. 受舆论影响深

现在的社会媒体和舆论到处宣传创业英雄、成功企业家、杰出人物等，在这种舆论的熏陶下，许多的在校大学生竞相崇拜成功人士，模仿创业英雄。而这些因为崇拜成功的创业人士而选择创业的高校大学生往往事先没有经过市场调查，预测创业风险，也没有一定的承受困难险阻与承担风险的能力，一旦遇到一点小小的挫折，就会放弃。

4. 创业失败率高

高校大学生创业取得成功的有，但失败的却相对更多。据统计，大部分的大学生创业最后都是以失败告终。失败的原因很多，如只凭一股热情而缺少创业策划、不熟悉市场、选择项目不合理、年轻浮躁过于理想化、不懂人际交往规则、不善于管理、合伙人不团结、资金不足、家庭变故、要考研而中途退出等等。

5. 自主创业参与者少，旁观者多

尽管中央和地方的政府机关、税务部门以及各个高校都对大学生自主创业给予了这样或那样的优惠条件，但是大学生参与的热情仍不是很高。大学生仍然把政府部门、大型国有企业和外资企业作为择业的首选目标，自主创业发展步伐缓慢。

（三）影响大学生自主创业的因素

影响大学生自主创业的因素非常多，主要有如下几点。

首先，是社会环境对创业的影响。随着全球经济形势的严峻，越来越多的企业开始受到冲击，利润空间加剧下滑。为了控制成本，裁员、减薪成为企业最常用，也是最优先考虑的方法。而失业、生存压力也就成为了近期备受关注的词汇。尤其是对于刚毕业的大学生来说更是雪上加霜，毕业就面临着失业的现实使他们不得不考虑就业以外的生存方式——自主创业，但是，对于一没工作经验、二没经济来源的他们，自主创业就成为了比就业更难的难题。

其次，是家庭背景对创业的影响。不同家庭中，父母的职业、身份、经济收入、人际交往、对子女的期待等对高校在读学生的创业影响很大。家庭条件优越的子女，其父母对其创业更容易提供支持与帮助，比一般家庭的子女拥有更多的文化资本、社会资本与经济资本。相反，家庭经济收入单薄、父母职业很普通的家庭难以给子女创业提供更多的支持，创业学生更多的是依赖自己的能力与毅力，他们一般都选择成本低、风险少的行业，并且创业的困难更多。

最后，是教育氛围对创业的影响：

1. 受基础教育的影响

创新精神与能力是创业的重要品质，它的培养主要植根于基础教育阶段。而在我国，基础教育阶段的应试和升学教育强调学生服从、被动接受知识，限制了学生的自主创新意识，使得他们不敢也不会有意识地创造和创新，从而缺乏创业意识。

2. 受创业教育的影响

与美国等创业教育发达的国家相比，我国的创业教育不但开展的时间过晚，而且效果难以令人满意。主要体现在以下两方面：

（1）创业教育尚未纳入高校学生培养目标

目前，多数高校的创业教育整体而言，尚未形成一种教育理念，也未上升到学校的指导思想，很多学校的教育目标中并不包括创业教育。实践中，创业教育还只是通过零散的活动组织，如举办创业计划大赛、举行创业讲座等，内容有限且缺乏系统性，总体而言，创业教育还是只限于第二课堂的业余教育地位。

（2）创业教育对象精英化，受众面狭窄

目前，虽然大多数高校将创业教育的对象设定为全体学生，但实际操作中却并非如此。由于大部分开展创业教育的高校其创业教育资源相对匮乏，如缺少系统的创业课程和合格的创业指导教师等，使得现实中的高校创业教育大多处于"精英教育"阶段，即创业教育的对象大多是少数学业成绩优秀、创新意识比较强的学生。

（四）大学生自主创业的优势和存在的问题

1. 大学生自主创业的优势

首先，大学生对未来充满希望，他们有着年轻的血液、蓬勃的朝气，以及"初生牛犊不怕虎"的精神，而这些都是一个创业者应该具备的素质。其次，大学生在学校里学到了很多理论性的东西，有着较高层次的技术优势，而目前最有前途的事业就是开办高科技企业。技术的重要性是不言而喻的，大学生创业从一开始就必定会走向高科技、高技术含量的领域，"用智力换资本"是大学生创业的特色和必然之路。一些风险投资家往往就因为看中了大学生所掌握的先进技术，而愿意对其创业计划进行资助。再次，现代大学生有创新精神，有对传统观念和传统行业挑战的信心和欲望，而这种创新精神也往往造就了大学生创业的动力源泉，成为成功创业的精神基础。最后，大学生创业的最大好处在于能提高自己的能力、增长经验，以及学以致用；最大的诱人之处是通过成功创业，可以实现自己的理想，证明自己的价值。

2. 大学生自主创业存在的问题

（1）创业产品过于简单化

很多人在校园内开了书店、花店和打印室等等，也称之为创业，有的做些中介服务，如家教中介、代售门票、二手货中介等。这种创业产品相对层次较低，也没有太高技术含量，对大学生的管理能力和商务运作能力要求也不高。

另外，由于大学生资金有限，很多人采取建立网站的形式创业。有的甚至还提出"给我一个站点，我能转动地球"的口号。"简单、方便、来钱快"固然是选择网站的原因，像丁磊、王志东等成功之士的示范作用也不可忽略。一哄而上搞网站创业，这样的热潮未免有太多泡沫。

（2）大学生创业只是单纯的学生参与，社会经验不足

缺乏市场意识及商业管理经验，是影响大学生成功创业的重要因素。学生创业往往最大的优势是好的点子，再加上年轻、有激情。而单纯学生组成的团队往往没有经验，他们没有

实际管理经验，市场观念较为淡薄，他们不知道公司该怎么制定战略，怎样管理，怎样进行市场推广。需要有善于推广和组织市场营销的人，善于管理调配、激励和提高员工效率的人，对技术理解具有很好创意、能够贴近市场需要的人。

（3）资金的缺乏

资金缺乏问题一直是大学生创业者遇到的头道难题，目前我国个人商业贷款主要形式是质押贷款、存单抵押、第三方担保等，而对于大学生来说这都是可望而不可即的。

大学生急于得到企业启动或周转资金，给小钱让大股份，贱卖技术或创意。有不少核心技术拥有者在公司运营一段时间后，对当初的投资协议深感不满并提出毁约，而这样做的后果只能是在资本市场上臭名昭著。因此，对于尚处早期的创业公司来说，应引入一些真正有实力、能提供增值性服务、与创业者理念统一的投资者，哪怕要暂时放弃一些眼前的利益。

（4）系统的创业教育有待加强

大学生的创业意识弱，这与长期缺乏创业教育有关。西方国家的大学生创业教育已经发展了几十年，而我国才刚刚起步。培养适应未来经济和社会发展需要的创新性人才为己任的大学教育，一定要补创业教育的课。

在一些条件比较成熟的学校开设大学生创业方面的课程，教会大学生熟悉取得经营资格的程序和筹措资金的渠道，了解经营方面的经验和原则，防止违规操作。这是一种非常好的教育方式，使得高等教育能够与地区经济和社会发展紧密结合。学生通过学习，有了基础的认识，会逐渐思考这些问题，使得一些有风险意识、愿意承担重任的学生比较早地接触这些方面，引导他们少走弯路，否则一些没必要的挫折会扼杀学生的创业积极性。

（5）政府政策尚未到位

从行业归属角度讲，"创业"涉及劳动就业、科技创业、中小企业、非公有制、民营经济、投资融资等部门，许多地方都在热衷于设立上述管理机构，以便把"创业"这项跨世纪工作管起来。自去年年初以来，国家已经数次号召银行系统增加向中小企业贷款，央行还要求各商业银行设立专门部门。其他有关为中小企业和创业提供扶持的政策也连番出台。可中小企业的普遍感觉是，其生存环境并未见得宽松。而运行成本较高、效率较低的国有银行由于与所有制关系"不兼容"，因而只愿做大额贷款、不愿做中小企业的"微观信贷"。

（6）审核过多

如果你想注册一家公司，你要有足够的时间、金钱、精力、耐心去跑各种各样的手续。市场准入环节的成本和门槛太高，对创业者来说是一种严重阻碍。

（五）针对大学生自主创业问题的对策

1. 政府方面：大力支持

1）建立信用服务体系。为大学生建立信用档案、提供信用记录、开展信用培训，并设立创业基金，发放创业贷款，使大学生创业能够通过政府的引导获得贷款，从而顺利启动资金。

2）加大宣传引导力度。政府可以加强宣传力度，积极营造支持创业、鼓励创业、保护创业的社会舆论环境；积极宣传鼓励大学生自主创业的优惠扶持政策；积极策划开展"创业论坛"、"创业设计大赛"等创业主题活动。

3）建立奖励表彰制度。建立大学生自主创业奖励表彰制度，对优秀的大学生创业者进行表彰，并给予适当创业补贴，激励大学生自主创业。

2. 学校方面：积极鼓励

1) 改革课程设置和教学方式。从课程的总体规划、分科要求和具体内容去考虑创业课程设计，合并或删除跟创业联系不大的课程内容，增设有利于提高学生创业知识结构的课程。在教学方式和手段上，少运用"讲授—接受"的教学方式，多给学生创造实践锻炼的机会。

2) 促使创业教育系统化、长期化。我们认为，当前大学生创业项目孵化难出校园的重要原因是没有形成后期的创业教育服务平台。大学生创业教育不仅仅体现在校园期间，而且应当对大学创业的创业者和创业项目进行跟踪，建立起后期的咨询服务平台，而这一服务平台成为广大刚出校门创业者的学习地、交流地、反哺地。

3) 增加学生的创业体验。从实践来看，通过亲身体验获得的知识最容易记忆和提取。同样，通过自身行动获得的创业体验越丰富，创业成功的可能性就越大。建议通过以下四种方式来加强学生的创业体验：一是依托创业园地或实习基地，给学生提供条件，使其主持或参与经营管理活动；二是制定创业计划，号召学生参与；三是鼓励和帮助学生参加劳务服务；四是组织和支持各种社团活动，鼓励学生参加社团活动。

4) 加大创业投资力度。应该加大创业经费的投入，更新教学实验设备，创建创业实验基地，设立创业投资基金等，给大学生创业提供良好的实践平台和实践环境。当环境条件和物质条件具备了，大学生的创业信心和热情就会高涨，创业意志才会更坚定，创业能力才能得到更好的发挥。

5) 建设创业师资队伍。创业教育师资的培养、教师队伍的素质与水平决定教育活动中人力开发的质量和效率，一方面要加强对专职创业教育课程教师的培训；另一方面，要注重吸纳创业成功人士作为兼职教师。在师资培训过程中，应围绕教师创业体验的获得、学习有关创业教育课程的教学方法和组织教学的知识技能、组织教师定期参加创业组织和协会活动或企业家交流创业经验的活动三个方面进行。

3. 学生方面：明确目标，提升自我

1) 明确创业动机。创业并非一件易事，在校大学生在选择创业之前，一定要考虑好自己的创业动机，弄清自己为什么要创业，了解自己的个性特质，要确定自己的创业动机是清晰、明确的。这有助于指导大学生的创业行为，树立信心，坚定信念，能够克服创业的困难，而取得创业的成功。

2) 提高自身素质。大学生自身素质提高是大学生创业成败的决定因素。大学生自身素质分为三种，包括其文化素质、身体素质和心理素质等智力因素和非智力因素。

首先是文化素质，作为大学生，应该具备较高的文化知识和精湛的专业技能，这样在创业时，就能抓住自身的优势，做到学以致用。

其次是身体素质，正所谓"身体是革命的本钱"。所以，在校大学生平时应该加强身体锻炼，提高自身的身体素质。

同样，非智力因素对创业者来说也很重要，伴随着创业过程的进展，大学生创业者会面临挫折、怀疑和信心的反复摧毁和重建，大学生要树立不怕困难与挫折，敢于向困难挑战的精神，加强意志锻炼，使自己在创业之路上走得更远、更光明。

3) 丰富社会实践经验。创业前利用兼职等机会进行大量的社会实践经验积累，这对于在校大学生今后的创业大有裨益。如今的社会，竞争越来越激烈，市场不断趋于饱和，如果没有足够的社会经验和企业管理能力，是无法在当今市场立足的。加之大学生创业初期缺乏资源和营销经验，对各种突发状况没有很好的应急措施，在创业过程中易冲动，承受不住打击，必然会导致最后的失败。

4）树立良好人际关系。在创业的路上，仅凭自己的能力、知识、技术远远不够，这当中忽略了创业中的一个重要因素——人际关系。创业的成功来自于70%的人际关系+30%的知识技能。在创业资源中，人际关系占了很大一部分，所以想创业，就必须广交朋友，积累各方面的资源。"朋友多了路好走"，一个创业的过程就像是一个"人物链"，如果你会与不同客户打交道，那么在创业的过程中遇到困难时，就可以找朋友来帮忙解决这些困难。

第七章
大学与职业生涯规划

第一节 生涯与职业发展

一、生涯与职业生涯

(一) 生涯

人生有涯，学海无涯。生涯本意是一段经历或历程。人们会通过经历某种生涯而创造出一段有目的的、延续一定时间的生活模式或历程。比如，教师生涯、运动生涯、军旅生涯等等。生涯辅导大师萨珀对"生涯"的解释为：是生活中各种事件的演进方向与历程，统合了个人一生中各种职业与生活角色，由此表现出个人独特的自我发展型态；是人生自出生到退休后，一连串有酬或无酬职位的综合，除了职位外，尚包括任何与工作有关的角色，如家庭、公民角色等。由此可见，"生涯"是以"工作"为中心的人生发展历程。生涯的最大特点是终身性，从出生到死亡，发展贯穿人的一生。第二个特点是综合性，并不局限于个人的职业角色，还包括了学生、子女、父母、公民等涵盖人生整体发展的各个层面的各种角色。另外，生涯还具有发展性、独特性的特点。

(二) 职业生涯

"Career"既可以翻译成"生涯"也可以翻译成"职业生涯"，但是其含义却大不相同。职业生涯是指一个人终生经历的所有职位的整个历程；是一个人在工作生活中所历经的所有职业或职位的总称。虽然职业生涯也是以"工作"为中心的历程，但是其是从进入工作生活到退出工作的一段历程。职业生涯具有如下特点：

1. 独特性

每个人的职业发展是独一无二的。职业生涯是个人依据它的人生目标，为了自我实现而逐渐展开的一段独特的生命历程。不同的人有不同的特质以及不同的追求，从而导致了每个人有着不同于他人的职业发展经历。从大致发展型态来看，也许有些人在职业生涯发展的型态上有着相似的地方，但是其过程却可能是完全不同的。职业生涯的独特性决定了并不存在一条适合所有人发展的职业道路，每个人应该根据自己的特点选择一条适合自己发展的职业道路。

2. 发展性

职业生涯是一个动态的发展过程，个人在不同的人生发展阶段会有不同的诉求，这些诉求不断地在工作生活中表达出来，并寻求满足。个人正是通过这些诉求的表达，而成为自身职业生涯的主动塑造者。

3. 内外性

职业生涯的内在性是指职业生涯发展表现在观念更新、心理素质提高、技能提升、经验丰富等内在因素上。职业生涯的外在性是指职业生涯发展表现在职位提升、待遇提高、工作环境改善、工作权限增加等外在因素上。这两者并不是孤立的，而是相互连动的。内职业生涯的发展是外职业生涯发展的基础，而外职业生涯的发展又会促进内职业生涯的提升。

4. 无边界性

在现代社会，个人的职业生涯发展愈来愈表现出了跨组织、跨地域和跨职业的特点，这就是无边界职业生涯（Boundaryless career）。在传统社会，一个人固定在一个单位、一个地方、从事一个职业是可能的。但是，伴随着经济的全球化、信息化，组织发展的不确定性剧增，越来越多的人们自愿或非自愿地进行着职业转换。因此，个人要在新的生存环境下做到不失业，终身有职业并有所成就，唯一的应对策略就是提高自身综合素质，增加自己的市场竞争力。

二、职业生涯发展型态

在人的一生当中，每个人都要扮演多种角色。虽然每个角色对我们而言都是重要的，但是工作者的角色占去了我们最多的时间和心力。个人的职业转换与工作投入状况，我们称之为职业型态。每个人都有独特的生涯型态，而这种型态的不同，对人的发展影响极大。发展适合自己的职业生涯型态，能使自己的人生过得更加充实、有意义。

第二节 大学生职业生涯规划

一、职业生涯规划

人生在世，谁都想成就一番事业。然而，事业的成功，并非人人都能如愿以偿。问题何在？如何才能使事业获得成功？职业生涯规划为你提供了事业成功的技术与方法。良好的职业生涯规划可使我们充分认识自己，客观分析环境，科学树立目标，正确选择职业，运用适当的方法，采取有效的措施，克服职业发展中的障碍，从而获得事业的成功。

在解释什么是职业生涯规划（Career Planning）之前，让我们先澄清几个日常生活中常见的概念：职业生涯开发与管理（Career Development and Management）、职业生涯教育

(Career Education)、职业指导（Career Guidance）、职业生涯咨询/辅导（Career Counseling）、职业生涯设计（Career Design）。

1) 职业生涯开发与管理。是指在企业组织环境下所设计的一系列员工职业发展方面的活动或措施，其目的是改善员工的工作习惯，提高员工对工作的胜任度，从而提高组织的生产力和经济效益。

2) 职业生涯教育。是指在教育情境中设计一系列职业发展方面的活动或措施，其目的是增进学生的职业生涯意识，能主动地为自己将来的职业生涯做良好的准备。

3) 职业指导。是指由有经验的人通过谈话的形式对个人有关职业方面的困惑进行指导。在指导关系中，指导者与被指导者的地位是不对等的，指导者居于主导地位。

4) 职业生涯咨询/辅导。是指一个以语言沟通的历程，咨询师与来访者建立一种平等合作的关系，应用许多不同的咨询技巧，协助来访者自己解决职业发展方面的问题。

5) 职业生涯设计或规划。职业生涯设计与职业生涯规划是同一层面的概念。是指个人结合自身情况、眼前机遇和制约因素，为自己确立职业目标，选择职业发展路径，确定学习计划，为实现职业生涯目标而预先设计的系统安排。从职业生涯规划的概念可以看出，职业生涯规划具有个人主导性的特点，即职业目标的实现需要个人自己以负责任的态度，积极、主动地开展职业发展方面的实践。

二、大学生职业生涯规划的意义

人生在世，要干成一番事业，就如同盖房子一样，只有确立了明确的目标，才能向着目标的方向努力，才能有意识地收集有关素材，创造有利条件，使事业尽快获得成功。一个人的过去并不重要，关键是迈向下一步的方向。无数成功人士的成长经历告诉我们：一个人无论从事什么职业、从事什么工作，只要通过科学的规划，并按规划去实施，就能使一个人的目标得以实现，使一个人的事业获得成功，使一个平凡之人发展成为一个出色的人才。

大学阶段虽然还算不上是职业生涯阶段，但却是职业生涯的准备期。一个人在大学阶段为自己未来职业生涯准备得如何，对其未来的职业发展有着非常重要的影响。职业生涯规划对大学生个人发展的作用主要有以下几点：

（一）促进大学生形成积极上进的人生观

成功的职业生涯需要不断地为之去奋斗，而积极上进的人生观则为个人努力实现职业发展目标提供了源动力。况且，一个人的职业发展是一个长期的过程，在发展的道路上，也不可能一帆风顺，前进中的挫折和暂时失败是难免的。缺乏积极上进人生观的人，意志非常容易消沉，丧失重新站起来的力量。同时，积极上进的人生观也会让人从一时的成功中解脱出来，不断自我超越，去实现更大的成功。

很多大学生在高中时把考上大学作为人生的奋斗目标，一旦考上大学则感到非常迷茫。面对新的环境、新的同学、新的学习生活，显得不知所措。这是因为不知道自己的人生目的是什么，不知道自己的人生价值是什么，不知道应该以什么样的人生态度面对大学生活。运用职业生涯规划的方法和技术，能够帮助我们全面认识自我、了解社会，找出自己在知识、能力等方面与社会要求的差距，进而帮助我们明确人生目的，形成高品质的人生价值追求，并以积极进取的人生态度面对生活。因此，大学生应以职业生涯规划为切入点，促使自己形成积极上进的人生观。

（二）提高大学职业生涯规划意识

以职业生涯规划为契机，对个人的专业特长、兴趣爱好、性格特征、待人接物的能力、擅长的技能做充分、全面地分析，可以帮助大学生对自己进行正确评估，迅速准确地为自己定位，明白自己更适合什么样的工作，自己将来有可能在哪些方面获得成功，逐渐理清生涯发展方向，形成较明确的职业意向，并提升自己的生涯自主意识和责任，为今后的事业发展做全面长远的打算。

（三）促使大学生做好大学期间的发展规划

大学生涯是人生发展中非常重要的阶段。大学阶段的学习、生活、社会工作情况直接或间接地决定了大学毕业生未来的职业发展方向与高度。人生需要规划，大学阶段同样也需要规划。大学生涯规划是大学生为自己的成才和发展所订立的契约，是自己对未来美好的承诺。大学生为实现自己的规划目标，就要制定大学阶段的学习和能力培养计划，并根据自己的爱好、实际能力和社会需求制订正确的大学生涯发展目标和有效的实施步骤。有了目标，我们就会如饥似渴地追求知识、充实自己、完善自己，整个大学阶段的学习和生活就会由被动变为主动。比如，假如你想毕业后去政府机关当公务员，那么在大学期间就要主动地加强自身的政策理论水平修养，加强个人口头表达能力、文字处理能力、组织协调能力的训练；如果你毕业后想开办公司，那就应该培养自主创业、勇于开拓的精神，踏实的工作作风和吃苦耐劳的意志。在努力达到目标的过程中，你就会集中精力、心无旁骛地投入其中，建立一种自我激励机制，即使遇到一些困难和挫折，也会全力以赴地去克服，不达目的不罢休，真正从内在激励自己的成才欲望和成才行为。

（四）增强大学生就业核心竞争力

影响大学生求职就业既有学校、社会需求因素，也有学生自身因素。其中，决定大学生能否找到适合自身发展工作的因素还是大学毕业生自身的核心竞争力。核心竞争力强的同学不是"人求职"而会变成"职求人"。在现实中，我们往往发现，同样的学校、同样的专业、同样的班级，有的同学就业时能很快找到一份满意的工作，而有的同学却迟迟找不到"东家"。究其原因，就是有的同学进入大学后，迅速适应了大学生活并重新树立了学习目标。在目标的指引下，对大学生活进行合理的规划，积极主动地去提高自身综合素质。大学的外在资源对每个同学都是一样，能否将大学优质的学习资源转变为自身就业和职业发展核心竞争力，还是取决于学生自身。做好自身的职业发展规划，将促使我们在大学期间主动、自觉的学习，增强核心竞争力。

（五）帮助大学生理性选择职业发展道路

由日常的经验得知，很多大学生在面临职业选择时，往往存在两种倾向：一是升学惯性，选择继续深造的目的比较盲目；二是在找工作时盲目攀比，受他人价值观影响严重。而个人若对自身进行一番职业生涯规划，将使自己的职业选择更加理性。因为职业生涯规划能够帮助我们澄清自身需要，懂得和掌握职业生涯开发与管理的知识与技能，从而帮助我们自己能够在遵循自身个性特点、能力优势的基础上结合社会需要，真正选择一条适合自身发展的职业道路。我们只有选择了适合自己的职业发展路径，才有可能将个人的能力优势充分发挥出来，对社会的贡献才会大，将来成才的概率才会大，成才的速度才会快。

（六）夯实未来事业成功的基础

"不经历风雨怎么见彩虹？"没有人能够随随便便成功，成功需要积累，需要抓住机遇，而机遇往往只会给有准备的人。命运的改变不是一朝一夕、一夜之间完成的，事业的成功也一样。如果你经常设想5年以后、10年以后要做什么，想象一下你的未来是什么样子，然后设定一个职业发展目标，在这5年或10年里紧紧地围绕这个目标去做你应该做的事情，那么，你的未来一定不是梦。

三、大学生职业生涯规划的方法与步骤

（一）大学生职业生涯规划的方法

1. SWOT法

SWOT法最早是由美国旧金山大学的管理学教授在20世纪80年代初提出来的。在此之前，早在20世纪60年代，就有人提出过SWOT分析中涉及的内部优势、弱点、外部机会、威胁这些变化因素，但只是孤立地对它们加以分析。而SWOT法是用系统的思想将这些看似独立的因素相互匹配起来进行综合分析。运用这个方法，有利于人们对个人或组织所处情景进行全面、系统、准确的研究，有助于人们制定发展战略和计划，以及与之相应的发展对策。

SWOT分析是一种功能强大的分析工具，是检查个人技能、能力、职业、喜好和职业机会的有用工具。通过它，当事人很容易知道自己的个人优点和弱点在哪里，并且会仔细地评估出自己所感兴趣的不同职业道路的机会和威胁所在。其中S代表Strength（优势），W代表Weakness（弱势），O代表Opportunity（机会），T代表Threat（威胁）。其中，S、W是内部因素，O、T是外部因素。

一般来说，对自身的职业或职业发展问题进行SWOT分析时，应遵循以下5个步骤：

（1）评估自己的长处和短处

每个人都有自己独特的技能、天赋和能力。在当今分工非常细的市场经济里，人们往往是擅长于某一领域，而不是样样精通。譬如说，有些人不喜欢整天坐在办公桌旁，而有些人则一想到不得不与陌生人打交道时，心里就发麻，惴惴不安。请做个表，列出你自己喜欢做的事情和你的长处所在（如果你觉得界定自己的长处比较困难，你可以请专业的职业咨询师帮你分析，分析好之后，可以发现你的长处所在）。同样，通过列表，你可以找出自己不是很喜欢做的事情和你的弱势。找出你的短处与发现你的长处同等重要，因为你可以基于自己的长处和短处做两种选择：一是努力去改正你常犯的错误，提高你的技能；二是放弃那些对你来说不擅长的、技能要求很高的职业。列出你认为自己所具备的很重要的强项和对你的职业选择产生影响的弱势，然后再标出那些你认为对你很重要的强项、弱势。

（2）找出你的职业机会和威胁

我们知道，不同的行业或专业（包括这些行业里不同的公司）都面临不同的外部机会和威胁，所以，找出这些外界因素将帮助你成功地找到一份适合自己的工作，这对于你的求职是非常重要的，因为这些机会和威胁会影响你的第一份工作和今后的职业发展。如果某个公司处于一个常受到外界不利因素影响的行业里，很自然，这个公司能提供的职业机会将是

很少的，而且几乎没有职业升迁的机会。相反，充满了许多积极的外界因素的行业将为求职者提供广阔的职业前景。请列出你感兴趣的一两个行业或专业，然后认真地评估这些行业或专业所面临的机会和威胁。

（3）提纲式地列出今后3~5年内你的职业目标

仔细地对自己做一个SWOT分析评估，列出你未来3~5年内最想实现的4~5个职业目标。这些目标可以包括：大学毕业后你想从事哪一种职业？你将管理多少人？或者你希望自己拿到的薪水属哪一级别？请时刻记住：你必须竭尽所能地发挥出自己的优势，使之与行业提供的工作机会圆满匹配。

（4）提纲式地列出一份今后3~5年的职业行动计划

这一步主要涉及一些具体的内容。请你拟出一份实现上述第三步列出的每一个目标的行动计划，并且详细地说明为了实现每一个目标，你要做的每一件事，以及何时完成这些事。如果你觉得你需要一些外界帮助，请说明你需要何种帮助以及你如何获取这种帮助。例如，你的个人SWOT分析可能表明，为了实现你理想中的职业目标，你需要进修更多的管理课程，那么，你的职业行动计划应说明要参加哪些课程、什么水平的课程以及何时进修这些课程等。你拟订的详尽的行动计划将帮助你做决策，就像外出旅游前事先制定的计划将成为你的行动指南一样。

（5）寻求专业帮助

能分析出自己职业发展及行为习惯中的缺点并不难，但要去以合适的方法改变它们却很难。相信你的父母、老师、朋友、上级主管、职业咨询专家都可以给你一定的帮助，特别是很多时候借助专业的咨询力量会让你获取捷径。有外力的协助和监督也会让你取得更好地效果。

很显然，做个人SWOT分析需要你的一些投入，而且还需认真地对待，当然，要做好职业分析难度也很大，但是，不管通过什么渠道，进行一次详尽的个人SWOT分析却是值得的，因为当你做完详尽的个人SWOT分析后，你将有一个连贯的、实际可行的个人职业策略供你参考。在激烈的职场竞争中，拥有一份挑战和机会并存、薪酬丰厚的职业是每一个人的梦想，但并不是每一个人都能实现这一梦想。因此，为了使你的求职和个人职业发展更具有竞争力，请认认真真地为你的职业发展做些准备吧。

其实，在准备做任何事情之前，都可以进行一下SWOT分析，这样可做到心中有数，以便顺利实现目标。表7-1是某毕业研究生在做职业决定时，所运用的SWOT分析。

2. "5What"法

对于许多大学生来说，职业生涯规划也许是一个比较模糊的概念，因而就更谈不上对自己进行职业生涯规划了。对于职业生涯规划，并不如某些书上所说的那样玄机无限，只要你对自己有一个基本认识，同时掌握一定的方法，每个人都能对自己进行职业规划，为自己的职业生涯发展画一个蓝图。"5What"归零思考法共有5个问题：What are you? What do you want? What can you do? What can support you? What can you be in the end? 回答了这5个问题，找到它们的最高共同点，就有了自己的职业生涯规划。该方法尤其适合即将毕业的大学生。

对于第一个问题"你是谁？"应该对自己进行一次深刻地反思，有一个比较清醒的认识，优点和缺点都应该一一列出来。

表 7-1　个体职业决策过程的 SWOT 结果的运用

外部环境分析 　　　　　　　(O.T.) 内部环境分析 (S.W.)	机会（Opportunity） （1）人力资源管理部门逐渐受到企业的重视 （2）入世后，外资企业的进入导致人力资源管理人才需求量的增大 （3）心理学在人力资源管理中的重要性逐渐凸显出来	威胁（Threat） （1）人力资源管理方向的毕业生 （2）MBA 的兴起 （3）人力资源管理在很多企业中仍然处于刚起步阶段，其运作很不规范 （4）比起学历，我国许多企业更看重工作经验
优势： （1）硕士学历，成绩优秀 （2）丰富的学生干部管理经历 （3）大型公司半年实习的经历 （4）具有心理学的知识背景	优势机会策略（S.O.） （1）继续学习心理学知识，将心理学知识运用到人力资源管理中 （2）发挥担任学生干部的管理特长	优势威胁策略（S.T.） （1）强调自身心理学背景的优势 （2）强调大型公司半年的实习经验 （3）强调较强的学习能力和适应力
劣势： （1）师范院校毕业 （2）没有丰富的工作阅历 （3）专业不对口 （4）性格急躁，容易冲动	劣势机会策略（W.O.） （1）利用较强的学习能力，自学人力资源管理课程，加强英语的学习 （2）继续加强自己在师范院校中所培养的口语交流、文字书写等优势	劣势威胁策略（W.T.） （1）训练克制自己的冲动个性 （2）结合两个不同的专业，培养宽阔的视野和创新能力 （3）积极寻找重视员工潜能的企业
分析后之整体结论：职业发展道路定位在大中型的外资企业人力资源管理部门		

第二个问题"你想干什么？"是对自己职业发展的一个心理趋向的检查。每个人在不同阶段的兴趣和目标并不完全一致，有时甚至是完全对立的。但随着年龄和经历的增长会逐渐固定，并最终锁定自己的终生理想。

第三个问题"你能干什么？"则是对自己能力与潜力的全面总结，一个人职业的定位最根本的还要归结于他的能力，而职业发展空间的大小则取决于他的潜力。对于一个人潜力的了解应该从几个方面着手去认识，如对事的兴趣、做事的韧力、临事的判断力以及知识结构是否全面、是否及时更新等。

第四个问题"环境支持或允许你干什么？"这种环境支持在客观方面包括本地的各种状态，比如经济发展、人事政策、企业制度、职业空间等；人为主观方面包括同事关系、领导态度、亲戚关系等，两方面的因素应该综合起来看。有时我们在做职业选择时常常忽视主观方面的东西，没有将一切有利于自己发展的因素调动起来，从而影响了自己的职业契入点。而在国外通过同事、熟人的引荐找到工作是很正常的。当然我们应该知道这和一些不正常的"走后门"等有着本质的区别，即这里的环境支持是建立在自己的能力之上的。

明晰了前面四个问题，就会从各个问题中找到对实现有关职业目标有利的和不利的条件，列出不利条件最少的、自己想做而且又能够做的职业目标，那么第五个问题有关"你最终的职业目标是什么？"自然就有了一个清楚明了的框架。

（二）大学生职业生涯规划的步骤

职业生涯规划是一个周而复始的连续过程，其基本步骤包括：清晰个人生涯愿景；认识自我；评估环境；确定职业发展目标；设定职业生涯发展路线；制定弥补差距的行动方案；实施、评估与修订。如图7-1所示。

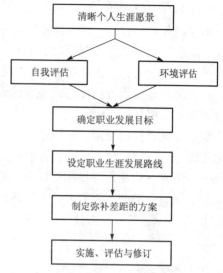

图7-1 大学生职业生涯规划步骤流程图

1. 清晰个人生涯愿景

在为自己制定职业发展规划时候，需要弄明白这样一个问题——"自己到底想过一种什么样的生活？"即个人生涯愿景。生涯愿景是个人发自内心的，人生最热切渴望达成的结果，它是一种期望的未来或意象。由于人在一生中要扮演多个角色，因此生涯愿景是多方面的。总的来说，个人生涯愿景主要包括以下几个方面的内容：

1）自我形象：你希望成为什么样的人？假如你可以变成你向往的那种人，你会有哪些特征？

2）有形财产：你希望拥有哪些物质财产？希望拥有多大的数量？

3）家庭生活：在你的理想中，你未来的家庭生活是什么样子？

4）个人健康：对于自己的健康、身材、运动以及其他与身体有关的事情，你有什么期望？

5）人际关系：你希望与你的同事、家人、朋友以及其他人拥有什么样的关系？

6）工作状况：你理想中的工作环境是什么样子？取得什么样的成就？

7）社会贡献：对社会创造什么样的贡献？

8）个人休闲：期望拥有什么样的休闲生活？

2. 自我评估

相当于内在条件评估。自我评估的目的是认识自己、了解自己。因为只有认识了自己，才能对自己的职业发展做出正确的选择，才能选定适合自己发展的职业生涯路线，才能对自己的职业生涯目标做出最佳抉择。自我评估的因素包括自己的兴趣、特长、性格、学识、技能、智商、情商、思维方式和方法、道德水准以及社会中的自我等。这部分内容可以借助职业心理测评来实现，当然更多的还是在实际生活中体验。

3. 评估环境

相当于外在条件或环境评估。职业生涯环境的评估，主要是评估各种环境因素对自己职业生涯发展的影响。每一个人都处在一定的环境之中，离开了这个环境，便无法生存与成长。所以，在制定个人的职业生涯规划时，要分析环境条件的特点、环境的发展变化情况、自己与环境的关系、自己在这个环境中的地位、环境对自己提出的要求以及环境对自己有利与不利的影响等。只有对这些环境因素充分了解，才能做到在复杂的环境中避害趋利，使职业生涯规划具有实际意义。

4. 确定职业发展目标

确定职业发展目标，即期望在职业发展道路上达到一个什么样的位置，简单地说就是做到什么职位。说到职业发展目标，有人可能会说："我的目标是事业有成"，这不是目标，仅是美好愿望而已；有人可能会说："我的目标是成为优秀的人力资源工作者"，这也不是目标，仅是职业发展方向而已；还有人可能会说："我的目标是成为优秀的机械工程师"，这就是职业发展目标了。

职业发展目标的设定，是职业生涯规划的核心。一个人事业的成败，很大程度上取决于有无正确、适当的目标。没有目标就如同驶入大海的孤舟，四野茫茫，没有方向，不知道自己该走向何方。职业发展目标是以自己的最佳才能、最优性格、最大兴趣、最有利的环境等信息为依据而设定的。通常可分为短期目标、中期目标、长期目标和人生目标。短期目标一般为1~2年，它又可分为日目标、周目标、月目标、年目标，中期目标一般为3~5年，长期目标一般为5~10年。

5. 设定职业生涯发展路线

个人现在所处的位置与总体目标总是有距离的（距离的大小要视总体目标的远近而定），个人不可能一步就能达成总体目标。要完成总体职业发展目标，就必须将总体目标进行分解，分解成各个阶段目标逐步完成。

大学生毕业后，主要有四条出路：就业、考研、自主创业和出国留学。选择的出路不一样，职业生涯规划的侧重点也是不一样的。怎样在考研和就业之间做选择，可能是很多同学难以抉择的问题。到底是考研还是就业，要综合考虑多方面的因素。最根本的原则是，选择一条最能帮助自己快速实现职业发展目标的出路。

6. 制定弥补差距的行动方案

职业生涯中每次质的飞跃，都是以学习新知识，获取新技能为前提的。为了顺利达成目标，个人首先需要对达成目标所要求的条件进行分析，然后按照自己的实际情况找出差距，并找到弥补差距的具体办法。比如，为了弥补在组织管理能力上的差距，是参加教育培训班还是当学生干部自我锻炼？差距找出了，弥补差距的具体办法也找到了，接下来就要用表格的形式制作一份弥补差距的具体方案，以将内容明确下来。如表7-2所示，即为某大学生弥补差距的一个行动方案。

表7-2 某大学生弥补差距的行动方案（大二下学期）

	知识方面	能力方面
达到的效果	1. 通过CET-6； 2. 提高英语听说能力； 3. 每门专业课程不低于85分； 4. 对经济学、管理学有所了解	1. 提高领导和组织能力； 2. 与专业老师、同学建立良好关系； 3. 锻炼社会实践能力； 4. 锻炼口头和书面表达能力

续表

	知识方面	能力方面
具体措施	1. 早上7点出门读英语半小时，晚上练习听力半小时，做六级试题； 2. 每周五去英语角； 3. 定期看英语电影（两周一次）； 4. 课前预习，课堂认真听讲，积极思考，课后复习整理； 5. 阅读专业书籍2~6本； 6. 选修经济学、管理学公选课	1. 多与专业老师、周围同学交流； 2. 积极参加青协组织的社会实践活动； 3. 课堂积极发言，会上勇于发表意见； 4. 报课题、撰写学术论文

7. 实施、评估与反馈

"心动百次，不如行动一次。"规划固然好，但更重要的在于将规划付诸实施并取得成效。在实施的过程中，还要对职业生涯规划进行评估与修订。从而使得规划更加符合自身情况和社会需求，让它变得更加行之有效。

第三节 规划好大学生活

一、大学生能够从大学获得什么

大学是人生最美好也最重要的阶段。在这里，我们第一次跟随那么多学识丰富的学者邀游知识的殿堂，第一次有如此自由的课余生活，第一次独立思考人生，也可以第一次自主选择自己想要的生活……很多人感受到了这些第一次的美好和魅力。但同时，大学里也有很多人生的最后一次：我们最后一次有整段时间进行系统的学习，最后一次有丰富的学习资源供我们任意享用，最后一次为人生发展作全面的准备……谁能早地意识到这些最后一次，谁就能更早地规划大学生活，利用好大学生涯，为今后的职业生涯奠定坚实的基础。

相信很多同学都会有这样的感受，没上大学之前，总是对它很憧憬，想象着大学里：有环境优雅的校园、有来自五湖四海的同学、有学识渊博的教授、有丰富多彩的业余生活、校园里美好的爱情故事还有可能会发生在自己身上……总之，把一切都想得很美好。进了大学之后，才发现大学生活根本就不是当初想的那么回事。失落感、迷茫感便油然而生。由此，一部分人便发出"上大学简直是在耗费我们的青春"的言论。于是乎，他们便任由自己的惰性滋长。等到毕业时，又后悔不迭，叹息自己没有好好珍惜大学生活。当然，也有一部分人经过了失落、茫然之后，又重新找到了自己的定位，对大学有了更加现实的认识，并对自己的大学生涯进行了科学、合理的规划。他们的大学生活虽然艰辛，却很充实。等到毕业进入社会时，便有了更多的底气和自信。

踏进大学，我们的人生就开始了一个新的起点，有新的学习环境，新的生活环境，新的人际环境，充满希望和挑战。在这里，大学为我们继续攫取知识、训练技能、发挥潜能、展示才华提供了更大的平台。而大学精神潜移默化的影响,将使我们更深刻地体会生命的尊严和人生的价值。

(一) 一个新起点

大学是人生的新起点。进入同一所大学学习的同学处在同样的起跑线上,进行着新一轮的发展与竞争。中学的学习尖子、主要干部、同学中的佼佼者等,过去的荣誉和经历已成为回忆,面对全新的环境,一切需要重新努力构建。对于中学时期非常普通的同学,全新的大学可以让我们重新进行选择,一样可以体验做"干部"、"尖子"的感觉,成为想做的自己。不论高考顺利还是失意,来到大学,既来之则安之。分数仅仅是进入大学的一个基本条件,不能代表我们的能力与将来。有人入学录取分数很高,等到学业期满却不能毕业;有人高考勉强入围,经过大学的努力,以优异的成绩走向社会。新的起点,意味着新的挑战、新的机遇、新的快乐。

(二) 一个大平台

大学是一个非常难得的自我修炼场所,为我们追求人生梦想搭建了一个大平台,在此之中我们可以发现圆梦的通途。

1. 老师与同学——成长中的最佳学习对象

"大学者,囊括大典网罗众家之学府也"。大学是各类学识渊博、不同学科知识分子的聚集地,他们通过授课、讲座、报告、日常指导等多种方式给我们不同风格、不同视角的知识体验和人格感染。除此之外,大学还汇聚了富有激情、敢于挑战、思想活跃、来自五湖四海的同学。每个同学的价值观念、兴趣爱好、为人处世、能力特长完全不同,都可以成为我们学习的对象,同学之间的相互学习对个人成长产生着非常重要的影响。从他人身上学习不仅仅只是学习他人身上的优点和长处,也可以是他人身上的缺点和不足。当看到他人的缺点和不足后,反观自身,有则改之,无则加勉。另外,在大学期间所建立起来的良好师生和同学关系,也会成为我们今后职业发展中的重要资源——人脉。

2. 图书馆——知识的殿堂

图书馆是每一所高校重点建设的公共服务场所。许多大学图书馆不仅收藏有各类丰富的古书典籍,供我们与前人进行思想对话,而且还拥有数量众多的现代各类科技期刊,供我们汲取现代最前沿科学知识。随着现代网络技术的发展,高校图书馆的信息化建设也取得了长足的进步。现在,许多大学图书馆都拥有各类先进的数据库和电子图书系统,方便查询各类信息。总之,懂得利用图书馆,是我们在大学里获取知识的重要途径。过去,大学里流行这么一句话:"一流的学生进图书馆,二流的学生上教室,三流的学生留在宿舍。"

3. 学生社团与干部——自我修炼的最佳舞台

学生社团是大学生依据共同的兴趣爱好而自愿组成、按照章程自主开展的群众性组织,是大学生自我教育、自我管理、自我服务的重要阵地。学生社团凭借其"社团精神"和丰富多彩的社团活动,愈来愈受到师生的喜爱,成为校园文化的一道亮丽的风景。同学们通过有选择性的参加一些社团组织,不仅可以得到一种具体的参照,在此参照下,不仅可以更好地认识自己、判断自己。而且,还可以通过参与、组织和策划各类社团活动锻炼和提高自身各方面的素质,促进自己的成长。另外,担任学校院系、班级各级各类干部也是快速提高自身各方面素质的一个非常有效的途径。但应记住,不要奢望回报太多,不要仅以"当官"

和获取"就业资本"为目的,否则会迷失自我。

(三) 一种精神

大学最吸引人也最为世人津津乐道的东西之一就是大学精神。读过大学与不读大学的最大区别就在于有没有一种大学精神。大学精神内容很宽泛,没有固定的说法。萧雪慧教授认为:"独立自治、开放、容忍、自由探索、追求真理、秉持理想以及在执守这些传统理念与作为变革前沿之间保持张力,是大学在数世纪中展示出来的形象,也是大学之为大学的基本特质。"

虽然我们很难明确指出某一种精神就是大学精神,但我们却可以感受到每一个接受过大学教育熏陶的人,往往比其他人具有更明确、更积极向上的理想信念,有自己内在的价值追求;比常人有更多的宽容之心;在精神上、学术上追求更大的自由;一身正气,有时敢于为真理而斗争;能客观地看待问题分析问题,充满科学精神和讲求科学方法。

总之,大学不能直接赋予我们职业、态度、思想、信念和幸福,但大学为我们的成长提供了良好环境,为协助我们获取这些人生幸福要素提供了机遇,关键就看我们如何去把握。其实,"大学给了我们什么"的问题就是"我们想要什么"的问题。

二、大学学习与职业生涯发展

(一) 上大学的目的

上大学的具体目的会因人而异。有的人上大学可能是为了让父母在别人面前有点面子;有的人上大学可能是为了改变现状,将来找一份好的工作;有的人也许根本就不知道自己为什么上大学,仅仅就是因为升学惯性,稀里糊涂地来到了大学。

1. 获取较高的职业发展起点

虽然职业没有高低贵贱之分,但是社会职位是有高级低级之分的。从社会职位的分布来说,低级职位在社会上的分布最多,职位层次越高,相应的职位也就越少。任何职业对从业者都是有入职资格要求的。同样,相应的职位也要求从业者具备相应的能力,高级职位要求从业者具备更高的能力。社会职位层次与个人能力要求之间的关系,如图7-2所示。

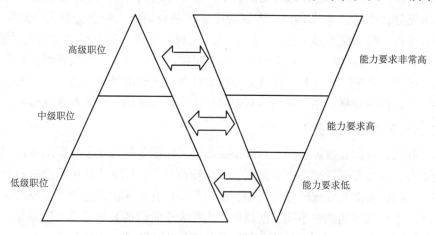

图7-2 社会职位层次与个人能力要求之间的关系

"人往高处走,水往低处流。"人的本性是追求更高层次的发展。无疑,上大学是我们获取较高职业发展起点的一个非常便捷的途径。通过上大学，我们能够在较短的时间内，系统地学习适合于自己未来发展相应领域内前人的成果，然后将这些知识转化为自己的职业能力。在就业时，就能为个人将来的职业生涯发展创造一个比较高的发展起点。

2. 满足更高层次的人生需求

职业生涯每次质的飞跃，都是以学习新知识，获取新技能为前提条件的。要想实现高层次的人生需求，就必须获得职业生涯的高度发展，而要想获得职业生涯的高度发展，就必须提高自身的知识、能力和素质。

我们读大学学习知识、培养能力，绝不仅仅是为了就业时获得一个职位，满足低层次的人生需求。如果单纯只是为了就业，不上大学照样可以实现。通过上大学，在就业时我们不仅可以获得较高的职业发展起点，而且在未来的职业生涯发展过程中，我们还可以将我们在大学里所获得的知识和各种能力应用到所从事的工作中去，为满足社会公众和他人的需求创造物质财富和精神财富，从而最终实现自己高层次的人生需求。

（二）大学学习与职业发展的关系

大学生涯是大学生整个人生的重要阶段，是职业发展的准备期。3~7年不等的大学学习往往为个人日后发展奠定坚实基础。在大学选择某一专业进行学习是为今后做职业准备，因而大学生涯可称为职业准备阶段或职业准备期。这是个人职业生涯的起步阶段，是决定能否赢在起点的重要阶段。

假如将生活看成是展现在人们面前的一种情景：你正在走的这条路的两边还有许多条岔道，每一条岔道代表着不同的职业生涯，你必须在这些岔道口做出选择，这种选择将影响你的将来。每一条岔路都有一扇门，你需要有合格的证件，这扇门才为你打开。如果你的证件不合格，那你只能选择另一条路，不管你是多么迫切地想走这条路。因此，为了使自己在今后拥有更多的选择机会，你的策略是，尽可能地准备好自己的证件，或者称为你的资本。"资本"雄厚的你能把职业的选择权掌握在自己的手里，而不是看门人的手里。

我们从幼儿园、小学到初中、高中再到大学进行深造，在大学里学会为人，学会为学，提升自己的整体素质，都是在积累自己的资本，为毕业时选择一份职业做准备。谁在大学阶段准备得越充分就能越快地找到自己理想的职业，顺利地进入角色。在大学期间不做积极地、充分的准备，我们便放弃了自己把握命运的权利，把自己应承担的责任交付给了他人、环境，而我们所能做的就只能是被动地接受任何可能产生的结果，也就是说，我们将在生活中不能充分运用自己选择的权利，而只能等待着社会对我们的挑选。总之，对大学期间的学习进行科学、合理的规划有助于我们顺利走向社会，进入职场，谋求职业发展与事业成功！

（三）大学阶段的主要任务

在大学阶段，我们要过英语四、六级，要获得几门职业技能证书，要培养自己的表达能力、沟通能力，要为考研做准备……总之，大学阶段是我们职业生涯的重要准备期，有做不完的事情。但在许多需要完成的任务当中，哪些是我们在大学阶段必须要完成的呢？因为所学专业不同，今后从事的职业不同，所以每个人在大学阶段的具体任务有所差异。但结合社会对人才的需要，我们发现可以将这些具体任务归纳为一句话：大学学习"1、2、3"。"1"是指培养一种精神；"2"是指树立两种意识；"3"是指学会三种本领。大学学习"1、2、3"，是我们在大学阶段必须要完成的任务，它们将会影响我们一辈子，使我们终身受益。

1. 培养一种精神

一种精神是指职业精神。职业精神是人们在从事工作时所表现出来的一种态度或精神风貌。美国研究人员比奇通过调查发现，在失业者或无法获得晋升者中，总共有87%的人并非因为缺乏职业知识或技能，而是因为不恰当的工作习惯和态度导致了失业或无法晋升。由此可见，职业精神对一个人的职业发展确实是非常重要的。目前，我们虽然还没有进入职场，但是一个人在大学里养成什么样的行为习惯，是非常容易带到今后的工作场所中去的。因此，我们不要"勿以善小而不为，勿以恶小而为之"，要从身边小事做起，在做小事过程中，培养自己的职业精神。职业精神的内涵是非常丰富的，作为新时代的大学生应该重点培养以下三个方面的职业精神。

（1）责任心

责任意识是一个人成才的重要支柱，也是衡量一个人成熟与否的重要标准。首先，强烈的责任心是我们对自己的人生之路做出正确抉择的前提，并顺利走向社会。其次，责任心是个人职业化素质的重要组成部分，只有一个具有强烈责任感的人才能踏实工作，把本职工作做好。如今用人单位在招聘人才时，非常强调敬业精神。其实，敬业精神的深层次来源是一个人对其工作的强烈责任心。很难想象一个没有责任心的人会有敬业精神。

一个缺乏责任心的人，在学习、工作、生活中的习惯行为就是寻找借口，告诉别人自己做不了某事或做不好某事的理由。比如，迟到了，就寻找"路上塞车"、"时间搞错了"等借口。如果我们有心去找，所有的事情都可以找到无数条"合情合理、冠冕堂皇"的理由。但是，一个人借口找得越多，离成功也就越远了。因为，人生成功从职业生涯发展开始，职业生涯发展从做好本职工作开始，做好本职工作从对结果负责开始，对事情结果负责从找自己的错开始。一件事情没有干成时，总是能为推卸责任找到理由，理由找得越多，就离发现客观规律越远，谁将责任推得干干净净，谁就与成功绝缘了。

（2）主动精神

从一出生直至上大学，在我们的生活和学习中，总是会有人不断地告诉我们应该做什么，不应该做什么。由此，造成了我们的被动性思维。当需要我们自己做决定的时候，总是寄希望于父母或老师告诉我们应该怎样做。激烈竞争的社会不需要被动做事的人。大学阶段是我们青年人社会化的重要时期，我们要由他人导向型转变为自我导向型。

（3）诚信

诚信对国家来说，是立国兴邦之基；对企业来说，是立世发达之魂；对个人来说，是立身处世之本。随着社会的发展和信息越来越畅通，诚实守信也就越来越重要了。发生在我们身边或社会上的，讲诚信使企业得到发展、讲诚信使个人得到实惠的例子，不胜枚举。海尔集团就是靠一句"真诚到永远"，让很多消费者都认识了它，而海尔也以真诚的服务赢得了大家的信赖。

目前，我国尚处于社会转型时期，法制还不完善，弄虚作假有可能会使一部分人暂时获得了利益的最大化，但是从长远来看，他们一定会失去更大、更多的利益。在工作中做到诚实守信就是要做到：① 在工作过程中，不要走过场，走形式主义；② 在汇报工作结果时，要干成什么就说成什么，不要夸大也不能缩小，要就事论事。错误的决策，往往来自于错误的信息。决策者一旦基于失真的工作信息而做出了错误的决定，就会给整个单位甚至社会造成重大的损失。

2. 养成两种意识

（1）生涯规划意识

马鹤凌教导马英九的一句人生格言诠释了规划的重要性，即"有原则不乱，有计划不忙，有预算不穷。"这句话的意思是：一个人如果有了自己明确的信念与原则，便可以始终如一，立场就会坚定；一个人如果有了明确的计划，在面对多变的外在环境时，就不会手忙脚乱；一个人如果事先做好预算，生活就不会落魄。如今，我们生活在一个瞬息万变的世界中，世界充满了不确定性。在我们的一生中，也有许许多多的事情需要我们去完成，并且每个人的时间又是如此的有限。面对多变的外在环境、有限的时间、无限多的事情，为了充分发挥人的潜力，实现人生价值，就必须要能够未雨绸缪，事先做好规划，机会也往往给予有准备的人。有了规划就有了行动的方向，就能做到忙而不乱。

生涯是生活中各种事件的演进方向与历程，它包含了个人在一生中所从事的所有活动，因此生涯综合了一个人一生中各种职业与生活的角色。由此可知，对生涯的规划应该是多方面的，除了对自己今后工作者角色进行规划外，还包括任何与工作相关的角色，比如学习、家庭、休闲、公民等诸多人生角色的规划。只有这样，我们才能形成良好的生活风格，拥有一个完满的人生。

（2）自立意识

不能自立的人，不仅会成为家庭的负担而且还会成为社会的累赘。自立是指个体从自己过去依赖的事物那里独立出来，自己行动、自己做主、自己判断，对自己的承诺和行为负起责任的过程。自立贯穿于我们整个人生，可以分为身体自立、行动自立、心理自立、经济自立和社会自立。身体自立是指个体无需扶助而能直立行走；行动自立是指个体具备生活自理能力，如会自己洗脸、刷牙、洗衣服等；心理自立是指个体能独立思考、独立判断、自己做决定；经济自立是指不依赖父母或他人的经济援助而能独立生存；社会自立是指能够按照社会所规定的行为规范、责任和义务而行动。

学会自立是我们实现人格独立、开创事业的前提条件。因此，在大学阶段，我们应该树立自立意识，培养自立能力。香港富豪李嘉诚的儿子李泽楷在美国留学的时候，他不仅不带保姆，反而自己打工挣零花钱。是因为缺钱吗？显然不是，他主要是想培养自己的自立精神。因为只有拥有了这种自立精神，将来才有可能开创自己的事业。因此，不管家庭经济情况如何，我们作为成年人，从入校开始就要树立自立意识。一个人只有学会了自立，才可能赢得职业生涯的发展与成功。

3. 学会三种本领

（1）学会做人

做人是人们在人际交往中，所表现出来的对人、对自己的原则和态度。著名教育专家孙云晓在《教育的秘诀是真爱》一书中指出："教育的核心是学会做人。"作为受教育的大学生，在大学学习的过程中首先应该学会做人。

"学会做人"是一个既现实又深奥的话题，学校里没有"如何做人"的教材，也没有开设"如何做人"的课程。如何学会做人，是我们应该长期用心思考的问题。在日常的学习和生活中，我们应该做一个有心人，从老师、同学、朋友的言行中去分析、去体会，在面对同一件事情时，别人为什么处理得比我好，从中我应该汲取什么？"学会做人"是逐渐积累的过程，它不仅是大学阶段的主要任务，也是整个职业生涯发展过程中的重要方面。统一集团创始人高清愿先生说:"学问好不如做事好,做事好不如做人好。"此话充分说明"学会做人"在职业生涯发展中的重要性。

(2) 学会学习

美国心理学家斯金纳说:"如果我们将学过的知识忘得一干二净,最后剩下来的东西就是教育的本质。"所谓"剩下来的东西",其实就是自学的能力,也就是举一反三或无师自通的能力。事实上,在知识大爆炸的时代,学校不可能保证教给我们的知识都是有用的,甚至有可能我们在大学里学的部分知识就是已经被淘汰了的。但是在大学里,我们可以学会独立思考并积极掌握学习的方法,这个"剩下来的东西"会让我们不论面对怎样的知识变更和激烈竞争,都能游刃有余,得心应手。李开复先生在哥伦比亚大学任助教时,曾有位中国留学生的家长向他抱怨说:"你们大学里到底在教些什么?我孩子读完了大二计算机系,居然连 VisiCalc 都不会用!"李开复当时回答道:"电脑的发展日新月异,我们不能保证大学里所教的任何一项技术在五年以后仍然管用,我们也不能保证学生可以学会每一种技术和工具。我们能保证的是,你的孩子将学会思考,并掌握学习的方法。这样,无论五年以后出现什么样的新技术或新工具,你的孩子都能游刃有余。"

大学不是"职业培训场",而是一个让学生学会适应社会,适应不同工作岗位的平台。在大学期间,学习专业知识固然重要,但更重要的还是去学习独立思考、解决问题的方法,掌握自修之道。只有这样,大学毕业生才能跟上瞬息万变的未来世界。许多同学总是抱怨老师教得不好、懂得不多、学校的课程安排也不合理。"与其诅咒黑暗,不如点亮蜡烛。"大学生不应该只会跟在老师的身后亦步亦趋,而是应当主动走在老师的前面,培养自己的自学能力。

(3) 学会做事

大学阶段,还有一个非常重要的任务就是要充分利用大学里的优质资源,培养我们的职业胜任能力。在大学阶段,完成以下几件事情,将会有助于培养我们做事的本领。

1) 培养专业能力。专业能力是从事专门工作所必须要具备的能力。专业能力的获得主要靠专业学习,专业教育也是我国高等院校人才培养的主要方式。在培养专业能力的问题上,我们应该注意以下几个问题:

第一,"学什么"与"学成什么"。"学什么"指的是专业名称的问题,而"学成什么"指的是专业能力的问题。有的同学可能会错误地认为在一个就业前景好的专业里学习,将来肯定就能找到一份出色的工作。心存这种想法的同学是简单地将专业名称与专业能力等同起来了,在某一个专业里学习不会让我们自动拥有从事与该专业相关工作的能力。现实社会中,我们也常常听到非专业的毕业生"抢"走了专业毕业生的工作岗位。原因就在于,用人单位更注重的是专业名称背后的专业能力。

第二,基础知识要打扎实。知识不等于能力,但知识是能力构成的重要因素,能力是以知识为基础的。在大学期间,一定要学好本专业要求的基础课程,把基础打牢。因为,在科技发展日新月异的今天,应用领域里很多看似高深的技术在几年后就会被新的技术或工具取代,只有对专业基础知识的不断学习才可以受用终身。而且,如果没有打下好的基础,我们也很难真正理解高深的应用技术。

第三,培养专业能力的途径是多样的。有的同学可能因为没有机会进入自己感兴趣的专业里学习,就怨天尤人、自怨自艾,甚至是自暴自弃。其实,培养专业能力的途径是多样的。除了进入自己感兴趣专业里进行系统的学习之外，我们还有其他很多的选择。比如，辅修、有目的地选修感兴趣的专业课程、自学等。

2）学会使用办公软件。只要留心一下，无论走到什么工作场所，都会看到在工作人员的桌上摆放着一台电脑，工作人员在电脑前敲敲打打处理各种工作，这就是现在的办公情形。如今，随着计算机的普及，以计算机为核心的办公自动化在我们工作中正在被广泛地使用，办公自动化也大大提高了我们的工作效率。因此，无论是对计算机专业的学生还是非计算机专业的学生来说，学会使用办公软件都是必需的。

微软公司的 Microsoft Office 是人们广泛使用的办公软件。其中的 Word、Excel 和 PowerPoint 是人们使用最多的文字处理、电子表格制作和电子文稿演示工具。学会使用 Word 可以提高我们的写作速度，使我们的写作过程清晰明了，并可以帮助我们对自己的文章进行编辑、校对和修改。一幅图能代替千言万语，通过使用 Excel，我们可以制作出各种各样的图（比如柱状图、饼图）和表格来显示数字之间的相互关系。Excel 还有一个非常重要的功能，它可以对数据进行一些简单的统计分析（虽然简单，但是非常实用），进而形成图表。通过使用 PowerPoint 来进行演说，不仅可以让我们的受众有听觉刺激，而且还有视觉刺激，从而使得我们的演说更加出色。

3）学会收集信息。现代社会是一个信息社会，没有信息，我们就无法顺利地开展学习和工作。因此，懂得如何收集自己想要的信息对于学习和工作都是至关重要的。一位企业家认为，信息是谋求发展的关键。第一步，要了解别人需要什么。第二步，要拥有足够的资源，以便知道去哪里迅速地获取这些信息。速度是我们着重强调的一点，企业需要速度，而当你收集信息时，还必须做到有条不紊。

对于一个处在信息社会的大学生来说，应该要懂得如何到正确的地方去获取正确的信息。在大学阶段，学会收集信息对于我们做出合理的学习或职业生涯决定，自主地开展学习活动，培养自学能力也是非常有帮助的。学会如何使用图书馆、电子数据库、互联网搜索、问卷调查以及信息采访等都会有助于提高我们信息收集能力。

4）培养写作能力。随着科技的进步和工作节奏的加快，书面沟通在当今社会中的作用已经越来越明显，任何行业都需要运用书面沟通来进行公务往来。对个人而言，随着职务级别的上升，书面沟通也变得越来越重要。因为，当你有一个想法时，如果你只能停留在口头上做出说明，那么你的影响范围仅限于说话的对象。但是，一页能够做出清晰说明的备忘录则会在整个公司内被传阅，甚至会一代传一代。

要形成良好的书面沟通，沟通者必须要具备良好的写作能力。为了培养和提高我们的写作能力，在大学期间，应该尽可能地选修一些要求学生以写日志、计划书和评估报告等形式结课的课程。认认真真地完成这些课程，会有助于提高自己的写作能力。另外，有些大学可能还会专门开设旨在帮助大学生为工作中可能遇到的对象写作的课程，这样的课程对于培养我们的专门写作技能帮助非常大。总之，无论学习什么专业都需要我们具备良好的写作能力，大学也为我们提供了练习与培养写作能力的机会。

5）提高英语会话水平。也许你会认为，能够熟练地用英语进行对话对于中国目前现实状况而言，并不是迫切需要的。但是中国正在走向世界，在英语已经成为国际通用语言的情况下，能够用英语进行沟通就成为高素质、国际化人才必须具备的一项本领。由于受到应试教育的影响，长久以来我们学习英语只是为了考试（即将英语当成知识来学习），由此造成我们懂得的英语知识可能比外国人还多，可就是口语水平差。

　　提高英语会话水平的根本是要学以致用，不能只"学"不"用"。大学也为我们将英语学以致用提供了许多便利条件。

　　现在有很多在中国大学学习的外国人，他们中的不少人为了学中文，很愿意与中国学生对话、交流，这是很好的学习机会。此外，大家不要把学英语当作一件苦差事，完全可以用有趣的方法进行学习。例如，可以多听一些国外名人的对话或演讲，多看一些外国名著、戏剧甚至漫画。看英文电影也是一种很好的英语学习方式。看英文电影时，最好先在有字幕的时候看一遍，同时考查生词、熟悉句式，然后在不加字幕的情况下再看一遍，仅靠耳朵去听。听英文广播是很好的练习英文听力的方法，大家每天最好能抽出半小时到一小时的时间收听英文广播并尽量理解其中的内容。在互联网上也有许多互动式的英语学习网站，大家可以在网站上用游戏、自我测试、双语阅读等方式提升英语会话水平。总之，勇于实践、持之以恒是提高英语会话水平的必由之路。

三、进行大学生涯规划的必要性

　　大学生还没有真正进入真实的职业世界，因此要做一个真正意义上的职业生涯规划是不现实的。大学阶段只是为即将从事的职业做能力和知识准备，真正的职业发展规划必须同自己所从事的职业内容联系在一起。个人的职业发展必须以社会或组织的发展为前提，离开这个前提，个人的职业发展规划只会成为空洞的自我设计，个人的职业发展就会落空。

　　由于大学阶段是一个人职业生涯发展中的重要准备期，因此在大学阶段为自己选定一个职业发展方向，放眼未来着手当前，对大学生涯进行规划是可行的而且也是非常必要的。大学生的职业生涯规划应该重点对大学期间的学习、生活、社会兼职、社团活动等方面进行合理规划，这也是大学生职业生涯规划与其他类型人员职业生涯规划的主要区别。

参 考 文 献

［1］史露露，池会军．大学生入学教育教程［M］．北京：中国人民大学出版社，2012．
［2］袁长明．大学生入学教育［M］．北京：高等教育出版社，2010．
［3］薛成斌，甘勇．大学生安全教育读本［M］．上海：同济大学出版社，2011．
［4］郭凤安．大学生安全教育［M］．北京：清华大学出版社，2010．
［5］陈建．职业生涯规划［M］．北京：北京理工大学出版社，2011．